確定拠出年金
ベストアンサー100

みずほ銀行年金営業部 編

株式会社きんざい

はじめに

　私どもは年金に携わる仕事をしているため「年金はいくらもらえるの？いつからもらえるの？」などとよく聞かれます。そのたびに「年金って国民年金のこと？厚生年金？それとも企業年金のこと？」と聞き返してしまいますが、ほとんどのみなさんが、「？？？」という顔をされてしまいます。このようにご自身が加入している年金制度について理解されている人はそれほど多くはありません。これはみなさん一人ひとりの職歴などにより加入している年金制度が異なり、しくみや受け取れる額も違うため複雑に感じられること、そして年金について知識を得る機会がなかったためだと思われます。日本では年金などの社会保障制度が整っていますので、どうしても国まかせ、会社まかせになりがちで、最後には何とかしてくれると思われている人も多く見受けられます。

　数年前に公的年金制度の記録問題等が発覚し、ニュースではずいぶんと取りあげられ、注目をあびました。結局は不安だけがかきたてられただけで、それもいまではのど元過ぎれば・・・という状況になっており、みなさんの関心が薄れてしまったように感じられます。特に公的年金は受け取り始めてから老後生活の支えとして永く付き合っていくものですので十分な理解が必要です。年金のほとんどが、自動的に受け取れる制度ではなく、受け取り時期になれば自分で申請することが前提となっています。そのため自ら知識を身につけて、行動しないとせっかく積み立ててきた年金の受け取りが遅くなってしまう、あるいは受け取れないということが起こりえるのです。

　そこで本書では、第1章で年金制度全般について、ぜひとも覚えていただきたい内容を説明しています。第2章では確定拠出年金も含めて年金制度全体の概要を理解していただきたいと思います。

第3章では苦手、あるいは行ったことがないという人が多い、ライフプランニングについて、ワークシートの活用なども含めてわかりやすく説明しております。

　第4章ではみなさん一人ひとりが資産運用の主体となる確定拠出年金制度を資産運用の観点からご留意いただきたい内容をくわしく説明しております。

　第5章ではみなさんにあまりなじみのない、年金の受け取り方法（年金の用語では給付といいます）について説明しています。第3章のライフプランニングと密接な関係がありますので、選択肢が複数あることなどをよく理解していただき、実際の受け取り時期になった際にはご自身にあった方法を選べるようになっていただきたいと思います。

　第6章では日本の確定拠出年金制度の参考とされた、米国の401（k）制度や日本に続いて確定拠出年金制度が導入された韓国の制度についてご紹介しています。制度の比較を行っておりますので、それをふまえて、第7章で日本の制度の課題と改善点について提言を行っています。

　本書の目的は単に知識を得るだけのものではなく、確定拠出年金制度を上手に活用し老後の生活費をいかに効率よく準備するかという、制度を使いこなすための実践的な知識を身につけていただくことを念頭に出版しました。確定拠出年金制度の加入者、制度導入企業のご担当者を読者として想定し、制度概要から資産運用、受け取り方法などに関する事項まで説明しておりますが、確定拠出年金をきっかけに資産運用を始められる人も多いことから資産運用の入門書としてもご活用いただければ幸いです。勤務する会社の年金制度に確定拠出年金があれば、その内容を十分にご理解いただき、メリットは最大限に活用し資産運用に取り組んでいただきたいと思います。

　本書では年金や資産運用における独特のことばや言い回しを極力、平易なことばに置き換えておりますが、どうしても覚えていただかなくてはな

らないことばはそのまま使用しております。また、本書の最後に用語集を兼ねた索引を載せておりますので、ぜひご活用ください。

確定拠出年金は2001年10月に導入されて以来、拡大を続け、2014年7月に発表された厚生労働省の資料によると、約518万人が加入されています。その規模は給与所得者の10人に1人が加入している状況で今後も引き続き増加が見込まれており、わが国の年金制度の1つとしてその役割は一層重要になっていくと思われます。一方で「100年安心」といわれていた公的年金制度は受給開始年齢が65歳に引き上げられている期間の途中にもかかわらず、さらに開始年齢の引き上げが言及されるようになっています。仮に受給開始年齢が68歳に引き上げられれば、私どもの老後の生活は大きく変わってしまうでしょう。このような状況であるからこそ、ご自身の加入している年金制度のしくみや、課題などをしっかりと理解しておく必要があるのです。

本書により、年金制度全般ならびに確定拠出年金に関する知識を身につけていただき、より身近な制度として使いこなせる人がおひとりでもふえ、将来の豊かな生活の一助となることを願っております。

執筆者代表　高橋　肇

CONTENTS

はじめに

第1章 日本の年金制度と確定拠出年金の位置づけ

Q1	老後に備えて、重要なことは何ですか？	2
Q2	年金制度とはどのようなものですか？	4
Q3	職業などにより加入する公的年金制度は異なりますか？	6
Q4	公的年金はいくらぐらい受け取れますか？	10
Q5	自分が納付した保険料分の年金は将来受け取れますか？	18
Q6	企業年金制度とはどのような制度ですか？	22

第2章　確定拠出年金の加入

Q7	「確定拠出年金」とはどのような制度ですか？	26
Q8	会社に確定拠出年金が導入されます。まずは何をしたらよいですか？	32
Q9	会社で働いている人は誰でも確定拠出年金に加入できるのですか？	34
Q10	会社が毎月払い込む掛金額はいくらですか？	36
Q11	掛金の上限はいくらになりますか？	38
Q12	掛金を会社に返さなければならないケースはありますか？	40
Q13	会社の掛金以外に自分の給与からも掛金を拠出できますか？	42
Q14	年金資産の目標額をどのように設定すればよいですか？	44
Q15	目標とする運用利回りをどのように考えればよいですか？	46
Q16	給与体系が変更となり新しい手当ができました。この手当は確定拠出年金の掛金にできるというのですがどのような制度ですか？	48
Q17	確定拠出年金にはどのような税制上のメリットがありますか？	50
Q18	従業員拠出制度を活用する場合、いくらまで自分の給与から掛金を拠出することができますか？	54
Q19	加入者掛金の額をどのように決めたらよいですか？	56

第3章 ライフプランニング

第1節 ライフプランの考え方

Q20	ライフプランニングとは何ですか？	60
Q21	老後に向けてどのくらいのお金を準備する必要がありますか？	62
Q22	老後の生活費は公的年金だけでは足りないのですか？	64
Q23	老後の生活費を準備する際、何に気をつければよいですか？	66

第2節 ライフプランの確認方法

Q24	毎年送られてくる「ねんきん定期便」はどのように活用したらよいですか？	68
Q25	公的年金の受け取り額は「ねんきん定期便」以外で確認することはできますか？	74
資料1	キャッシュフロー表の作成	78

第4章 資産運用

第1節 投資にまつわる素朴な疑問

Q26	特にお金をふやしたいと思っていませんが、資産運用は必要ですか？	84
Q27	インフレは目に見えにくいのでわかりづらいですが、どのように把握すればよいですか？	86
Q28	定期預金などの元本が保証されている商品だけで資産運用をしたいのですが、何か留意点がありますか？	88
Q29	資産運用とギャンブルは何が違うのですか？	90
Q30	資産運用と聞くとハイリスク・ハイリターンというイメージがあるのですが、正しいですか？	92
Q31	株式と債券の特徴について教えてください。	94
Q32	新聞・テレビなどで１ドルいくらというニュースを目にしますが、資産運用にはどのような影響がありますか？	98
Q33	これから金利が上昇した場合、どのような影響がありますか？	102
Q34	国や会社が発行している債券は、元本が保証されていますか？	104
Q35	資産運用は怖いものという印象があり、なかなか始められないのですが。	106
Q36	NISA（ニーサ）という制度をよく耳にしますが、確定拠出年金とどのような違いがありますか？	108
Q37	商品価格が安い時期をねらって購入するにはどうしたらよいですか？	112
Q38	頻繁に売買したほうがよいですか？	114
Q39	値上がりしそうな商品だけで運用したいのですがどうすればよいでしょうか？	118
Q40	資産配分とは何でしょうか？また、それはどうやって決めるのですか？	120
Q41	一度決めた資産配分は、将来変更したほうがよいですか？	124
資料2	アセットアロケーション診断	126

第2節 確定拠出年金の運用商品

- **Q42** 確定拠出年金で運用できる運用商品には、どのような種類がありますか？ 130
- **Q43** 確定拠出年金の定期預金には、どのような特徴がありますか？ 134
- **Q44** 確定拠出年金の保険商品には、どのような特徴がありますか？ 136

第3節 投資信託を選ぶポイント

- **Q45** 投資信託とは、どのようなしくみの商品ですか？ 140
- **Q46** 投資信託を選ぶにあたって大切なポイントは何ですか？（その１） 142
- **Q47** 投資信託を選ぶにあたって大切なポイントは何ですか？（その２） 144
- **Q48** アクティブ運用にもいろいろなタイプがあると聞きましたが、代表的なものを教えてください。 148
- **Q49** 投資信託を選ぶにあたって大切なポイントは何ですか？（その３） 150
- **Q50** バランス型商品とは、どのような運用商品ですか？ 152
- **Q51** ライフサイクルファンドとは、どのような運用商品ですか？ 156

第4節 確定拠出年金の運用方法

- **Q52** 確定拠出年金の資産運用を開始する際は、最初に何をすればよいですか？ 158
- **Q53** 一度決めた掛金の配分割合を変更するにはどうしたらよいでしょうか？ 160
- **Q54** 現在運用している商品から、ほかの商品に預け替えることはできますか？ 162
- **Q55** 「配分変更」と「スイッチング」との違いがよくわからないのですが。 166
- **Q56** 配分指定をしないと、掛金はどうなるのですか？ 168

第5節　一歩進んだ運用の話

- **Q57** 投資家はそのときの感情により投資判断を間違えやすいというのは本当ですか？　170
- **Q58** 株式市場が上昇傾向にあるときに、投資家が早めに利益を確定する傾向にあるというのは本当ですか？　174
- **Q59** 確定拠出年金加入者のリスク資産への配分は、直前までの株式市場の動きが影響するというのは本当ですか？　176
- **Q60** 確定拠出年金加入者が配分変更やスイッチングをあまり行わないのはなぜですか？　178
- **Q61** なぜ日本の確定拠出年金では元本確保型商品への配分が多いのですか？　180
- **Q62** 商品ラインアップの本数により加入者の資産配分が影響を受けるというのは本当ですか？　182
- **Q63** 感情に左右されない投資判断をするためにはどうすればよいのでしょうか？　186
- **Q64** 資産配分が運用成績の9割を決めるというのは本当ですか？　188
- **Q65** 会社が設定した想定利回りを達成するためには、どのような資産配分にすればよいのでしょうか？　190
- **Q66** 資産配分はいつ見直しをすればよいのでしょうか？　192

コラム1　マーケットタイミングは報われるのか？　194

第5章 退職・受け取り

第1節 60歳より前に退職した場合

- **Q67** 60歳より前に退職した場合、確定拠出年金はどうしたらよいですか？ … 200
- **Q68** 脱退一時金とは何ですか？ … 202
- **Q69** 転職先に確定拠出年金があり、加入資格があります。手続きはどうしたらよいですか？ … 206
- **Q70** 転職先の会社に確定拠出年金がなく、脱退一時金の受け取れる要件に該当しません。どうしたらよいですか？ … 208
- **Q71** 60歳前に退職した後、会社勤めはしません。この場合、確定拠出年金はどうしたらよいですか？ … 210
- **Q72** 60歳より前に退職した場合、厚生年金基金や確定給付企業年金の資産は確定拠出年金に移換できますか？ … 212
- **Q73** 個人型年金のしくみを教えてください。 … 216
- **Q74** 個人型年金の運用や受け取りはどうなっていますか？また、税制上のメリットはどのようなものですか？ … 218
- **Q75** 60歳前に退職した後に何も手続きをとらないとどうなりますか？ … 220

コラム2 自動移換者の実態 … 222

第2節 60歳以降の退職

- **Q76** 老齢給付金の受け取りに条件はあるのでしょうか？ … 224
- **Q77** 老齢給付金を受け取るために何をすればよいのですか？ … 228
- **Q78** 老齢給付金は一時金で受け取れますか？また、年金は何年で受け取れますか？ … 230
- **Q79** 老齢給付金を一時金で受け取る場合、実際に振り込まれるまでに、どれくらい時間がかかりますか？ … 232

Q80	受け取る年金の額は「一定」ですか？それとも「変動」しますか？	234
Q81	終身年金は「得」ですか？「損」ですか？	236
Q82	確定拠出年金を一時金で受け取る場合の税金はどうなりますか？ また、会社から別途退職金を受け取りましたが、その時の税金はどうなりますか？	238
Q83	確定拠出年金を年金で受け取る場合の税金はどうなりますか？ また、年金受給中に残額をまとめて受け取れますか？	240
Q84	受け取り時に税制優遇を活用するにはどうしたらよいですか？	242

第3節 その他の受け取り

Q85	どのような場合に障害給付金を受け取れますか？ また、年齢に関係なく受け取れますか？	246
Q86	確定拠出年金加入者が死亡したときに遺族は何をすればよいですか？	248
Q87	死亡した時の受け取り人を指定することはできますか？	250
Q88	死亡一時金の受け取り手続きに期限はありますか？ また、税金はどうなっていますか？	252

コラム3 年金で受け取らない確定拠出年金？　254

第6章 各国の確定拠出年金制度

第1節 米国の401(k)制度

- Q89 米国の確定拠出年金はどのような制度ですか？　258
- Q90 米国401(k)制度の加入者にはどのような特徴がありますか？　262
- Q91 米国401(k)制度の加入者はどのような資産運用を行っていますか？　268
- Q92 米国のIRA制度にはどのような特徴がありますか？　272

第2節 韓国の確定拠出年金制度

- Q93 韓国の確定拠出年金はどのような制度ですか？　278
- Q94 韓国の確定拠出年金制度の加入者にはどのような特徴がありますか？　284
- Q95 韓国の確定拠出年金の加入者はどのような資産運用を行っていますか？　286
- Q96 韓国のIRP（Individual Retirement Pension 旧IRA）制度にはどのような特徴がありますか？　288

第7章 確定拠出年金の将来像

- **Q97** 掛金の拠出限度額が引き上げられる予定はありますか？ 292
- **Q98** なぜ自分の年金資産を自由に引き出すことができないのですか？ 296
- **Q99** ラインアップされている運用商品は変わらないのですか？ 298
- **Q100** 転職後、公務員や専業主婦となった場合、掛金を拠出することはできませんが、将来の確定拠出年金制度のさまざまな要件は緩和される方向にあるのでしょうか？ 300

おわりに 304

索　引 308

編者・著者紹介 312

〈本書の留意事項〉
①原則として2014年10月1日現在の法令・税制等に基づいて記載しています（ただし、本書における「厚生年金基金」は「存続厚生年金基金」、「企業年金連合会」は「存続連合会」を指します）。今後、法令・税制等は変更となる可能性があります。
②わかりやすさを優先したために、一部省略・簡略化した表現を用いています。
③個別具体的な法令・税制等の適用については、弁護士・公認会計士・税理士・社会保険労務士などの専門家にご相談ください。
④本書に収録されている事例は、すべて仮名で、実例を参考にしながら新たに創作したものであり、実際のものとは異なります。
⑤意見にあたる部分は執筆者個人の見解であり、みずほ銀行を代表するものではありません。
⑥一般的な知識を説明したものであり、特定の商品などの勧誘を目的とするものではありません。

第1章 日本の年金制度と確定拠出年金の位置づけ

Q1 老後に備えて、重要なことは何ですか？

A 老後での生活費（お金）がいくら必要か考えることです。

▶ **老後に必要なお金は約 7,000 万円から約 1 億 1,000 万円**

　2013 年度生命保険文化センターの「生活保障に関する調査」によると、老後を夫婦 2 人で暮らしていくうえで必要と考えられている最低日常生活費は月額 22.0 万円、ゆとりある生活では月額 35.4 万円となっています。また厚生労働省の調べ[i]によると、60 歳の平均余命は男性が約 23 年、女性が約 28 年となっており、これらの数値を参考に 60 歳以降の生活費の必要額を計算すると、約 7,000 万円から約 1 億 1,000 万円のお金が必要となります[ii]。

　さらに長生きしたら、あるいはもし大病を患ってしまったら…より多くのお金が必要となります。これら老後のお金はどのように準備していけばよいのでしょうか。それには国や会社の年金制度に加え、自分自身で準備していく必要があります。

　特に年金制度は老後の生活費をまかなう収入の柱となるものです。将来自分が受け取る年金にはどのようなものがあるか確認する必要があります。

---

[i] 厚生労働省 2012 年簡易生命表の概況
[ii] 第 3 章 Q21 参照

図表1　老後に必要なお金（総額）

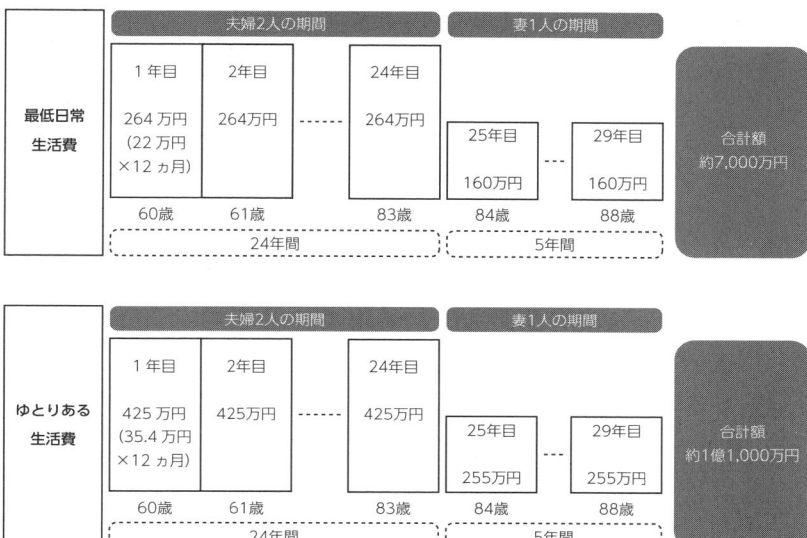

（注）妻1人の期間は、夫婦2人の場合の約6割と仮定して計算し、60歳以降に住宅ローンなどの借入金の残高がない前提

（出所）みずほ銀行作成

Q2 年金制度とはどのようなものですか？

A 一定の条件を満たした人が、ルールに基づいてお金を受け取るしくみで、分割して受け取るお金のことを年金といい、一括で受け取るお金を一時金といいます。

▶公的年金制度と私的年金制度

制度の運営をどこが行っているかにより**公的年金制度**と**私的年金制度**の2種類に大きく分けることができます。国民年金・厚生年金保険・共済年金は、国やそれに準ずる公共団体が制度を運営しているので公的年金制度と呼ばれています。

図表1　日本の年金制度

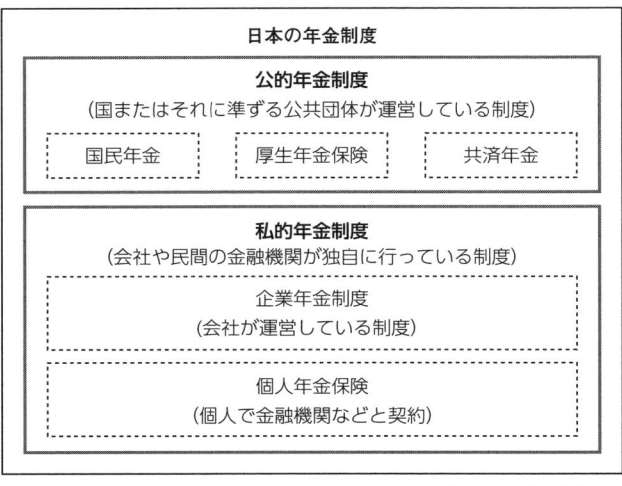

（出所）みずほ銀行作成

▶ 公的年金制度は世代間扶養

公的年金制度は、国民が納める保険料と国庫負担(税金)でまかなわれて運営されています。現役世代が納める保険料と税金で高齢者の年金をささえる世代間扶養となっており、公的年金の保険料は自分の老後のために積み立てられているのではなく、そのときの高齢者の公的年金の支払いに充てられています。

したがって現役世代のときに保険料を納めなければ将来年金を受け取ることは原則できません。また、年金の支給は本人が亡くなるまで終身にわたってつづき、現役世代に給料や物価が変動した場合は、保険料もそれにともない増減し、高齢者が受け取る年金額も増減するしくみになっています。

図表2 公的年金制度の特徴

老後に直面する問題	公的年金制度の特徴
何歳まで生きるかわからない	終身支給
賃金や物価の上昇などがどのように変動するかわからない	実質的な価値に配慮し支給
障害を負ったり、配偶者を亡くし、所得を失う可能性がある	障害年金・遺族年金を支給

(出所)厚生労働省ホームページ(2014年3月現在)よりみずほ銀行作成

> **Q3** 職業などにより加入する公的年金制度は異なりますか？

> **A** 日本国内に居住する20歳以上60歳未満のすべての人が国民年金（基礎年金）に加入します。さらに会社員は厚生年金保険に、公務員などは共済年金にも加入します。

▶ 公的年金制度は3種類

公的年金制度には**国民年金（基礎年金）**、**厚生年金保険**、**共済年金**の3種類があります。職業などにより加入する制度は異なります。

公的年金制度は2階建てとなっており、1階部分である「国民年金（基礎年金）」には日本国内に居住する20歳以上60歳未満のすべての人が加入し（被保険者となり）、高齢期になると加入期間（25年以上[i]）に応じて年金を受け取ることができます。

2階部分の厚生年金保険は、民間企業に勤務する70歳未満の人を対象に、国民年金（基礎年金）の上乗せとして過去の報酬（給料や賞与）と加入期間に応じた年金が支給されます。

共済年金は、公務員（私立学校教職員も含む）を対象とした年金でほぼ厚生年金保険に相当するものです。なお、2015年10月に、共済年金は厚生年金保険に統合される予定です。

---

[i] 2015年10月以降は10年以上に短縮される予定です（公的年金制度の財政基盤及び最低保障機能の強化等のための国民年金法等の一部を改正する法律（年金機能強化法）2015年10月施行予定）。

図表 1　日本の公的年金制度

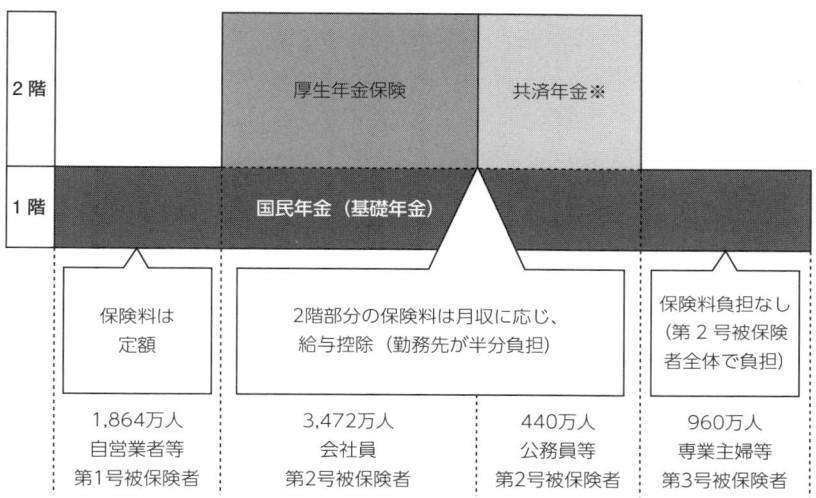

※2015年10月に、共済年金は厚生年金保険に統合される予定です。

（出所）厚生労働省 年金局 平成26年度年金制度のポイントよりみずほ銀行作成

▶国民年金（基礎年金）には全員加入

　国民年金（基礎年金）には、国籍にかかわらず、日本国内に居住する20歳以上60歳未満のすべての人が加入します。学生や収入がない人も加入しなければなりません。会社員や公務員、また配偶者に扶養されている人なども国民年金に加入し、職業などにより被保険者の種別が3種類に分けられています。なお年金制度の運営主体のことを保険者といい、その年金に加入している人を**被保険者**といいます。

図表2　被保険者の種別

第1号被保険者	自営業者・農業者・20歳以上の学生・無職の人・定年退職した人の60歳未満の配偶者など
第2号被保険者	会社員・公務員など
第3号被保険者	主夫・主婦など（第2号被保険者の被扶養配偶者）

（出所）みずほ銀行作成

図表3　国民年金の保険料の額（月額）

年度	2004年度に決められた保険料の額	保険料改定率	保険料額
2005年度に属する月の月分	1万3,580円	1.000	1万3,580円
2006年度に属する月の月分	1万3,860円	1.000	1万3,860円
2007年度に属する月の月分	1万4,140円	0.997	1万4,100円
2008年度に属する月の月分	1万4,420円	0.999	1万4,410円
2009年度に属する月の月分	1万4,700円	0.997	1万4,660円
2010年度に属する月の月分	1万4,980円	1.008	1万5,100円
2011年度に属する月の月分	1万5,260円	0.984	1万5,020円
2012年度に属する月の月分	1万5,540円	0.964	1万4,980円
2013年度に属する月の月分	1万5,820円	0.951	1万5,040円
2014年度に属する月の月分	1万6,100円	0.947	1万5,250円
2015年度に属する月の月分	1万6,380円	未確定	
2016年度に属する月の月分	1万6,660円	未確定	
2017年度に属する月の月分	1万6,900円	未確定	

（出所）みずほ銀行作成

国民年金の加入時期は、法律により通常20歳[ii]の誕生日の前日と定められています。なぜ20歳に達したときに国民年金への加入が必要なのでしょうか。それは国民年金の強制加入期間は60歳までとなっており、満額の老齢基礎年金を受け取るためには、40年間の保険料を納め続ける必要があるためです。

毎年度の実際の保険料額は、2004年の改正で決まった保険料額に物価や賃金の伸びに合わせて調整し、2014年度は1ヵ月あたり1万5,250円（1万6,100円×保険料改定率：2014年度は0.947）を負担します。なお、保険料は2005年度から毎年280円ずつ引き上げられ、2017年度以降は1ヵ月あたり1万6,900円で固定される予定です［図表3］。

▶厚生年金保険と共済年金

厚生年金保険は民間企業（厚生年金保険が適用される事業所（株式会社などの法人、あるいは常時5人以上の従業員を使用する個人事業所））に勤務する70歳未満の人（短時間労働者などは除く）は、年齢にかかわらず、原則全員加入しなければなりません。厚生年金保険への加入時期は働き始めた初日となります。

保険料は毎月の給料や賞与（正確には標準報酬月額や標準賞与額）に保険料率を乗じて決められ、本人と会社で半分ずつ負担します。保険料率は2014年4月現在17.12%、2014年9月からは17.474%、以降も毎年9月に0.354%ずつ引き上げられ、2017年9月には18.30%で固定される予定です。

共済年金は、国家公務員共済組合、地方公務員等共済組合と日本私立学校振興・共済事業団の職員を対象とした制度です。いずれの組合も制度そのものに大きな違いはなく、組合員本人の掛金と国および独立行政法人などの負担金によりまかなわれています。

---

ii 20歳の誕生日の前日より前であっても、会社員など（第2号被保険者）はその勤務先で働き始めた日に加入することになります。

公的年金はいくらぐらい受け取れますか？

 加入期間と給与水準などにより異なります。「国民年金」と「厚生年金保険」の夫婦の例※（老齢年金）ではあわせて月額約23万円となります。
※夫が平均的収入（平均標準報酬36万円）で40年間就業し、妻がその期間すべて専業主婦であった世帯の給付水準

▶ 公的年金制度は、もしものときにも役立つ

公的年金制度の給付（受け取り）には、老齢給付・障害給付・遺族給付の3種類があります。

年金というと「老後のため」と思いがちですが、思わぬ事故や病気で障害がのこったときには**障害給付**を受け取ることができ、一家の働き手が亡くなったときには**遺族給付**を受け取ることができます。20歳になって国民年金に加入し保険料を納めるということは、老後のみならず、もしものときにも年金を受け取れる権利を持つということにもなります。

▶ 老齢給付を受け取るための加入期間

ほとんどの人が「老齢給付」を受け取りますが、その金額は加入期間、平均給与などで異なります。また加入していた制度により**老齢給付**にはつぎの3種類があります。

老齢基礎年金	国民年金の老齢給付
老齢厚生年金	厚生年金保険の老齢給付
退職共済年金	共済組合の老齢給付

国民年金の老齢給付は、**老齢基礎年金**といい、65歳以降、終身にわたって受け取ることができます。ただし、受け取るためには25年以上[i]の資格期間が必要となります。この資格期間は、図表1のとおり、保険料を支払った期間（保険料納付済期間）と保険料免除期間などを合算した期間です（資格期間が25年に満たない人でも、特例により受け取れる場合がありますので、詳細は年金事務所などにご確認ください）。つまり、加入す

図表1　老齢基礎年金を受け取るために必要な資格期間

```
┌─────────────────────────────────────────────────────┐
│ ①国民年金の保険料を納めた期間                       │
└─────────────────────────────────────────────────────┘
                          ＋
┌─────────────────────────────────────────────────────┐
│ ②国民年金保険料の免除、学生納付特例などを受けた期間 │
└─────────────────────────────────────────────────────┘
                          ＋
┌─────────────────────────────────────────────────────┐
│ ③1961年4月以後の厚生年金保険の被保険者および共済組合の組合員であった期間 │
│   のうち20歳から60歳に達するまでの期間               │
└─────────────────────────────────────────────────────┘
                          ＋
┌─────────────────────────────────────────────────────┐
│ ④第3号被保険者であった期間                          │
│ 厚生年金保険や共済組合の加入者（第2号被保険者（原則として65歳未満））である │
│ 夫（妻）に扶養されていた妻（夫）の20歳以上60歳未満の期間（1986年4月以降に │
│ 限る）                                               │
└─────────────────────────────────────────────────────┘
                          ＋
┌─────────────────────────────────────────────────────┐
│ ⑤国民年金に任意加入できる人が任意加入していなかった期間など（合算対象期間） │
└─────────────────────────────────────────────────────┘
                          ＝
┌─────────────────────────────────────────────────────┐
│ ①から⑤までの期間を合算して、                       │
│ 原則として25年以上（加入可能年数40年）の資格期間が必要 │
└─────────────────────────────────────────────────────┘
```

（注）60歳からの任意加入等により、年金を受けるために必要な資格期間を満たすことができる場合があります。

（出所）日本年金機構ホームページ（2014年3月現在）よりみずほ銀行作成

---

[i] 2015年10月以降は10年以上に短縮される予定です（公的年金制度の財政基盤及び最低保障機能の強化等のための国民年金法等の一部を改正する法律（年金機能強化法）2015年10月施行予定）。

べきなのに保険料を滞納した期間は、資格期間としてカウントされません。保険料を納めた期間が長ければ長いほど（上限は40年（480ヵ月））老後に受け取る年金は多くなり、逆に保険料を納めた期間が短ければ短いほど受け取る年金は少なくなります。ちなみに保険料を全期間分納めると年額77.28万円（2014年度の額。月額では約6.4万円）受け取ることができます。

▶老齢厚生年金は老齢基礎年金の上乗せ

厚生年金保険の老齢給付は**老齢厚生年金**といい、厚生年金保険の被保険者であった人が、65歳になったときに、老齢基礎年金に上乗せする形で受け取ることができます。年金額は、過去の報酬水準と加入期間に応じて決まり、平均月収が36万円、40年加入の場合の受け取り額は、月額約9.8万円で老齢基礎年金の満額月額約6.4万円と合わせると月額約16.3万円となります。

なお当面の間、一定の要件（必要な資格期間を満たしていること、厚生年金保険の被保険者期間が1年以上あること、受給開始期間に達していること）を満たしていれば、65歳になるまで、特別支給の老齢厚生年金を受け取ることができます[ii]。

特別支給の老齢厚生年金は、2001年度から定額部分が段階的になくなっており、さらに2013年度からは報酬比例部分も段階的になくなり、将来は受け取り開始時期が65歳に統一されます。

2013年度以降に満60歳を迎える男性（昭和28年4月2日以降生まれ）は、定額部分は支給されず、報酬比例部分の支給も通常支給の場合は61歳以降からとなりました。

---

ii 男性は昭和36年4月2日、女性は昭和41年4月2日以降生まれの人は対象外となります。

図表2　特別支給の老齢厚生年金の受給開始年齢

生年月日／60歳／65歳

- 男　昭和16年4月1日以前：特別支給の老齢厚生年金（報酬比例部分）〔60〜65歳〕／老齢厚生年金〔65歳〜〕
- 女　昭和21年4月1日以前：特別支給の老齢厚生年金（定額部分）〔60〜65歳〕／老齢基礎年金〔65歳〜〕

---- 2001年度 ----

- 男　昭和16年4月2日〜昭和18年4月1日／女　昭和21年4月2日〜昭和23年4月1日
  - 60歳／61歳／65歳　→　老齢厚生年金／老齢基礎年金

- 男　昭和18年4月2日〜昭和20年4月1日／女　昭和23年4月2日〜昭和25年4月1日
  - 60歳／62歳／65歳　→　老齢厚生年金／老齢基礎年金

- 男　昭和20年4月2日〜昭和22年4月1日／女　昭和25年4月2日〜昭和27年4月1日
  - 60歳／63歳／65歳　→　老齢厚生年金／老齢基礎年金

- 男　昭和22年4月2日〜昭和24年4月1日／女　昭和27年4月2日〜昭和29年4月1日
  - 60歳／64歳／65歳　→　老齢厚生年金／老齢基礎年金

- 男　昭和24年4月2日〜昭和28年4月1日／女　昭和29年4月2日〜昭和33年4月1日
  - 60歳／65歳　報酬比例部分相当の老齢厚生年金／老齢厚生年金／老齢基礎年金

---- 2013年度 ----

- 男　昭和28年4月2日〜昭和30年4月1日／女　昭和33年4月2日〜昭和35年4月1日
  - 60歳／61歳／65歳　→　老齢厚生年金／老齢基礎年金

- 男　昭和30年4月2日〜昭和32年4月1日／女　昭和35年4月2日〜昭和37年4月1日
  - 60歳／62歳／65歳　→　老齢厚生年金／老齢基礎年金

- 男　昭和32年4月2日〜昭和34年4月1日／女　昭和37年4月2日〜昭和39年4月1日
  - 60歳／63歳／65歳　→　老齢厚生年金／老齢基礎年金

- 男　昭和34年4月2日〜昭和36年4月1日／女　昭和39年4月2日〜昭和41年4月1日
  - 60歳／64歳／65歳　→　老齢厚生年金／老齢基礎年金

- 男　昭和36年4月2日以降／女　昭和41年4月2日以降
  - 60歳／65歳　→　老齢厚生年金／老齢基礎年金

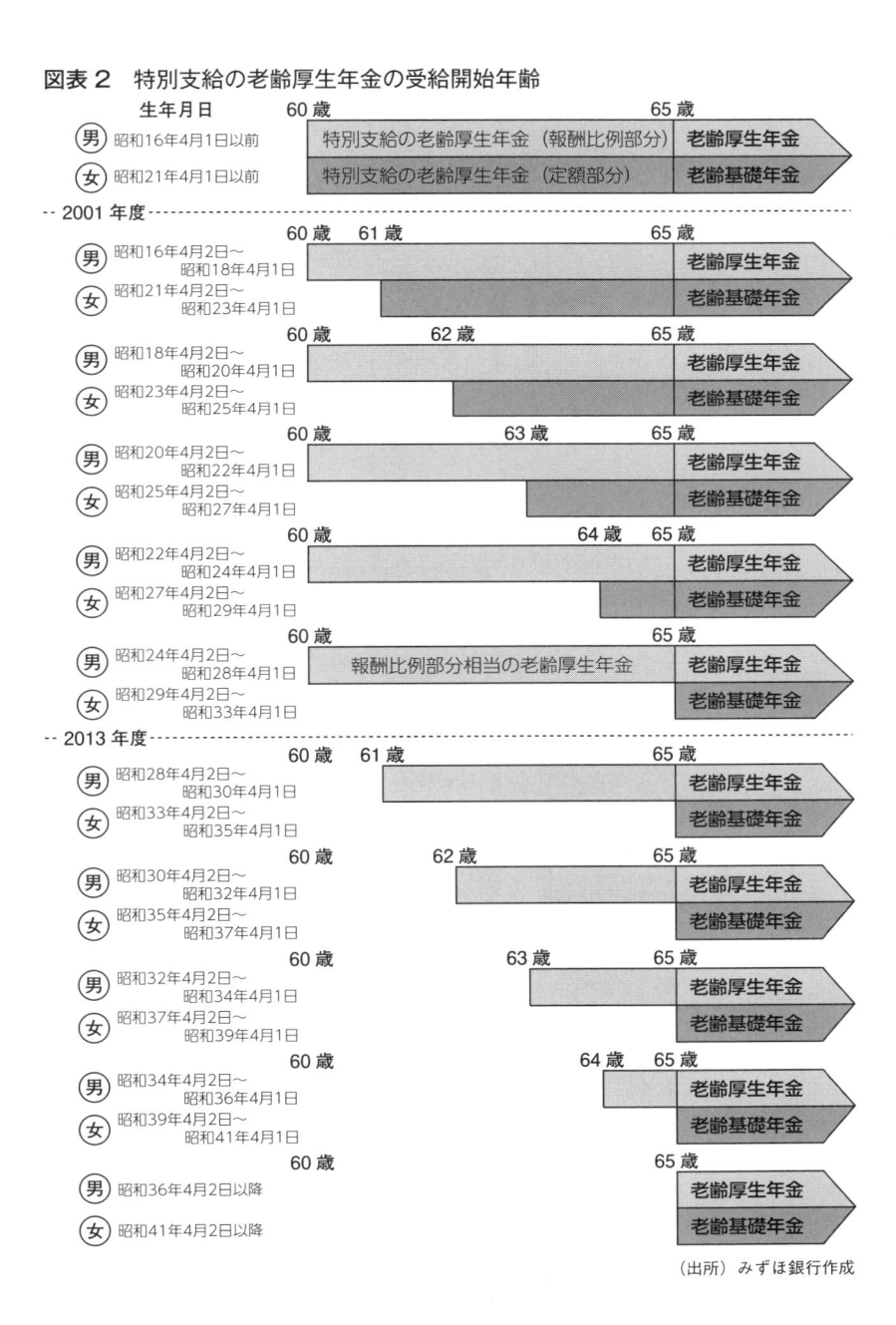

（出所）みずほ銀行作成

図表3　公的年金制度全体のイメージ（2014年4月末現在）

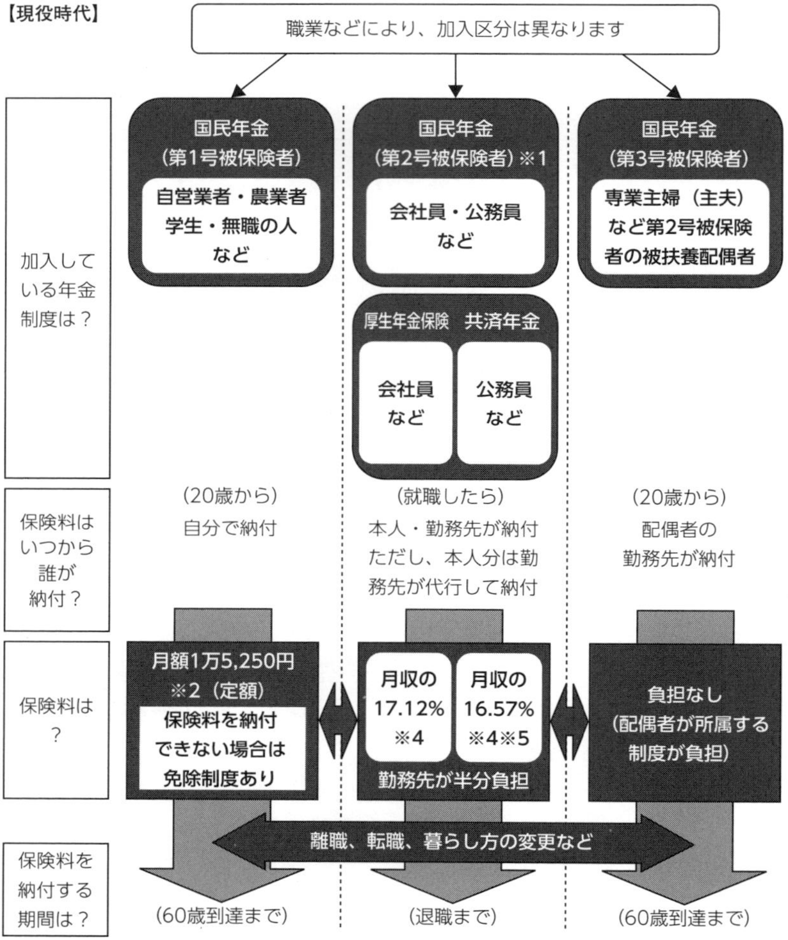

※1　65歳以上で老齢または退職を支給事由とする年金給付の受給権を有する人は、国民年金の第2号被保険者となりません。
※2　毎年度280円（※3）ずつ引き上げられ、最終的に1万6,900円（※3）で固定
※3　平成16年度の賃金水準を基準として価格表示しています。実際に賦課される保険料額は、平成16年度価格の額に、賦課される時点までの賃金上昇率を乗じて定められます。
※4　毎年9月に0.354％ずつ段階的に引き上げられ、最終的に18.3％で固定
※5　私学共済は13.646％

【引退後】

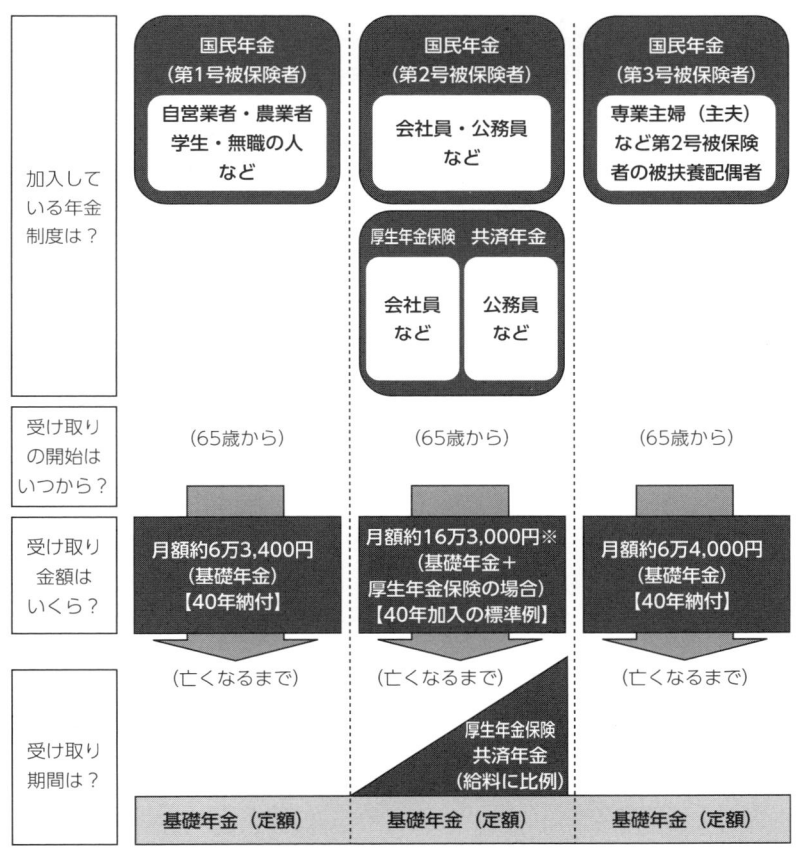

※ 平均的収入（平均標準報酬36.0万円）で40年間就業した場合
（注）平成24年11月に成立した「国民年金法等の一部を改正する法律等の一部を改正する法律（平成24年法律第99号）」の規定に基づき、平成25年10月から平成26年3月までの年金額は1.0％の引き下げとなりました。

【障害を負って働けなくなったとき】
障害基礎年金1級
子2人の場合
月額約11万8,000円

【生計維持者（配偶者）が亡くなったとき】
遺族基礎年金＋遺族厚生年金
子2人の場合
月額約17万5,000円

（出所）厚生労働省 年金局 平成26年度年金制度のポイントよりみずほ銀行作成

▶ **障害給付は受給開始年齢前でも受給**

　公的年金制度に加入している人が、何らかの病気や事故で一定の障害状態になった場合、支給要件を満たしていれば**障害給付**を受け取ることができます。この障害給付も老齢給付と同じく２階建てになっており、１階部分が**障害基礎年金**、２階部分が**障害厚生年金**（または共済組合からの**障害共済年金**）となります。

　第１号被保険者[iii]は１階部分だけ、厚生年金保険の被保険者や共済組合の組合員（ともに第２号被保険者[iv]）は１階部分と２階部分の両方を受け取ることができます。

　年齢が給付の対象外であっても、万一障害の状態になったときに公的年金は役立ちます。民間の保険とは異なり、基本的に年金で支給され、その障害の状態がつづいている限り一生受け取ることができます。

▶ **遺族給付は遺族のささえ**

　公的年金制度の加入者やかつての加入者で、要件を満たしている人が死亡したときには、一定の遺族に**遺族給付**が行われます。この遺族給付も障害給付と同様、１階部分が国民年金からの**遺族基礎年金**、２階部分が厚生年金保険からの**遺族厚生年金**（または共済組合からの**遺族共済年金**）となっており、それぞれ受け取るための要件が異なります。この遺族給付は障害給付と同じように、ほとんどが年金の形で支給されます。

---

iii 第１章 Q3 参照
iv 第１章 Q3 参照

第1章 日本の年金制度と確定拠出年金の位置づけ

Q5 自分が納付した保険料分の年金は将来受け取れますか？

A 現行の制度が継続する限り、試算上、自分が納付した保険料を上回る年金を受け取れます。

▶ **納付した以上に年金は受け取れる**

国民が納めた保険料に加え、国庫負担があることから、現行の制度が継続する限り、どの世代も支払った保険料を上回る年金を受け取ることができます。

図表1　世代ごとの給付と負担（保険料と年金のスライドを考慮し計算したもの）
【厚生年金（基礎年金を含む）】

生まれ年	1940年	1950年	1960年	1970年	2000年
保険料	900万円	1,200万円	1,800万円	2,400万円	4,200万円
年金給付	4,400万円	4,200万円	5,000万円	5,900万円	9,700万円
比率	5.1倍	3.4倍	2.8倍	2.5倍	2.3倍

【国民年金（基礎年金）】

生まれ年	1940年	1950年	1960年	1970年	2000年
保険料	300万円	500万円	700万円	1,000万円	1,700万円
年金給付	1,400万円	1,300万円	1,400万円	1,500万円	2,500万円
比率	4.5倍	2.7倍	1.9倍	1.6倍	1.5倍

（注）1　保険料は、20歳から59歳まで40年間納付するものと仮定しています。
2　65歳から60歳時点の平均余命（過去分は完全生命表、将来分は日本の将来推計人口における将来生命表の60歳時平均余命。国民年金は平均余命の男女平均。）まで年金を受給するものと仮定しています。
3　保険料および年金給付は、各世代が65歳となった時点の価格に賃金を基準に換算したものを物価上昇率で現在価値（平成21年度時点）に割り引いて表示したものです（経済前提（2016年〜）；賃金上昇率2.5％、物価上昇率1.0％）。
4　【厚生年金（基礎年金を含む）】については、夫が平均収入（平均標準報酬36.0万円）で40年間就業し、妻がその期間すべて専業主婦であった世帯における給付と負担（本人負担分）を推計したものです。

（出所）厚生労働省 年金局 平成25年度年金制度のポイント

▶ 公的年金制度は課題が山積み

　日本の公的年金制度は、1961年の国民年金制度創設から50年以上が経過し、経済状況の変化や予想を大きく超えて少子高齢化が進んだことなどにより、さまざまな課題を抱えています。厚生労働省では、図表2の課題が存在していると指摘しています。

図表2　公的年金制度の現状の課題

現状の課題	内容
①国民年金・厚生年金の加入者の変化	・国民年金（第1号被保険者）が「自営業者のための制度」⇒「非正規雇用者が加入する年金制度」に変化（将来に低年金・無年金となる可能性）
②年金制度が雇用・就労や人生の選択に影響	・被用者の中で、労働時間や収入で適用される年金制度が異なるため、労働者の就業行動や事業主の雇入れ行動に影響 ・保険料を負担しないで基礎年金を受給できる第3号被保険者の存在（専業主婦を優遇との批判）
③低年金・無年金者の存在	・老齢基礎年金のみの受給者の平均受給額は月4.85万円 ・無年金見込み者を含めた無年金者は最大118万人（推計）
④年金制度への不信・不安	・給付と負担の関係がわかりにくい ・官民格差があるとの批判 ・保険料の未納率の上昇による制度破綻の不安・誤解
⑤長期的な持続可能性に不安	・基礎年金国庫負担財源をまかなう恒久財源が確保されていない ・支給開始年齢引き上げの必要性 ・長期的な財政安定性に不安

（出所）厚生労働省「年金に関する資料」第8回社会保障改革に関する集中検討会議（平成23年5月23日）に厚生労働省が提出した資料よりみずほ銀行作成

▶ **公的年金制度の改革の方向性**

また、このような課題に対処するためには、図表3のような方向性を目指して現行制度の改善を図っていくことが示されました。

図表3　国民年金制度の改革の方向性

方向性
新しい仕事への挑戦や女性の就労を妨げる年金制度ではなく、働き方、ライフコースの選択に影響を与えない、一元的な制度
単身高齢者、低年金者、無年金者の増大に対して、最低保障機能を有し、高齢者の防貧・救貧機能が強化された制度
国民から信頼され、財政的にも安定した制度

(出所)　厚生労働省「年金に関する資料」第8回社会保障改革に関する集中検討会議（平成23年5月23日）に厚生労働省が提出した資料

2012年の通常国会では、年金機能強化法、被用者年金一元化法の2法案が成立、公布されました。これにより国民年金（基礎年金）の財源が確保され（税金）、官民格差も是正される見通しとなりました。

またその後の臨時国会において国民年金法等一部改正法、年金生活者支援給付金法の2法案が成立、公布されました［図表4］。

図表4　年金改革関連法の主な内容と施行日

年金機能強化法

主な改正内容	施行日
①年金の資格期間を現在の25年から10年に短縮	2015年10月1日
②基礎年金の国庫負担2分の1を2014年度に恒久化	2014年4月1日
③短時間労働者への厚生年金・健康保険の適用を拡大	2016年10月1日
④厚生年金や健康保険などの産休期間中の保険料を免除	2014年4月1日
⑤遺族基礎年金を父子家庭に支給	2014年4月1日

被用者年金一元化法

主な改正内容	施行日
①厚生年金に公務員等も加入、2階部分は厚生年金に統一	2015年10月1日
②共済年金・厚生年金の保険料率（上限18.3%）を統一	
③共済年金の3階部分（職域部分）を廃止	

国民年金法等一部改正法

主な改正内容	施行日
①2012年・2013年度の基礎年金の国庫負担割合を消費税増税による収入を償還財源とする年金特例公債により2分の1とする	公布日（2012年11月26日）
②年金額の特例水準（2.5%）を2013年度から2015年度までの3年間で解消	2013年10月1日

年金生活者支援給付金法

主な改正内容	施行日
①年金受給者の低所得高齢者・障害者への福祉的給付	2015年10月1日

（出所）厚生労働省 年金局 平成26年度年金制度のポイントよりみずほ銀行作成

| Q6 | 企業年金制度とはどのような制度ですか？ |

| A | それぞれの会社が任意で運営する「会社独自の制度」です。そのため企業年金制度のない会社もあります。 |

▶企業年金制度は公的年金制度を補う制度

　厚生労働省の平成23年国民生活基礎調査によると、図表1のとおり、高齢者世帯の約6割の世帯が公的年金のみで生活していますが、ゆとりのある生活[i]を送るには、公的年金だけでは十分とはいえないようです。それを補う制度の1つに会社が任意で行っている**企業年金制度**があります。企業年金制度から支給される金額は、会社により異なりますが、大卒平均で約2,000万円（勤続30年から34年）[ii]となっています。

図表1　公的年金・恩給が総所得に占める割合

約6割の高齢者世帯が公的年金収入だけで生活

- その他
- 収入すべてが公的年金である高齢者世帯 56.7%
- 公的年金が総所得に占める割合

公的年金は高齢者世帯の収入の約7割

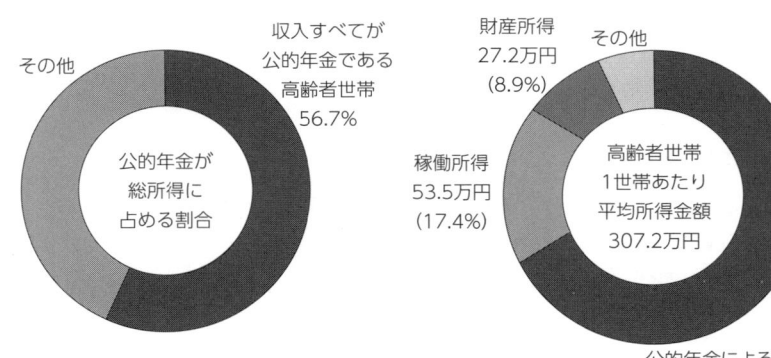

- 財産所得 27.2万円（8.9%）
- その他
- 稼働所得 53.5万円（17.4%）
- 高齢者世帯1世帯あたり平均所得金額 307.2万円
- 公的年金による収入 207.4万円（67.5%）

（出所）厚生労働省　平成23年国民生活基礎調査よりみずほ銀行作成

---

i 第1章Q1参照
ii 出所：厚生労働省　平成25年就労条件総合調査結果の概況：結果の概要（5退職給付（一時金・年金）の支給実態）

また、定年から公的年金の支給開始年齢である65歳までの収入が減少する期間の収入確保の役割も果たします。なお、企業年金制度ではなく、退職一時金制度で公的年金制度を補完している会社もあります。

　一般に日本の年金制度は公的年金制度の2階建てに企業年金制度を加えた「3階建て」であるといわれています［図表2］。会社は企業年金制度を実施する義務を負っているわけではありませんが、図表3によれば、従業員1,000人以上の規模では77％で実施されています。

　また、企業年金制度ではありませんが、退職時に一括して支給される退職一時金制度のみ実施している会社も65.8％あり、なんらかの形で公的年金制度を補う制度が実施されています。

　会社にどのような制度が用意されているのか、自分が制度の対象者となっているのか、受け取れる金額はどのくらいかなどの確認が必要です。

図表2　日本の企業年金制度の体系

会社独自の制度 さまざまなタイプがある	企業年金	職域部分	3階
	厚生年金保険	共済年金	2階
国民年金（基礎年金）			1階
1,864万人 自営業者等 第1号被保険者	3,472万人 会社員 第2号被保険者	440万人 公務員 第2号被保険者	960万人 専業主婦等 第3号被保険者

（出所）厚生労働省 年金局 平成26年度年金制度のポイントよりみずほ銀行作成

図表3　退職給付(一時金・年金)制度の有無

企業規模	退職一時金制度のみ (a)	企業年金制度のみ (b)	両制度併用 (c)	企業年金制度がある企業 (b + c)
1,000人以上	23.0%	28.9%	48.1%	77.0%
300人～999人	31.5%	27.2%	41.3%	68.5%
100人～299人	56.0%	14.0%	30.0%	44.0%
30人～99人	74.1%	8.6%	17.3%	25.9%
合計	65.8%	11.6%	22.6%	34.2%

(出所)厚生労働省 平成25年就労条件総合調査の概況よりみずほ銀行作成

▶企業年金制度は3種類

　企業年金制度には、厚生年金基金制度、確定給付企業年金制度、確定拠出年金制度の3種類があります。それらは将来、会社から受け取れる金額があらかじめ定められた「確定給付型」と毎月会社から支払われる(拠出される)掛金があらかじめ定められている「確定拠出型」の2タイプに分けることができます。厚生年金基金制度、確定給付企業年金制度は「確定給付型」に該当します。

　これに対し確定拠出年金制度は「確定拠出型」であり、運用は会社ではなく自分自身が行います。運用している資産は個人ごとに明確に区分され、掛金とその運用で得られた収益との合計額をもとに受け取り額が決定する制度です。「確定給付型」の制度とはしくみが異なりますが、最近導入する会社がふえています。

　なお、公的年金の「厚生年金保険」と企業年金制度の「厚生年金基金制度」は異なる制度です。混同される人が多いのでご注意ください。

第2章

確定拠出年金の加入

Q7 「確定拠出年金」とはどのような制度ですか？

A 会社が掛金を負担し、その掛金を自分自身が運用する制度です。英語で DC(Defined Contribution) といいます。

▶ 確定拠出年金は自分で運用し、ふやしていく制度

　確定拠出年金には、会社が導入し、その従業員が加入する**企業型年金**と、国民年金基金連合会が実施し、自営業者や企業年金のない会社の従業員が自分の意思で加入を決める**個人型年金**がありますが、本書では、企業型年金を中心にみていきます。

　その特徴は以下のとおりです。
①毎月の掛金が会社から拠出
②会社から拠出された掛金を自分自身で運用
　（加入者である従業員も掛金を拠出し、運用することも可能）
③運用中はいつでも資産残高を確認することが可能
④離職・転職の際は他の確定拠出年金制度に持ち運び可能
⑤受け取り額は、運用実績により変動
⑥原則60歳以降に受け取ることが可能
⑦掛金の拠出時、運用時、60歳以降の受け取り時に税制上の優遇措置

▶ 時代の変化の中で生まれた確定拠出年金

　確定拠出年金制度と確定給付年金の制度では資産運用の主体が大きく異なります。確定給付年金は、従業員はほとんどなにもすることはなく、退職時の給料や勤続年数などに応じて決まった金額が支給される会社主体の

図表 1　確定拠出年金のしくみ

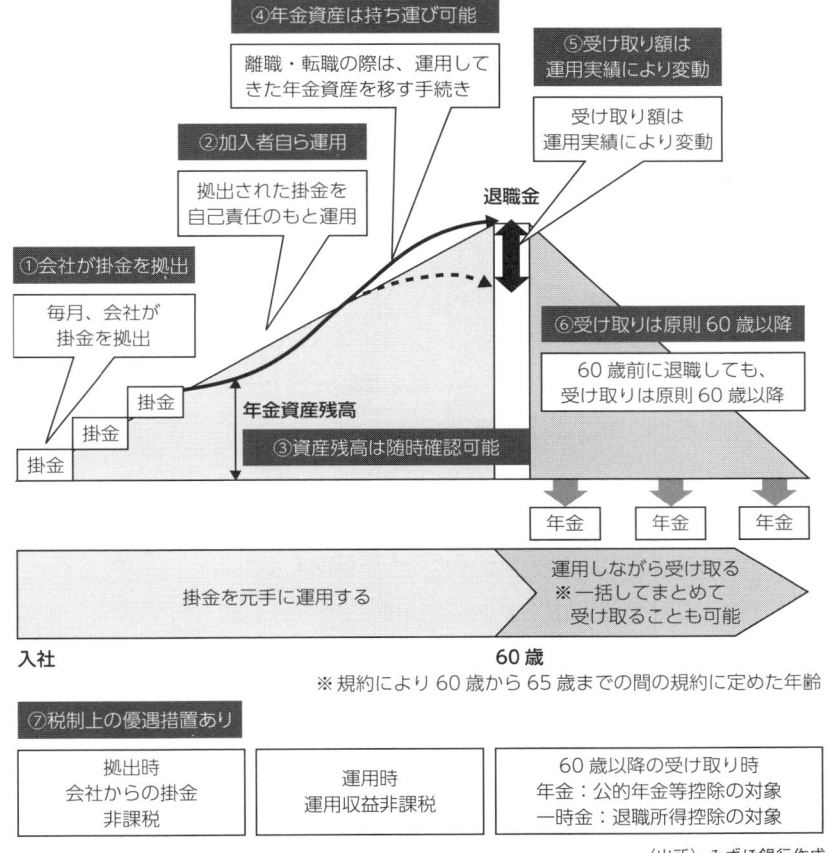

①会社が掛金を拠出
　毎月、会社が掛金を拠出

②加入者自ら運用
　拠出された掛金を自己責任のもと運用

③資産残高は随時確認可能

④年金資産は持ち運び可能
　離職・転職の際は、運用してきた年金資産を移す手続き

⑤受け取り額は運用実績により変動
　受け取り額は運用実績により変動

⑥受け取りは原則60歳以降
　60歳前に退職しても、受け取りは原則60歳以降

掛金を元手に運用する → 運用しながら受け取る
※一括してまとめて受け取ることも可能

入社　　　　　　　60歳
※規約により60歳から65歳までの間の規約に定めた年齢

⑦税制上の優遇措置あり

拠出時	運用時	60歳以降の受け取り時
会社からの掛金非課税	運用収益非課税	年金：公的年金等控除の対象 一時金：退職所得控除の対象

（出所）みずほ銀行作成

制度でした。しかし1990年代後半以降、運用環境の低迷により多くの企業年金制度で将来の給付に備える積み立て金の不足が顕在化し、確定給付年金が会社の業績に影響を与えるなど、制度の存続自体が危ぶまれる事態に陥りました。さらに雇用環境の変化により転職率が上昇したため、転職者に不利にならない企業年金制度として年金資産の持ち運び（ポータビリティ）ができる制度の導入が待ち望まれ、ついに2001年10月に米国の

401(k)プランをモデルにした「日本版401k」と呼ばれる確定拠出年金制度が誕生したのです。

▶ 定着した確定拠出年金制度の導入

　確定拠出年金の導入状況は2014年5月末の厚生労働省の発表の資料によると、企業型の実施社数（正確には事業主数）は18,617社、その加入者は企業型、個人型を合わせて約515万人となっています。

　厚生年金基金の加入者数は約400万人（2013年3月末現在）、確定給付企業年金の加入者は約788万人（2014年3月末現在）であり、ほかの企業年金制度の状況と比較しても、確定拠出年金が年金制度の1つとして定着してきたといえるでしょう。

▶ 確定拠出年金制度のメリット

　実際に加入するという前提でメリットを確認しましょう。

① 「自分自身で確認できる」年金制度

　退職一時金制度や確定給付企業年金制度は、いくらもらえるかわかりにくいしくみでしたが、確定拠出年金制度は残高をいつでも確認することが可能であり、わかりやすい制度といえます。

② 「資産運用を自分でできる」年金制度

　自分の考えにあった運用方法を選択することができ、運用次第で資産が変動します。

③ 60歳から65歳に対応するつなぎ年金の役割

　公的年金の空白期間（60歳から65歳）に対応するつなぎ年金として活用することができます。確定拠出年金の加入者でなくなる年齢を60歳とした場合、60歳までに加入期間が10年以上あれば、それまで運用してきた年金資産の受け取りを開始することが可能です。

④ 受給権が保護された年金制度

会社の倒産や金融機関の破綻から、自分の老後の財産が守られるしくみが整っており、後から支給額の引き下げが行われることもありません。

⑤ 税制優遇のある制度

会社が拠出する掛金や運用の結果得られる収益には税金[i]がかかりません。受け取る時も公的年金等控除や退職所得控除の優遇を受けることができます。

▶確定拠出年金制度の留意点

一方、留意する点もあります。

① 原則60歳まで受け取れない制度

確定拠出年金は老後のための年金制度ですので、60歳以前は原則、会社を退職しても受け取ることはできません。

②「運用の責任は自分で負う」自己責任の制度

会社から拠出された掛金を資産運用によりふやすことが可能な一方、減らしてしまう可能性もあります。運用の結果について、会社が補填などをしてくれません。

▶従業員も拠出できる制度

2012年1月より、会社からの掛金に加えて、加入者である従業員も自らの掛金を拠出できるようになり、加入者にとっては自分の掛金にも税制上のメリットを得て効率的に老後の資産を準備できる制度がはじまりました。加入者が負担した掛金の全額が所得控除の対象(小規模企業共済等掛金控除の対象)で、運用から得られた収益についても会社からの掛金と同様に非課税となります[ii]。

---

[i] 年金資産に対して特別法人税(1.173%)が課税されますが2017年3月まで凍結中です。
[ii] 第2章 Q19参照

▶確定拠出年金制度の関係機関

　確定拠出年金制度は加入者自身が運用する制度です。実際に運用の指図を行ったり、商品などに関する情報収集は**運営管理機関**などが用意しているインターネットやコールセンターを通じて行います。

　各機関の役割はつぎのとおりです［図表２］。

① 会社は掛金を**資産管理機関**に拠出します。
② 加入者は運営管理機関からインターネットやコールセンターなどを通じて資産の運用に必要な情報を入手します。
③ 加入者は運用する商品を決め、運営管理機関に運用の指図をします。
④ 受給者は運営管理機関に資産を受け取るための申請をします。
⑤ 資産管理機関から年金または一時金を受け取ります。

図表２　企業型確定拠出年金の制度運営のしくみ

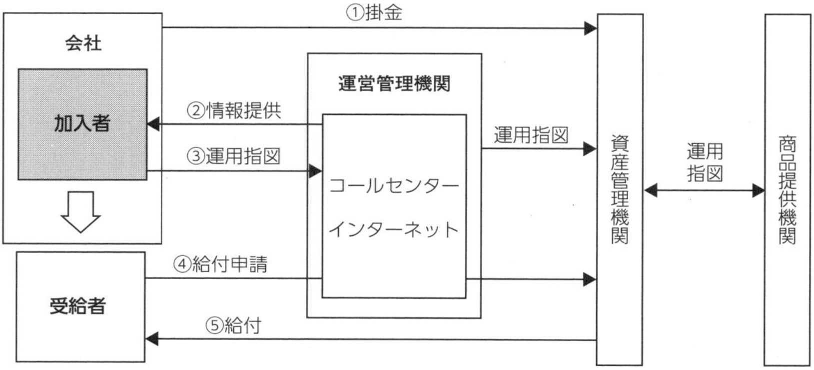

（出所）みずほ銀行作成

第2章 確定拠出年金の加入

Q8 会社に確定拠出年金が導入されます。まずは何をしたらよいですか?

A 会社ごとに定められた制度の内容をよく確認しましょう。

▶「確定拠出年金規約」をチェック

　確定拠出年金を導入している会社に入社する場合や、勤めている会社で新たに導入される場合には、制度に関する説明が行われます。

　確定拠出年金は、加入した時点から老後の資金を準備していく制度で、はじめが肝心です。年金は「まだ先の話だから、説明は聞かなくてもいいや」と思わないでください。制度の特徴を理解し、加入時から上手に活用することで、時間が経過するにつれて、そのメリットはどんどん大きくなっていきます[i]。

　確定拠出年金に加入するにあたって、まず、勤めている会社で導入している制度の内容を確認することが大切です。

　確定拠出年金は企業年金制度の1つで、その制度の特徴や条件は会社ごとに異なっています。この会社ごとの制度を「プラン」、その制度の内容を「プラン内容」と呼びます。

　重要な「プラン内容」はつぎのとおりです。

　①加入対象の範囲
　②事業主掛金の額
　③拠出中断の事由
　④事業主掛金額の事業主返還ルール
　⑤加入者掛金の拠出の有無

---

[i] 第3章 Q23参照

⑥資格喪失年齢
⑦給付時の条件
⑧費用

　プラン内容を定め、労使合意を経たうえで、厚生労働大臣の承認を受けたものを**確定拠出年金規約**といいます。
　勤めている会社にも、就業規則などと同じ位置づけとして「○○企業型年金規約（一般的には、○○に会社名などが入ります）」という確定拠出年金規約がありますので、確認しておきましょう。

Q9 会社で働いている人は誰でも確定拠出年金に加入できるのですか？

A すべての従業員を加入対象とするのではなく、加入者に一定の資格を設けるケースもあります。

▶ 全員加入が基本的な考え方

原則、会社で働く従業員のうち、公的年金である厚生年金保険[i]の適用を受ける60歳未満の従業員は全員が加入対象となり、加入した従業員を**加入者**といいます。

ただし、加入対象者に一定の資格を定められる場合があります。一定の資格として定めることができるのは、「一定の職種」「一定の勤続期間」「一定の年齢」「希望する者」の4つの資格となっています。

加入対象者に一定の資格を定める場合には、加入者とならない従業員に対し確定拠出年金への掛金拠出にかわる措置が必要となり、不当に差別的な取り扱いとならないようにすることが求められています。

▶ 実態は一定の加入資格あり

厚生労働省の統計によると、2014年5月末現在の確定拠出年金（企業型）は4,454プランあります。

このうち、60歳未満の厚生年金保険の適用者全員を加入対象者としているプランはわずか116プラン（2.6％）です。

この主な要因は、役員や期間を定めて雇用されている従業員（たとえば、嘱託や臨時雇用など）を対象外としていることが多いためです。

ほかには確定拠出年金を導入する際に、従来の制度を適用する従業員に

---

i 私立学校教職員共済制度の加入者も含みます。

は確定拠出年金の加入者としないプランや、ほかの退職金制度との選択ができるプランなどがあるためです。

図表1　加入者資格の状況（規約単位）

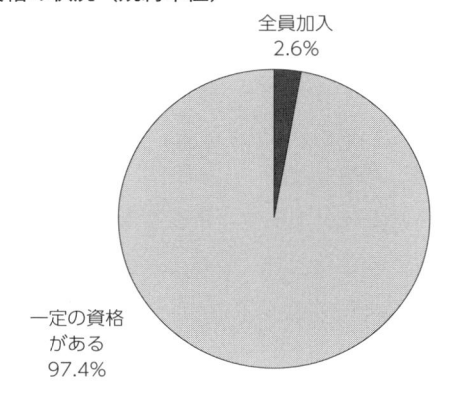

全員加入
2.6%

一定の資格
がある
97.4%

（出所）厚生労働省「企業型年金の運用実態について」（2014年5月31日現在）よりみずほ銀行作成

Q10 会社が毎月払い込む掛金額はいくらですか？

A 会社の掛金額はプランによって異なります。統計では平均1万4,055円となっています。

▶「事業主掛金の額」の定め方

確定拠出年金で会社が毎月拠出する掛金を**事業主掛金**といいます。この事業主掛金の計算方法は、「定額」「給与に一定の率を乗ずる方法（定率）」「定額と定率の組み合わせ」のいずれかの方法により、確定拠出年金規約で定める必要があります。

「定額」とは、加入者全員が同じ額の掛金を拠出する方法です。たとえば、ひとり1万円と定めた場合、加入者全員に1万円を拠出することになります。

「給与に一定の率を乗ずる方法（定率）」とは、加入者の給与に対し全員「定率」を乗じた額を掛金として拠出する方法です。この給与は、給与規程などに定められた給与や、ポイント制退職金制度のポイント、厚生年金保険における標準報酬月額のほかに、確定拠出年金のための給与[i]を就業規則などに特別に定めることも認められています。

▶「定額」より「定率」のケースが多い

厚生労働省の統計によると事業主掛金の平均額は月額1万4,055円[ii]となっています。

事業主掛金の計算方法は、企業年金連合会[iii]のアンケート結果によると、「定額」が12.0％、「給与に一定の率を乗ずる方法（定率）」が合計で84.8％、「定額と定率の組み合わせ」が3.2％となっています。

---

[i] 会社による恣意性が介入するおそれがないと認められるものであることが必要です。
[ii] 厚生労働省「企業型年金の運用実態について」（2013年11月30日現在）

「給与に一定の率を乗ずる方法（定率）」は、「全従業員一律の定率」としているのが31.9％、「職種・資格・等級によって掛金額を段階的に設定」しているものが52.9％となっています。

「職種・資格・等級によって掛金額を段階的に設定」とは、確定拠出年金のための給与を特別に定める場合であり、たとえば、図表2のように、確定拠出年金のための給与テーブルを設け、確定拠出年金の給与×100％を事業主掛金の計算方法として定めています。

図表1　事業主掛金の計算方法

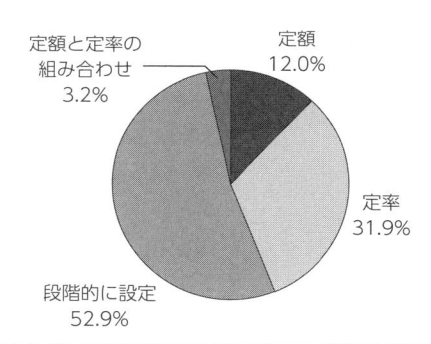

- 定額と定率の組み合わせ　3.2％
- 定額　12.0％
- 定率　31.9％
- 段階的に設定　52.9％

（出所）企業年金連合会「第4回確定拠出年金制度に関する実態調査 調査結果」2013年12月

図表2　職種・資格・等級によって掛金額を段階的に設定する例

	確定拠出年金の給与
管理職Ⅰ	5万円
管理職Ⅱ	4万円
管理職Ⅲ	3万円
一般職Ⅰ	2万円
一般職Ⅱ	1万円
一般職Ⅲ	0.5万円

（出所）みずほ銀行作成

---

iii 企業年金連合会とは、厚生年金保険法に基づき、企業年金間の年金通算事業のほか、企業年金の調査研究、各種情報提供・相談などの支援事業を行うために設立された団体。

Q11 掛金の上限はいくらになりますか？

A ほかに企業年金制度がある場合は月額2.75万円、ほかに企業年金制度がない場合は月額5.5万円です。（2014年10月1日時点）

▶ 掛金には「拠出限度額」あり

確定拠出年金では、従業員が制度に加入すると、従業員一人ひとりに専用口座が開設され、その専用口座に毎月掛金が払い込まれます。

この毎月の掛金には法令上の限度額が定められており、これを**拠出限度額**といいます。

確定拠出年金以外に確定給付企業年金や厚生年金基金といった他の企業年金制度にも加入している場合、確定拠出年金の拠出限度額は月額2.75万円となります。

他の企業年金制度を実施していない場合や、他の企業年金制度を併用していて加入対象となっていない場合、確定拠出年金の拠出限度額は月額5.5万円になります。

▶ 拠出限度額の状況

厚生労働省の統計によると、拠出限度額が月額2.75万円となっているプランは33.7％、月額5.5万円となっているプランは66.3％となっています。

これは、企業年金制度が確定給付企業年金から確定拠出年金へと徐々に移り変わっていく環境にあること、また会社にとって2種類の企業年金制度を運営するには運営費用が二重にかかることなどから、企業年金制度は

確定拠出年金だけである場合が多くなっていると考えられます。

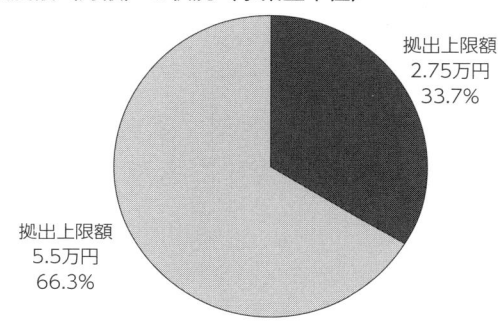

図表1　拠出限度額（月額）の状況（事業主単位）

- 拠出上限額 2.75万円　33.7%
- 拠出上限額 5.5万円　66.3%

（出所）厚生労働省「企業型年金の運用実態」（2013年11月30日現在）よりみずほ銀行作成

図表2　これまでの企業型年金の拠出限度額（月額）の推移

時期	他の企業年金なし	他の企業年金あり
当初	36,000円	18,000円
2004年10月	46,000円	23,000円
2010年1月	51,000円	25,500円
2014年10月	55,000円	27,500円

（出所）みずほ銀行作成

Q12 掛金を会社に返さなければならないケースはありますか？

A 会社に勤めてから3年未満で退職すると、会社が拠出した掛金額相当を会社に返還する場合があります。

▶ 短期勤続者の事業主掛金額の事業主返還

確定拠出年金では、専用口座に掛金が拠出されると、その口座の残高は、原則、「自分のもの[i]」になります。

会社の業績不振を理由に確定拠出年金の残高を減額することや、万一、加入者が会社を懲戒解雇となってしまった場合に、確定拠出年金の残高を会社に返還させるといったことはできません。また、確定拠出年金の口座の残高を譲渡したり、担保として提供したり、差し押さえたりすること[ii]もできず、給付を受ける権利が手厚く保護されています。

しかし、例外的に、会社に勤務した期間が3年未満の短期勤続者に対して、事業主掛金に相当する部分の全部または一部を会社に返還するよう規約に定められている場合があります。

▶ 事業主返還の規定があるケースが大半

企業年金連合会のアンケートによると、3年未満の短期勤続者に対し、**事業主返還**の規定があるプランが71.2％、事業主返還の規定がないプランが28.8％となっています。

事業主返還の規定があるプランが多くなっているのは、従来からの退職金制度には、「人材を会社へ引きとめる」「長く勤務した従業員に対する功

---

[i] 企業年金では「給付を受ける権利」という意味で「受給権」と呼び、確定拠出年金はこの「受給権」が明確であることが特徴の1つとなっています。
[ii] ただし、国税滞納処分による差し押さえはできることになっています。

労報酬として位置づける」といった性格があり、短期間で辞めてしまう従業員に対しては退職金を支払わないといった慣例があるためだと考えられます。

　ただし、加入対象者を選択制としているプランで、確定拠出年金の加入を選択しなかった従業員に対して前払退職金として給与に上乗せして支給している場合には、事業主掛金は返還される一方で、前払退職金は返還されないこととなるため、事業主返還の規定がないほうが確定拠出年金と前払退職金との整合性がとれているといえるでしょう。

図表 1　事業主返還の定め

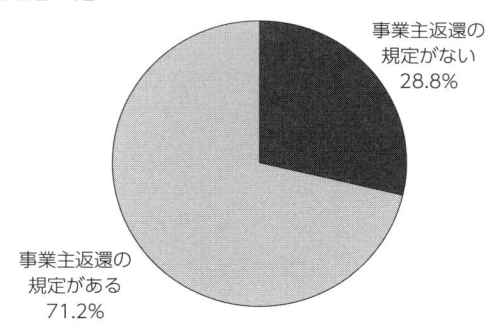

事業主返還の規定がない　28.8%
事業主返還の規定がある　71.2%

（出所）企業年金連合会「第 4 回確定拠出年金制度に関する実態調査 調査結果」2013 年 12 月

> **Q13** 会社の掛金以外に自分の給与からも掛金を拠出できますか？

> **A** 自分の給与から掛金を拠出する制度を「従業員拠出制度（マッチング拠出）」といいます。会社がこの制度を導入していれば掛金を拠出できます。

▶従業員拠出制度があるか調べる

　毎月の事業主掛金に加え、加入者本人が掛金を拠出することが認められており、この**加入者掛金を拠出する制度**を**従業員拠出制度**といいます。この制度を導入するためには規約に定め、厚生労働大臣の承認を得る必要があります。

　確定拠出年金の目的の1つは老後の資金を準備することですが、事業主掛金だけでは老後の準備が不十分と考えられる場合、確定拠出年金の税制上のメリットを積極的に活用して老後の準備をしたいといった従業員のニーズに対応することが可能です。

▶従業員拠出制度（マッチング拠出）は増加中

　企業年金連合会の統計によると、従業員拠出制度があるプランは17.7%、従業員拠出制度がないプランが82.3%となっています。

　従業員拠出制度は、2011年までは認められていませんでしたが、企業、労働組合など各方面からの要望が強く、2012年1月から制度として認められました。現在、従業員拠出制度を導入するプランの割合は増加しています。

図表 1　従業員拠出制度（マッチング拠出）を定めたプラン（企業単位）

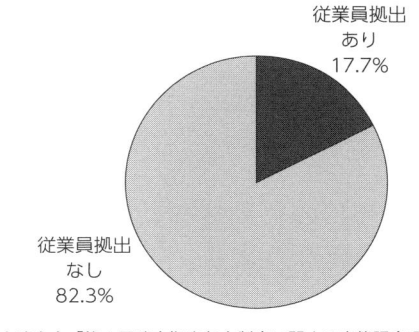

- 従業員拠出あり　17.7%
- 従業員拠出なし　82.3%

（出所）企業年金連合会「第4回確定拠出年金制度に関する実態調査 調査結果」2013年12月

Q14 年金資産の目標額をどのように設定すればよいですか？

A 退職金制度からの移行割合などによって目標とする年金資産の額は異なります。

▶ **確定拠出年金の割合を調べる**

目標とする年金資産の額を決定する重要な要素の１つが、自分の加入するプランの成り立ちです。

プランの成り立ちとは、掛金の元手（原資）が何であったかということです。プランの成り立ちを類型化すると「退職金取り崩し型」と「給与などの後払い型[i]」の２つのタイプになります。

退職金取り崩し型とは、従来の退職金制度の一部または全部を原資として、60歳退職時の確定拠出年金の年金資産の額が従来の退職金制度での支払額と同水準となるように毎月の掛金額を決めているプランです。

図表１ 「退職金取り崩し型」プランのイメージ

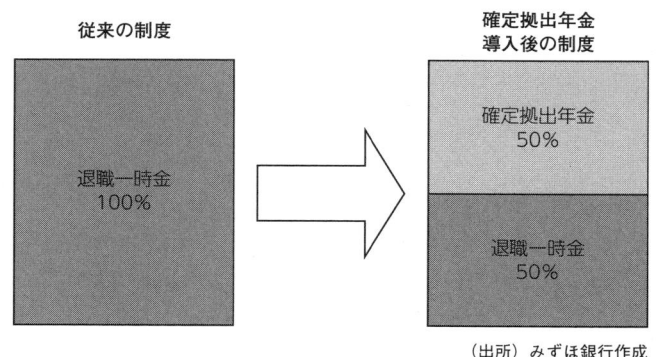

従来の制度

退職一時金
100%

→

確定拠出年金導入後の制度

確定拠出年金
50%

退職一時金
50%

（出所）みずほ銀行作成

---

i 第２章 Q16 参照

たとえば「退職金制度の○%を確定拠出年金へ移行」などと説明があるケースでは、このタイプである場合が多いでしょう。

「退職金取り崩し型」プランにおいて「移行割合」とは、その原資となる従来の退職金制度の一部または全部の支払額の水準です。従来の制度と同じ水準になるように「目標積み立て額」を決めることもできます。

図表2　退職金制度の構成別　平均移行割合

退職金制度の構成	プラン別の平均移行割合	（プラン数）
確定拠出年金のみの場合	100%	（198）
確定拠出年金とほかの制度との組み合わせ（ほかの企業年金制度がない場合）	49.2%	（349）
確定拠出年金とほかの制度との組み合わせ（ほかの企業年金制度がある場合）	32.2%	（342）

（出所）企業年金連合会「第4回確定拠出年金制度に関する実態調査 調査結果」2013年12月

Q15 目標とする運用利回りをどのように考えればよいですか？

A プランごとの制度設計上の目標利回りを「想定利回り」といい、その水準は各プランによって異なります。想定利回りの平均値は年率約2.0%となっています。

想定利回りとは、従業員が入社してプランの加入者となり、60歳までの間に年金資産が一人ひとりの運用によって、ふえると見込まれる計算上の利回りです。従業員の立場からいいかえると、入社してから退職するまでの間の「運用目標」ということになります。

企業年金連合会のアンケート結果によると、おおむね年率1.0%～2.5%の範囲で想定利回りが設定されており、その平均は2.04%となっていま

図表1 プラン別 想定利回りの分布

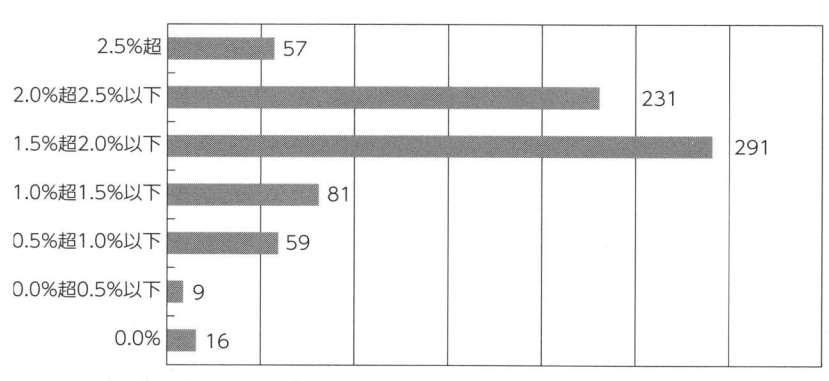

区分	件数
2.5%超	57
2.0%超2.5%以下	231
1.5%超2.0%以下	291
1.0%超1.5%以下	81
0.5%超1.0%以下	59
0.0%超0.5%以下	9
0.0%	16

（出所）企業年金連合会「第4回確定拠出年金制度に関する実態調査 調査結果」2013年12月

す。つまり従業員が入社して(たとえば18歳や22歳)、退職(たとえば60歳)までの運用目標利回りが年率約2.0%であるということです。

　従来の制度と同じ水準となるような制度設計の場合、想定利回りを高く設定すると事業主掛金が小さくなり、反対に想定利回りを低く設定すると事業主掛金が大きくなります。

　モデルケースからその影響の大きさをシミュレーションしたものが図表2です。このシミュレーションの前提では、想定利回りが0.5%異なると、毎月の事業主掛金が約10%(約1,500円)異なります。これは、40年間加入すると、総額で目標積み立て額の約7%(約70万円)の大きさになります。

　想定利回りの平均は2.04%ですが、想定利回りを1.5%以下に設定しているプランが全体の22%あります。これらのプランでは、想定利回りを低くし、事業主掛金を大きくすることで、従業員の運用目標を低く設定していることがわかります。

図表2　想定利回りの影響

(前提)　加入期間　　　　　：40年
　　　　事業主掛金額の算定方法：定額
　　　　目標積み立て額　　　：1,000万円

想定利回り	毎月の掛金額	40年間の事業主掛金累計
2.5%	1万2,225円	587万円
2.0%	1万3,672円	656万円
1.5%	1万5,252円	732万円

(出所) 一定の前提に基づきみずほ銀行作成

| Q16 | 給与体系が変更となり新しい手当ができました。この手当は確定拠出年金の掛金にできるというのですがどのような制度ですか？ |

| A | 手当を掛金にまわすと、給与としての受け取り額が減ることになります。制度上のメリットと留意点を比較し、日々の生活に無理のない範囲で活用しましょう。 |

　プランの成り立ちを類型化すると「退職金取り崩し型[i]」と「給与などの後払い型」の２つです。

　給与などの後払い型とは、従来の給与や賞与などの一部を原資とした一定の金額をいったん、給与や賞与などとは切り離して、別の手当（たとえば「ライフプラン手当」など）に組み替えます。組み替えた手当を確定拠出年金との選択制にして、事業主掛金を決めているプランのことをいいます。

　この「給与などの後払い型」プランでは、一般的には「構成割合（目標積み立て額）」や「想定利回り」が事業主掛金に影響することはありません。給与などから組み替えた手当ての範囲で、従業員一人ひとりが自分で事業主掛金の額を選択し、運用目標を設定することになるからです。また、従来の退職金制度を変更することなく確定拠出年金を活用できる点、制度の加入が選択制となっているために希望者だけが加入できる点、制度に加入しない従業員にとっても給与と手当の合計額は従来と変わらない点などの制度上のメリットがあります。

　一方で、このプランは、従業員の十分な理解が不可欠です。手当を確定拠出年金の掛金へ振り替える制度のため、従業員の中には、従業員拠出と誤解してしまう懸念があるからです。このプランを実施する場合、手当を

---

i 第２章 Q14 参照

図表 1 「給与などの後払い型」プランのイメージ

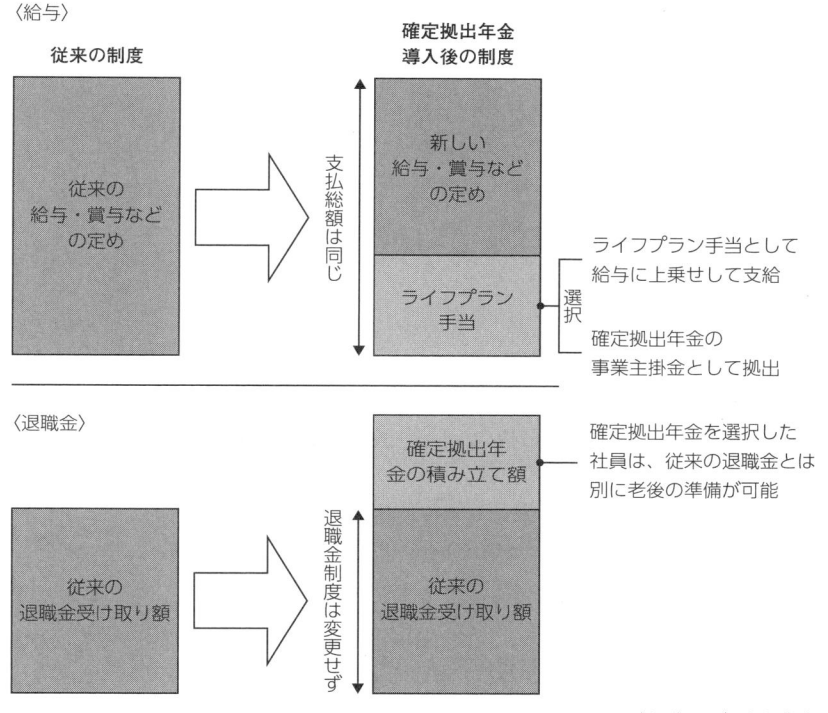

〈給与〉

従来の制度 → 確定拠出年金導入後の制度

支払総額は同じ

新しい給与・賞与などの定め

ライフプラン手当 〔選択〕
- ライフプラン手当として給与に上乗せして支給
- 確定拠出年金の事業主掛金として拠出

〈退職金〉

退職金制度は変更せず

従来の退職金受け取り額 → 確定拠出年金の積み立て額／従来の退職金受け取り額

確定拠出年金を選択した社員は、従来の退職金とは別に老後の準備が可能

(出所) みずほ銀行作成

振り替える確定拠出年金掛金は従業員拠出ではなく事業主掛金であること、確定拠出年金の受け取りは原則60歳以降となることなどを、事業主は従業員に十分に説明することが必要です。

また、従来の給与などの定めが一部変更となるため、時間外手当の基礎となる給与の減少や、最低賃金の額への抵触、厚生年金保険などの社会保険料の減少といった影響がでる場合があります。一度、確定拠出年金に加入して事業主掛金の拠出が始まると、給料などの支払いのない休職以外では、途中で事業主掛金を中断することができなくなるなど、十分留意することが必要でしょう。

Q17 確定拠出年金にはどのような税制上のメリットがありますか?

A 拠出時、運用時、受け取り時のそれぞれの段階で税金の負担がない、あるいは軽くなる税制優遇があります。

▶ 税制優遇の全体像

確定拠出年金の税制優遇は図表1のようになっています。

図表1 確定拠出年金における税制優遇

拠出時		掛金が給与所得とみなされない	
運用時		原則、利子・配当は非課税	
給付時	老齢給付	年金で受け取る場合	雑所得として所得税課税されるが、公的年金等控除の対象となる
		一括で受け取る場合	退職所得として所得税課税されるが、退職所得控除の対象となる
	障害給付	非課税	
	死亡一時金	みなし相続財産として相続税課税	
その他	ポータビリティ	非課税でほかの確定拠出年金へ移換	
	脱退一時金	一時所得として課税	

(出所)各種国内法令よりみずほ銀行作成

▶ 拠出時の税制優遇

会社は、毎月、従業員一人ひとりの確定拠出年金の専用口座に事業主掛金を拠出しますが、この額は従業員の給与所得にはあたりませんので所得

図表2　所得税額速算表

課税される所得金額	税率	控除額
195万円以下	5%	—
195万円超　330万円以下	10%	9.75万円
330万円超　695万円以下	20%	42.75万円
695万円超　900万円以下	23%	63.6万円
900万円超　1,800万円以下	33%	153.6万円
1,800万円超	40%	279.6万円

（出所）国税庁ホームページ（2014年3月現在）よりみずほ銀行作成

税の対象とはなりません。

　一方、前払退職金制度との選択制で前払退職金を選択した場合、事業主掛金相当額を前払退職金として給与に上乗せして受け取ることになるため、給与所得として**所得税**が課税[i]されることになります。

　確定拠出年金の平均的な運用目標は2.04%[ii]となっており、それと比較して、所得税率は高く、その負担は大きいことがわかります。たとえば、所得税率が20%で、事業主掛金の額1万3,672円[iii]を前払退職金として給与に上乗せして受け取る場合、2,734円の所得税負担となります。これは40年間で131万円もの所得税を負担するということです。逆に、確定拠出年金の掛金として拠出を受ける場合、40年間で131万円の税制上のメリットがあるということになります。特に、前払退職金との選択制の場合や、給与などの後払い型プランの場合は、課税される所得金額とその所得税率を把握し、税負担の大きさを確認しておくことが必要です。

▶ 運用時の税制優遇

　確定拠出年金では、拠出時の非課税メリットに加え、運用時も原則、非課税[iv]となっています。

---

i 所得税のほかに住民税と復興特別所得税（2013年から2037年まで）が課税されます。
ii 2013年4月現在
iii 目標積立額1,000万円、想定利回り2.0%、定額、加入期間40年とした場合の毎月の掛金額。
iv ほかの企業年金制度と同様、特別法人税が課税されますが、2017年3月末まで課税凍結されています。

たとえば、毎月1万3,672円の事業主掛金を40年間拠出し、2.0%で運用した前提とすると、運用益に対し20%課税された場合の年金資産の額は916万円、非課税の場合の年金資産の額は1,000万円となり、運用益に対する非課税メリットだけでも約84万円もの税制上のメリットがあることがわかります。

▶ 受け取り（給付）時の税制優遇

　確定拠出年金の年金資産を60歳以降に年金で受け取る場合、**雑所得**として課税されますが、**公的年金等控除**額の非課税枠があります。年齢と公的年金などの収入金額により公的年金等控除額は異なりますが、目安として、ほかの年金と合わせて65歳未満で年額約70万円、65歳以上で年額約120万円の範囲内であれば、全額非課税となります。

　また、60歳以降に年金資産を一括で受け取る場合、退職所得として課税されますが、退職所得控除の非課税枠があります。**退職所得控除**額は、退職金額の計算に用いた勤続年数により算出しますが、確定拠出年金から

図表3　公的年金等控除額表

	公的年金等の収入金額（A）		公的年金等控除額
65歳未満		130万円以下	70万円（収入金額が限度）
	130万円超	410万円以下	(A)×25%＋37.5万円
	410万円超	770万円以下	(A)×15%＋78.5万円
	770万円超		(A)×5%＋155.5万円
65歳以上		330万円以下	120万円（収入金額が限度）
	330万円超	410万円以下	(A)×25%＋37.5万円
	410万円超	770万円以下	(A)×15%＋78.5万円
	770万円超		(A)×5%＋155.5万円

（出所）国税庁ホームページ（2014年3月現在）よりみずほ銀行作成

図表4　退職所得控除額表

勤続年数	控除額
2年以下	80万円
2年超　20年以下	40万円×勤続年数
20年超	70万円×（勤続年数－20年）＋800万円

（出所）国税庁ホームページ（2014年3月現在）よりみずほ銀行作成

の一時金の受け取りのみの場合は、勤続年数にかえて、60歳未満の掛金を拠出した期間により算出することになっています。たとえば、60歳未満の事業主掛金を拠出した期間が40年の場合、退職所得控除額は2,200万円です。確定拠出年金の年金資産の額がこの2,200万円の範囲であれば、全額非課税となります。

Q18 従業員拠出制度を活用する場合、いくらまで自分の給与から掛金を拠出することができますか？

A 加入者が拠出する掛金のことを「加入者掛金」といいます。その額について2つルールがあります。

▶制約がある加入者掛金の2つのルール

確定拠出年金では、事業主掛金に加え、加入者掛金を拠出すると大きな税制上のメリットがありますが、その金額の設定については、つぎの2つのルールがあります。

①加入者掛金は、事業主掛金以下であること
②加入者掛金と事業主掛金の合計額が、拠出限度額を超えないこと

この2つの条件があることにより、事業主掛金が小さいと加入者掛金も小さくなってしまい、事業主掛金が大きいと拠出限度額の上限があるため加入者掛金を十分に掛けることができない場合もあります。

図表1　加入者掛金の額のイメージ

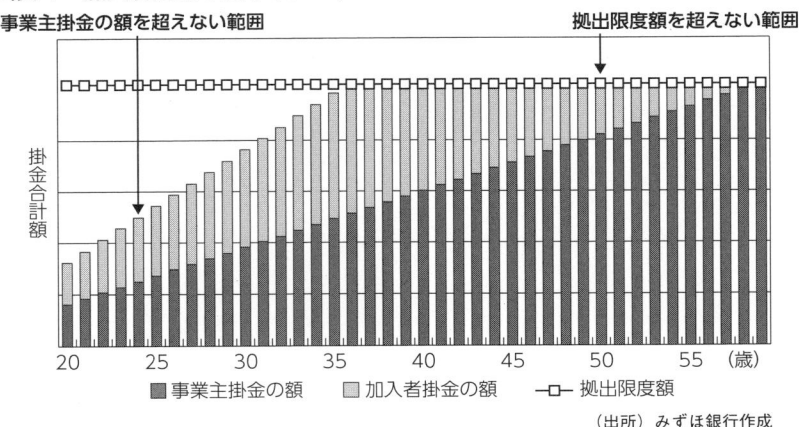

(出所)　みずほ銀行作成

また、加入者掛金は、0円以外の複数の具体的な金額による選択肢が設けられ、その中から各人が選ぶ必要があり、事業主掛金の算定方法のように「定率」で定めることは認められていません。

▶ **掛金拠出の開始・変更のルール**

　加入者掛金は、加入者全員を対象者とし、加入者が自分の意思により拠出を決定できます。加入者掛金の拠出を始めるのも、加入者掛金を0円にするのも加入者本人の意思により決定します。加入者掛金は、主に加入者の給与から天引きしたうえで、会社が事業主掛金と合計して確定拠出年金の専用口座に拠出します。

　なお、加入者掛金の変更は、一部の例外を除き、年1回という制約がありますが、以下のケースはその1回には該当しません。

図表2　年1回の変更に該当しないケース

事業主掛金の引き下げにともない、加入者掛金が事業主掛金を超えないように変更すること
事業主掛金の引き上げにともない、掛金の合計額が拠出限度額を超えないように加入者掛金を変更すること
給与控除ができないため、加入者掛金の拠出を中断すること
事業主掛金の拠出中断にともない、加入者掛金の拠出を中断すること
選択した加入者掛金が、変更後規約の加入者掛金の選択金額に該当しなくなった場合に変更すること
加入者掛金を0円に変更すること
加入者掛金を0円から変更すること

（出所）みずほ銀行作成

Q19 加入者掛金の額をどのように決めたらよいですか？

A 加入者掛金は全額「所得控除」されるという、税制上のメリットがあります。60歳以降まで引き出せない点にも留意して加入者掛金の額を選択しましょう。

▶ **加入者掛金の全額が「所得控除」**

加入者掛金の額は、拠出した金額全額が「所得控除」の対象であるという税制上のメリットがあります。**所得控除**とは、第2章Q17図表2（所得税額速算表）における「課税される所得金額」を減らすことになり、その結果、税負担額が小さくなるものです。

たとえば、所得税率が20%の加入者が月額1万円の加入者掛金を選択したとすると、加入者掛金を選択しなかった場合と比較し、月額2,000円の税負担軽減となり、年間で約2.4万円、40年間で約96万円の所得税が軽減されることになります。

2012年の法施行以降、**従業員拠出制度**を導入するプランは増加しています。加入者掛金の額の税制上のメリットが理解されるに従い、さらに従業員拠出制度の採用数は増加していくことでしょう。

確定拠出年金では、事業主掛金と加入者掛金は拠出時、運用時、受け取り（給付）時のそれぞれの段階で税制優遇がありますが、重要な留意点があります。

それは、原則、60歳まで「年金資産を引き出せない」という点です。事業主掛金のみならず、給与天引きされた加入者掛金の額であっても、一

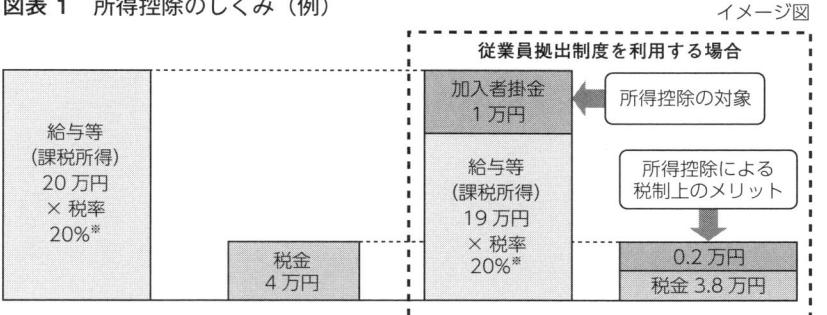

図表1 所得控除のしくみ（例）　　　　　　　　　　　　　　　イメージ図

【通常の場合】
- 給与等（課税所得）20万円 × 税率20%※
- 税金 4万円

【従業員拠出制度を利用する場合】
- 加入者掛金 1万円 → 所得控除の対象
- 給与等（課税所得）19万円 × 税率20%※
- 0.2万円 ← 所得控除による税制上のメリット
- 税金 3.8万円

※税率＝所得税・住民税をそれぞれ10%ずつと仮定

加入者掛金額および所得税・住民税に応じた税制上のメリット（年額）

毎月の加入者掛金額	期間	所得税・住民税率	税制上のメリット
1万円	12ヵ月	20%	2.4万円
1万円	12ヵ月	30%	3.6万円

（注）一定の条件を前提としたシミュレーションです。実際の運用とは異なります。

（出所）みずほ銀行作成

度、確定拠出年金の専用口座に拠出されると、原則、60歳前での引き出しはできません。60歳前での引き出しができないかわりに、老後資金を効率的に準備できるよう税制優遇があるといえるでしょう。

第3章 ライフプランニング

第1節 ライフプランの考え方

Q20 ライフプランニングとは何ですか？

A 将来の出来事（ライフイベント）を具体的に予測し、どのくらいの費用がかかるのかを考えて、一生涯の収支計画をたてることです。

▶ ライフイベントと費用負担を考える

　ライフイベントとは一生涯での出来事（イベント）のことで、代表的なものは、若い世代では「結婚」や「出産」などがあり、歳を経るにつれて、子どもの「教育費用」や「住宅の購入費」などが考えられます。そして、60歳を迎えるといよいよ「退職」を迎え、老後というセカンドライフへ進んでいくことになります。また、思わぬ病気やケガなどは人生のどのタイミングでも発生する可能性がありますので、お金の準備は余裕をもって

図表1　ライフイベントにかかるお金

項目	内容	金額
結婚	ウェディング関連、新生活関連の費用	約454万円
出産	入院・分娩にかかった費用	約42万円
住宅	一戸建て・マンション（首都圏）	約4,568万円
教育	幼稚園から大学まで公立に通った場合（1人）	約1,001万円

（出所）㈱リクルート「ゼクシィ結婚トレンド調査2012首都圏」
（出所）㈱リクルートライフスタイル「出産・育児に関する実態調査」(2014年)
（出所）㈱不動産経済研究所「2012年首都圏建売住宅市場動向」
（出所）文部科学省「平成22年度子どもの学習費調査」
㈱日本政策金融公庫「教育費負担の実態調査結果」（平成24年度）

行わなければなりません。

　図表1はライフイベントごとにかかる平均的な支出を表しています。一番大きな支出は住宅費でしょう。つぎに大きな支出は子どもの教育費で、子どもが2人の場合は2倍必要となります。

▶生涯の収支計画をたてる

　自分の考えるライフイベントごとにかかるお金を把握し、生涯の収支計画をたて、お金の準備について考えていきます。

　まず、現役時代であれば給与などから食費や住居費などの基本的な生活費を支払い、ライフイベントに備えて貯蓄をする必要があります。

　つぎに、ライフイベントの時期と必要金額を把握し、収入・支出と貯蓄残高を時系列に確認します。貯蓄残高がマイナスになっている期間があれば、支出を少なくするためにライフイベントの時期や金額を見直し、基本的な生活費を切り詰めることや、あるいは借り入れを行う必要もあるかもしれません。また、住宅ローンを利用する場合には、その返済額も把握する必要があります。収入をふやすなどのために共働きなどの対策が必要になる可能性もあるでしょう。

　本章の最後にキャッシュフロー表を掲載していますので、ライフプランを考えるときにぜひご活用ください。

> **Q21** 老後に向けてどのくらいのお金を準備する必要がありますか？

> **A** 老後の生活費には、一般的には約7,000万円から約1億1,000万円程度必要といわれています。

▶老後の生活費は人により異なる

　老後は、現役時代には忙しくて行けなかった旅行や趣味にあてる時間的な余裕ができます。しかし、それを実現するためにはお金も必要となってきます。一人ひとりが老後に思い描くライフプランにより必要な金額はそれぞれ異なり、また、住んでいる地域などにより光熱費、居住費や交通費といった基本的な生活水準の違いもあります。たとえば図表1の総務省の家計調査（平成23年）によると、2人以上の世帯の消費支出の平均額を地域別にみた場合、もっとも生活費が高いのは北陸の33.8万円、もっとも低いのは沖縄の23.7万円で、約10万円の開きがあります。

図表1　地域別の平均生活費（世帯あたり）

（単位：万円）

	北海道	東北	関東	北陸	東海	近畿	中国	四国	九州	沖縄
世帯人員（人）	3.2	3.6	3.4	3.7	3.5	3.4	3.4	3.3	3.4	3.6
消費支出（万円）	27.4	29.7	32.0	33.8	31.9	30.3	29.5	30.6	29.1	23.7

〈総務省「家計調査報告」／平成23年平均速報〉

（出所）2011年 総務省「家計調査報告」

▶定年退職後の生活費を考える

　老後にどの程度の費用が必要なのか確認してみましょう。2013年度生命保険文化センターの「生活保障に関する調査」では、夫婦2人で老後生

図表2 最低日常生活費とゆとりある生活費（月額）

（単位：万円）

生活費 世帯年収	最低日常生活費 （月額）	ゆとりある生活費 （月額）
300万円未満	20.4	32.7
300～500万円未満	21.8	34.4
500～700万円未満	22.2	35.5
700～1,000万円未満	23.1	37.1
1,000万円以上	25.4	41.9
平均	22.0	35.4

（出所）生命保険文化センター平成25年度「生活保障に関する調査」

活を送るうえで必要と考えられる最低日常生活費（月額）とゆとりある生活費（月額）は図表2のとおりとなっています。

　老後を夫婦2人で暮らしていくうえで必要と考えられている最低日常生活費の平均は月額22.0万円、ゆとりある生活費の平均は月額35.4万円となっており、世帯収入が多いほど老後の生活費が多くなる傾向にあります。

　また、厚生労働省の調べによると、60歳からの平均余命は男性で約23年、女性では約28年となっています。

　これらの平均余命と最低日常生活費（月額）・ゆとりある生活費（月額）をつかって定年退職後にかかる生活費を計算すると、最低の日常生活費の場合で約7,000万円、ゆとりある生活費の場合で約1億1,000万円が必要となります[i]。加えて、病気やケガなど不測の事態への備えもおろそかにできず、さらにお金が必要になるかもしれません。

---

i 第1章Q1参照

Q22 老後の生活費は公的年金だけでは足りないのですか？

A 公的年金だけでは老後の生活費の不足が想定されます。その他の収入源を確保することが大切です。

▶老後の大きな収入源の柱は公的年金

生命保険文化センターがまとめた2013年度の生活保障に関する調査によると、公的年金が老後の大きな収入源となっています。

公的年金は、現役期間の収入水準や勤続年数などにより受け取り額が変わりますが、厚生労働省から発表されている支給モデルをつかって、平均余命までの公的年金の受け取り額の概算が試算できます。

図表1　老後の主な生活資金源（複数回答可）

収入源	回答割合（％）
①公的年金	91.8
②預貯金	64.4
③生保・損保の年金保険等	46.5
④企業年金・退職金	28.7
⑤就労収入	13.4
⑥有価証券	8.5
⑦不動産による収入	4.7
⑧子どもからの援助	2.8

（出所）生命保険文化センター
平成25年度「生活保障に関する調査」よりみずほ銀行作成

老後の公的年金からの収入の合計は、図表2の前提で試算すると、約6,000万円であることが確認できます。なお、日本年金機構から郵送される「ねんきん定期便」[i]で見込み額を確認することができます。

---
i 第3章Q24参照

図表2　公的年金の受け取り額（総額）

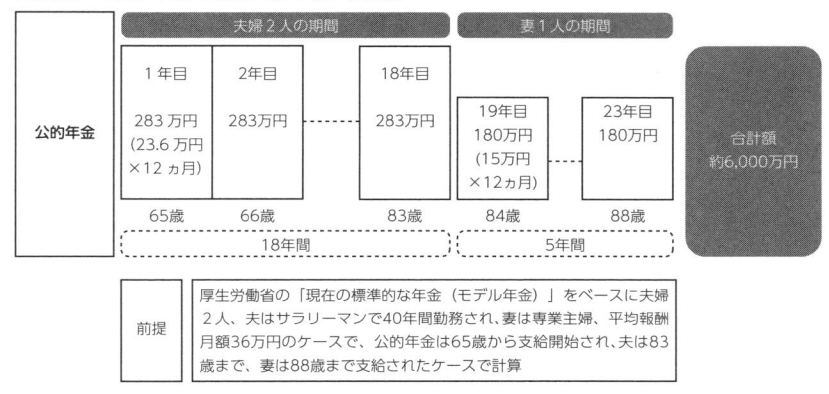

公的年金	夫婦2人の期間			妻1人の期間		合計額 約6,000万円
	1年目 283万円 (23.6万円×12ヵ月)	2年目 283万円	18年目 283万円	19年目 180万円 (15万円×12ヵ月)	23年目 180万円	
	65歳　66歳		83歳	84歳	88歳	
	18年間			5年間		

前提	厚生労働省の「現在の標準的な年金（モデル年金）」をベースに夫婦2人、夫はサラリーマンで40年間勤務され、妻は専業主婦、平均報酬月額36万円のケースで、公的年金は65歳から支給開始され、夫は83歳まで、妻は88歳まで支給されたケースで計算

（出所）厚生労働省「平成12年改正後の被用者の標準的な年金額」よりみずほ銀行作成

▶ 公的年金以外の収入源の確保

　第3章Q21のように老後の生活費の合計額は約7,000万円から約1億1,000万円でしたので、公的年金による収入だけでは1,000万円から5,000万円不足する計算になります。

　厚生労働省の退職給付（一時金・年金）の支給実態[ii]によると、勤続年数30年から34年の大学卒のサラリーマンの平均的な退職金などは約2,000万円（年金で支給される場合は一時金に換算）とされています。この場合、老後にゆとりある生活を目指すためには、会社の退職金2,000万円と、自助努力の3,000万円で不足分を準備する必要があります。

図表3　老後の収支イメージ

老後の支出 日常最低生活費：7,000万円〜 ゆとりある生活費：1億1,000万円〜	不足額 1,000万円〜5,000万円	→	会社の退職金（平均2,000万円）と自助努力で準備
	公的年金 6,000万円		

（出所）みずほ銀行作成

---

ii 厚生労働省　平成25年就労条件総合調査結果の概況：結果の概要（5　退職給付（一時金・年金）の支給実態）

Q23 老後の生活費を準備する際、何に気をつければよいですか？

A 運用利回りを意識しつつ、早めに無理のない金額で積み立てを始め、運用することが重要です。

▶ 複利効果で資産を大きくふやす

運用利回りとは、何％で資産を運用できるのかを示す数値のことです。図表1は、毎月1万円ずつ積み立てた場合、運用期間と運用利回りにしたがって積み立てたお金がどのようにふえるのかを示しています。

年率0％、つまり、まったく運用しなかった場合と、年率5％で運用できた場合を比較してみましょう。開始5年後では、差額は8万円ですが、10年後には36万円、20年後には173万円、30年後には476万円と、積み立てたお金と比べて倍以上に違ってきます。これは、利息に対しても利息がつくため、時間が経つほど積み上がって大きくなるというものです。このように利息が利息を生む効果を**複利効果**といいます。

そのため、運用を早く開始し長い期間運用することで、長期投資の複利効果を利用することが、資産形成のポイントの1つです。

図表1　毎月1万円を積み立てた場合の受け取り額

(単位：万円)

運用利回り（年率）	運用期間					
	5年	10年	15年	20年	25年	30年
0％	60	120	180	240	300	360
5％	68	156	268	413	598	836
差額	8	36	88	173	298	476

(出所) みずほ銀行作成

▶ 毎月の積み立て額は無理のない範囲にする

つぎに、目標金額を積み立てるために、毎月の積み立て額をどのくらいにすればよいかについて考えていきます。

たとえば、30歳の人で今後の運用期間が30年間あり、目標金額が3,000万円の場合、目標利回りを仮に2％に設定すると、図表2のような減債基金係数を使用し、毎月の積み立て額を計算することができます。

> 毎月の積み立て額＝目標金額3,000万円×係数0.00203（30年、2％の係数）＝約6万円

このように計算した金額が日常生活に支障のない水準であれば、その金額で積み立てをスタートします。仮に毎月6万円を積み立てるのが現実的でない場合は、目標金額や目標利回りの水準を見直し、無理のない金額で積み立てを始めましょう。

図表2　毎月積み立て額の算出係数（減債基金係数[i]）

		運用期間							
		5年	10年	15年	20年	25年	30年	35年	40年
運用利回り	1％	0.01625	0.00792	0.00515	0.00376	0.00293	0.00238	0.00199	0.00169
	2％	0.01583	0.00752	0.00476	0.00339	0.00257	0.00203	0.00164	0.00136
	3％	0.01543	0.00714	0.00439	0.00304	0.00224	0.00171	0.00135	0.00108

（出所）みずほ銀行作成

▶ 72の法則

いまあるお金を何％で運用すると「倍」になるのがどのくらいの期間になるのか、72を目標利回りで割ることにより計算することができます。目標利回りが1％で、いまあるお金を倍にするためには72÷1＝72となり72年間かかることになります。目標利回りが3％の場合は72÷3＝24となり、いまあるお金を倍にするためには24年間かかることになります。

---

i 減債基金係数は、将来の一定期間後に目標のお金を得るために、一定利率で一定金額を複利運用で積み立てるとき、毎年いくらずつ積み立てればよいかを計算するときに利用するもの。

第2節 ライフプランの確認方法

Q24 毎年送られてくる「ねんきん定期便」はどのように活用したらよいですか？

A 自分の年金の積み立て状況や、将来の年金見込み額を計算する際につかいます。

▶ ねんきん定期便の様式は２種類

ねんきん定期便は、50歳以上の人に送付されるものと、50歳未満の人へ送付されるものの２種類に分かれています。

図表１　ねんきん定期便の様式

対象者	これまでの年金加入期間	老齢年金の見込み額	これまでの加入実績に応じた年金額	これまでの保険料納付額	最近の月別状況
50歳以上の人	●	●	―	●	●
50歳未満の人	●	―	●	●	●

（出所）日本年金機構のホームページ（2014年3月現在）よりみずほ銀行作成

日本年金機構[i]から誕生月に送付されるねんきん定期便で将来の公的年金の見込み額を確認することができます（１日生まれの人は前月に送付されます）。

図表２と図表３は、はがきで送付されるねんきん定期便のサンプルです。
① 50歳以上の人のねんきん定期便［図表２］
50歳以上の人に送付されるねんきん定期便は60歳まで働いた場合の

---

i 日本年金機構は国から委任・委託を受け、公的年金（厚生年金および国民年金）に係る一連の運営業務を担う特殊法人です。

「老齢年金の見込額」が記入されており、将来の公的年金の見込み受け取り額と、いつから受け取ることができるかを確認できます（❹の部分を参照してください）。

図表2　50歳以上の人のねんきん定期便（例）

（出所）日本年金機構のホームページ（2014年3月現在）よりみずほ銀行作成

② 50歳未満の人のねんきん定期便［図表3］

一方、50歳未満の人には「これまでの加入実績に応じた年金額」が記入されていますが、今後60歳まで働いた場合の老齢年金の見込み額は記入されていませんので、将来の見込み額を知りたい場合は自分で計算する必要があります。（❸の部分を参照してください）。

また、35歳、45歳、59歳の節目の年齢の人には、過去のすべての保険料払込み記録などの内容が記載された封書が郵送されます。なお、35歳、

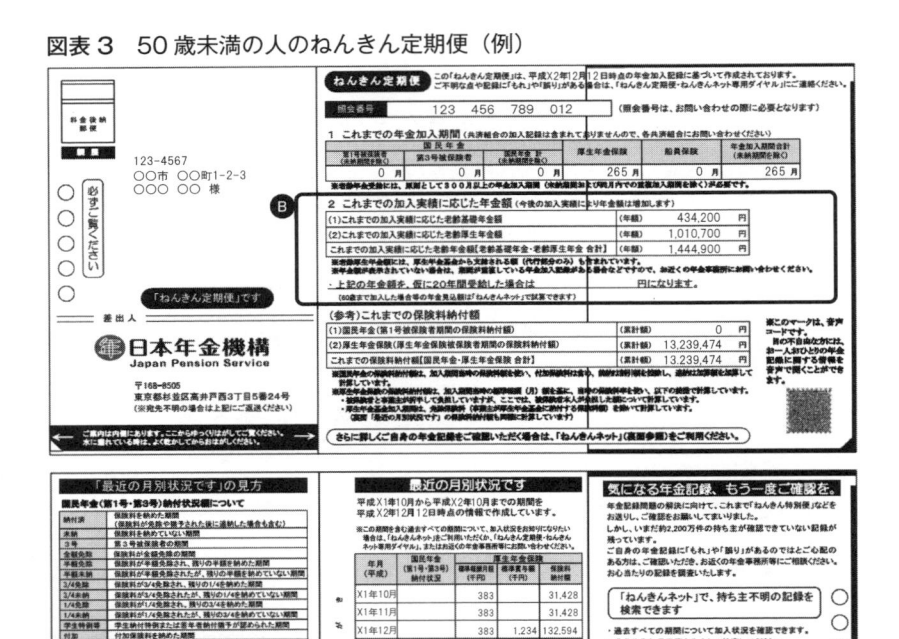

図表3　50歳未満の人のねんきん定期便（例）

（出所）日本年金機構のホームページ（2014年3月現在）よりみずほ銀行作成

45歳のときに送付される封書には、記録内容に「漏れ」「誤り」があった場合に提出する「年金加入記録回答票」や「返信用封筒」も同封されています。

▶公的年金の見込み額計算方法（50歳未満の人）

前述のとおり50歳未満の人は、ねんきん定期便に老齢年金の見込み額が記入されていません。以下が老齢基礎年金と老齢厚生年金の将来の見込み額の計算方法です。まず、老齢基礎年金の計算をします。

① **Ⓐ**は現在の年齢から60歳までの期間を月数で記入します。たとえば、いまから60歳まで17年間ある場合は17年×12ヵ月＝204月となります。
② **Ⓑ**は過去に公務員であった期間があれば、その月数を記入します。
③ **Ⓒ**は自営業者（第1号被保険者）がこれから付加保険料を支払う予定がある場合、月数を記入します。サラリーマンの期間だけの人は、**Ⓐ**の欄のみ記入することになります。①と②を合計すると将来受け取る「老齢基礎年金の見込額」が計算できます。

図表4　老齢基礎年金の計算（例）ⅱ

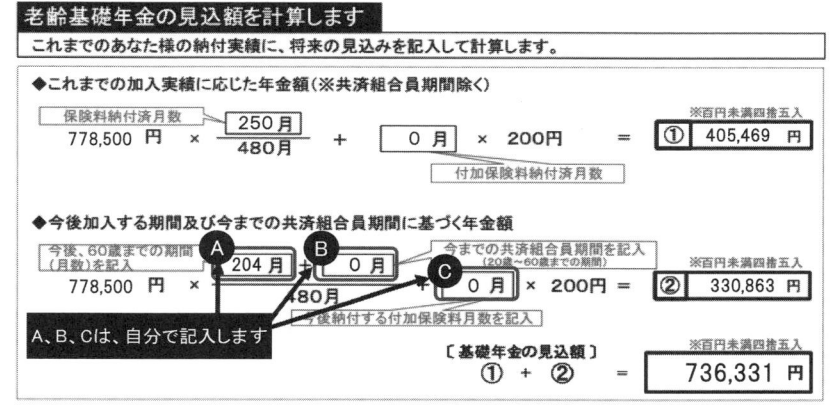

老齢基礎年金の見込額を計算します
これまでのあなた様の納付実績に、将来の見込みを記入して計算します。

◆これまでの加入実績に応じた年金額（※共済組合員期間除く）

778,500 円 × (保険料納付済月数) 250月 / 480月 ＋ 0月 × 200円 ＝ ① 405,469 円　※百円未満四捨五入
　　　　　　　　　　　　　　　　　　　　　　　　　付加保険料納付済月数

◆今後加入する期間及び今までの共済組合員期間に基づく年金額

今後、60歳までの期間（月数）を記入 Ⓐ 204月　Ⓑ 0月　今までの共済組合員期間を記入（20歳〜60歳までの期間）
778,500 円 × ／ 480月 ＋ Ⓒ 0月 × 200円 ＝ ② 330,863 円　※百円未満四捨五入
　　　　　　　　　　　　　　　　今後納付する付加保険料月数を記入

A、B、Cは、自分で記入します

［基礎年金の見込額］
① ＋ ② ＝ 736,331 円　※百円未満四捨五入

（出所）日本年金機構のホームページ（2014年3月現在）よりみずほ銀行作成

ⅱ 日本年金機構のホームページ（2014年3月現在）より計算シート（サンプル）を入手することができます（http://www.nenkin.go.jp/）。

つぎに、老齢厚生年金を計算します。

④ **D**はいまから退職までの標準報酬月額[iii]で、年収を12で割った数値を記入します。これから年収が上がる見通しがある場合は、金額を修正して記入します。

⑤ **E**は退職するまでの期間を月数で記入します。それぞれを計算し、①と②を合計すると将来の「老齢厚生年金の見込額」が計算できます。

計算した結果については、図表6のように公的年金の見込み額として記録を残しておくとよいでしょう。計算した公的年金の支給開始年齢は、性

図表5　老齢厚生年金の計算（サンプル）

老齢厚生年金の見込額を計算します
これまでのあなた様の加入実績に、将来の見込みを記入して計算します。

◆これまでの加入実績に応じた年金額

平成15年3月までの平均の標準報酬月額（月給のみ）　340,000円 × 生年月日に応じた給付乗率 7.125/1,000 × 200月 ＋

平成15年4月から現在までの平均の標準報酬額（おおむね、月給＋賞与の1/12）　410,000円 × 生年月日に応じた給付乗率 5.481/1,000 × 50月 ＝ ① 596,861円

◆今後、退職時まで勤務される期間及びその間に受けた給与・賞与に基づく年金額

D、Eは、自分で記入します

平成15年4月から現在までの平均の標準報酬額（おおむね、月給＋賞与の1/12）を代置　**D** 490,000円 × 生年月日に応じた給付乗率 5.481/1,000 × **E** 204月 ＝ ② 547,881円

今後、退職時まで勤務される期間（月数）を記入

今後、退職時までの間の平均の所得見込み額（おおむね、月給＋賞与の1/12）にご自身で置き換えて記入してください。
（注）置き換えていただく平均の所得見込み額は、標準報酬額と同様の上限、下限の限度額の範囲内の金額で計算してください。

〔厚生年金の見込額〕 ① ＋ ② ＝ 1,144,741円

※百円未満四捨五入

（出所）日本年金機構のホームページ（2014年3月現在）よりみずほ銀行作成

図表6　図表4、図表5の数値をもとにした公的年金の見込み額のまとめ（サンプル）

分類	種類	期間	支給開始年齢	金額（年額）	合計金額（年額）
公的年金	老齢基礎年金	終身	65歳	73万6,331円	188万1,072円
	老齢厚生年金	終身	65歳	114万4,741円	

（出所）みずほ銀行作成

---

iii 健康保険や厚生年金保険の保険料・保険給付の算定の基礎となる標準報酬の1つ。基本給のほか役付手当、通勤手当、残業手当などの各種手当を加えたもので、臨時に支払われるものや3ヵ月を超える期間ごとに受ける賞与などを除いたもののこと。報酬月額を1等級（9.8万円）から30等級（62万円）までの30等級に分け、その等級に該当する金額を標準報酬月額という。

別、生年月日に応じて決まりますので、それも記録します[iv]。

　また、ねんきん定期便によるこれらの見込み額から、税金や社会保険料が控除されますので、実際に受け取る金額は計算結果より少なくなることに留意する必要があります。

---

iv 第 1 章 Q4 参照

Q25 公的年金の受け取り額は「ねんきん定期便」以外で確認することはできますか？

A 日本年金機構のホームページ「ねんきんネット」で将来の公的年金の見込み額を確認することができます。

▶ ねんきんネットを活用

　日本年金機構のホームページ（http://www.nenkin.go.jp/）にある**ねんきんネット**から、最新の年金記録を照会したり、将来の年金見込み額を試算したりすることができます。

▶ ねんきんネットのユーザ ID の取得

　ねんきんネットにアクセスするためには、専用のユーザーIDとパスワードが必要になり、その手続きは日本年金機構のホームページから行うことができます。

　ねんきん定期便の裏面に記載されている「アクセスキー」を利用して「ご利用登録」すると、ユーザー ID とパスワードがすぐに発行できます。

　「アクセスキー」が有効期限切れ（３ヵ月）または「アクセスキー」がわからない場合に「ご利用登録」するとユーザー ID とパスワードが日本年金機構から郵送されます[図表１]。

　つぎに、ねんきんネットのログインページに❹ユーザーIDと❺パスワードを入力し❻ログインすると以下のトップ画面が表示されます。トップページにある❼保険料の払込み記録を確認し、❽将来の老齢年金の見込み額を計算できます[図表２]。

図表1　ねんきんネットのユーザーID発行（イメージ）

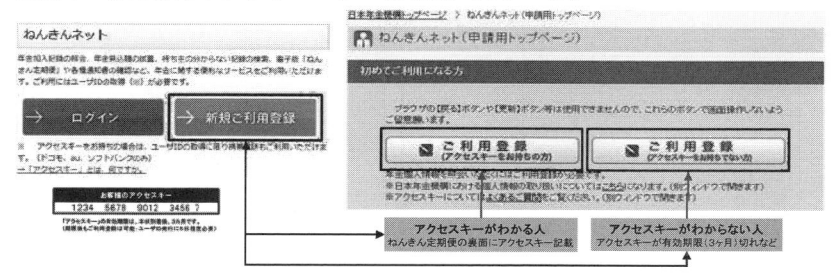

（出所）日本年金機構のホームページを引用

図表2　ねんきんネットへのログイン（イメージ）

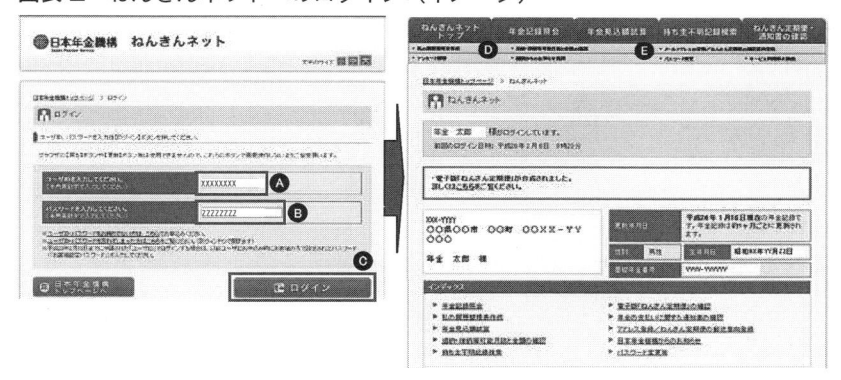

（出所）日本年金機構のホームページ（2014年3月現在）を引用

▶ 年金記録照会

　図表3は、年金記録照会の画面イメージです。「各月の年金記録の情報」には、過去の年金記録の詳細な情報が表示されています。また、「加入期間の情報」には、過去に加入した年金制度ごとの加入期間が表示されていますので、自分の職歴などと内容を確認することができます。50歳未満の場合は「これまでの加入実績に応じた年金額試算の情報」、50歳以上の場合は「老齢年金の見込み額の情報」も確認することができます。

図表3　年金記録照会の各画面イメージ

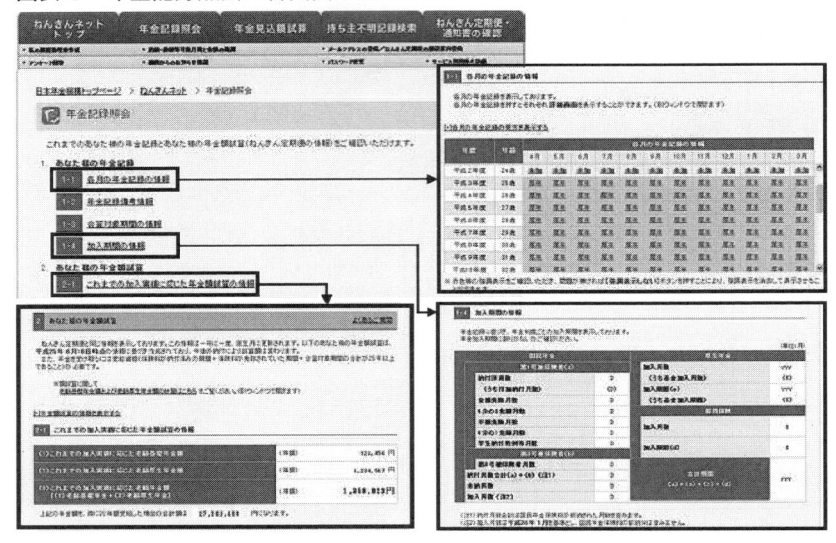

（出所）日本年金機構のホームページ（2014年3月現在）を引用（上記画面は50歳未満のケース）

▶年金見込み額試算

「年金見込み額試算」のページからは将来の年金見込み額を確認することができます。年金見込み額の試算のために、今後の職業（転職する予定など）や収入金額、受け取り時期などの条件を入力すると、将来の老齢年金の金額や受け取り時期を詳細に計算することができます。図表4は試算結果のイメージとなります。

図表4　年金見込み額試算結果のイメージ

5 給与の年収と年金見込額の合計

試算結果に基づいて、年齢ごとの年金額と給与の年収との合計をグラフとして表示しております。
また、詳細の金額について一覧表として表示しております。

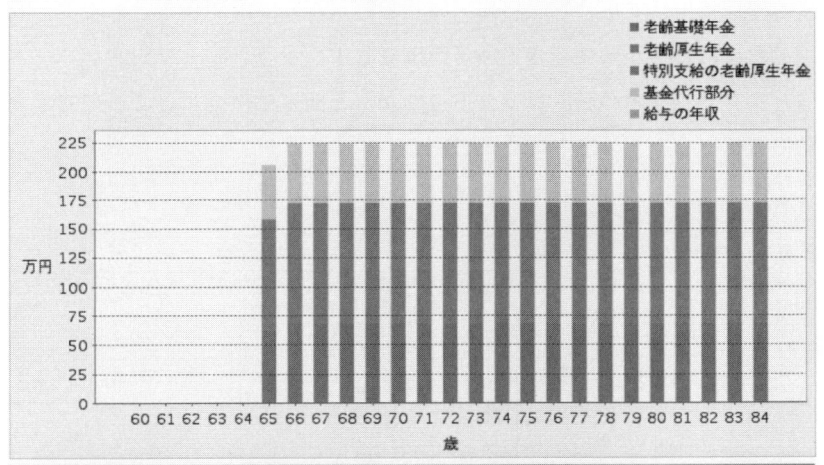

凡例：
- 老齢基礎年金
- 老齢厚生年金
- 特別支給の老齢厚生年金
- 基金代行部分
- 給与の年収

（縦軸：万円、横軸：歳　60〜84）

年齢	給与の年収と年金見込額の合計	年金見込額			給与の年収
		支払われる年金見込額合計	老齢基礎年金	特別支給の老齢厚生年金／老齢厚生年金		
				国からの支給部分	基金代行部分	
60	0円	0円	0円	0円	0円	0円
61	0円	0円	0円	0円	0円	0円
62	0円	0円	0円	0円	0円	0円
63	0円	0円	0円	0円	0円	0円
64	0円	0円	0円	0円	0円	0円
65	2,059,590円	1,579,776円	630,388円	949,388円	479,814円	0円
66	2,246,826円	1,723,392円	687,696円	1,035,696円	523,434円	0円
67	2,246,826円	1,723,392円	687,696円	1,035,696円	523,434円	0円
68	2,246,826円	1,723,392円	687,696円	1,035,696円	523,434円	0円

（出所）日本年金機構のホームページ（2014年3月現在）より引用

キャッシュフロー表の作成

キャッシュフロー表の作成例をご紹介します。「生涯の収支計画」を作成して目に見える形にし、将来の漠然とした不安を解消するとともに、計画どおりにお金が準備できているか確認しましょう。キャッシュフロー表は、エクセルなどの表計算ソフトをつかうと簡単に作成することができますのでチャレンジしてみてください。

図表1　キャッシュフロー表の例

↓作成手順	年			2014	2015	2016	2017	2069	2070	2071	2072	2073	2074	2075
①ライフイベントを記入	イベント			▲結婚		▲子1誕生	▲子2誕生	▲夫死亡						▲妻死亡
	家族の年齢		本人	27	28	29	30	82	83					
			妻	27	28	29	30	82	83	84	85	86	87	88
			子1			0	1							
			子2				0							
													単位：万円	
②夫妻の給与賞与を記入	収入	給与・賞与	本人	550	561	572	584							
			妻	80	80	80	80							
③夫のねんきん定期便より転記		公的年金（本人）	基礎年金					60	60					
			厚生年金					150	150	100	100	100	100	100
④妻のねんきん定期便より転記		公的年金（妻）	基礎年金					60	60	60	60	60	60	60
			厚生年金					80	80	80	80	80	80	80
⑤夫の会社の退職制度より転記		会社の退職制度	終身年金					70	70					
			有期年金											
			確定拠出											
			一時金											
⑥世帯の金融資産を記入		その他の資産	預金現金	400										
			投資信託											
			終身年金					36	36					
			確定年金											
		合計（a）		1,030	641	652	664	456	456	240	240	240	240	240
⑦生活費などの支出を記入	支出	生活費		240	240	240	260	220	220	130	130	130	130	130
		住宅費		60	180	180	180							
		教育費（子1）												
		教育費（子2）												
		自動車関連												
		趣味や旅行		50	50	50	50	50	50	50	50	50	50	50
		その他		100	300	100	100	100	100	100	100	100	100	100
		合計（b）		450	770	570	590	370	370	280	280	280	280	280
		収支（a－b）		580	－129	82	74	86	86	－40	－40	－40	－40	－40
⑧収支累計額にマイナスがないこと		収支累計額		580	451	533	607	2,746	2,832	2,792	2,752	2,712	2,672	2,632

（出所）みずほ銀行作成

（作成手順の説明）
［収入］
①ライフイベント：現役時代から一生涯のライフイベントを記入します。
②給与・賞与：各年の給与・賞与の見込み額を記入します。
③公的年金（本人）：夫のねんきん定期便から公的年金の支給見込み額を転記します。
④公的年金（妻）：妻のねんきん定期便から公的年金の支給見込み額を転記します。夫死亡時は厚生年金の4分の3で計算します。
⑤会社の退職制度：夫の会社の退職制度の内容を記載します。退職一時金や終身年金、有期年金、確定拠出年金など複数ある場合はそれぞれの金額を記入します。
⑥その他の資産：現金や預金、株式や債券、投資信託などの金額を記入します。生命保険会社の終身年金や有期年金に加入されている場合は、保険内容より受け取り開始時期や金額を確認して記入してください。

［支出］
⑦生活費・その他：生活費を記入します。この例では、現役時代の平均年収水準が約600万円を前提とした生活費を記入しています。趣味や旅行などライフプランに応じて、必要な金額を追加してみましょう。
⑧収支累計額：最終的な収支累計額を確認しましょう。収支累計額がマイナスでなければ、老後の生活費は順調に準備できていることが確認できます。逆にマイナスであった場合は、目標や生活費の水準などの見直しをする必要があるということを示します。

キャッシュフロー表

年								
ライフイベント								
家族の年齢	本人							
	妻							
	子1							
	子2							

収入	給与・賞与	本人							
		妻							
	公的年金（本人）	基礎年金							
		厚生年金							
	公的年金（妻）	基礎年金							
		厚生年金							
	会社の退職制度	終身年金							
		有期年金							
		確定拠出							
		一時金							
	その他の資産	預金現金							
		投資信託							
		終身年金							
		確定年金							
	合計（a）								
支出	生活費								
	住宅費								
	教育費（子1）								
	教育費（子2）								
	自動車関連								
	趣味・旅行								
	その他								
	合計（b）								
収支（a－b）									
収支累計額									

単位：万円

第4章

資産運用

第1節 投資にまつわる素朴な疑問

Q26 特にお金をふやしたいと思っていませんが、資産運用は必要ですか？

A お金をふやす必要がなくても、将来的に公的年金が減額となる可能性があること、インフレリスクがあることから資産運用は必要です。

▶減額される可能性がある公的年金

第1章でも説明しましたが、将来的に公的年金が減ってしまう可能性があります。日本では平均寿命が延びる一方で出生率が低下する、いわゆる少子高齢化が進んでおり、今後は現役世代が支える公的年金だけに頼って生活することは厳しくなっていきます。自分自身で貯蓄や運用をして公的年金の減額に備える必要があります[i]。

▶インフレでお金の価値が下がる

新聞・テレビなどの報道で「物価上昇率2％」などと耳にすることもあると思います。**インフレ**とは**インフレーション**の略称で、物の価格が継続的に上昇し、相対的にお金の価値が下がる状態のことをいいます。たとえば、物価上昇率年2％の場合、今年100万円で買えていた自動車が1年後には102万円出さないと買えないということになります。今年の100万円を来年までに102万円にふやさないと実質的にお金の価値が減ったことになります。この差額である2万円をふやすために有効な手段が資産

---
i 第1章Q5参照

図表1　インフレの影響

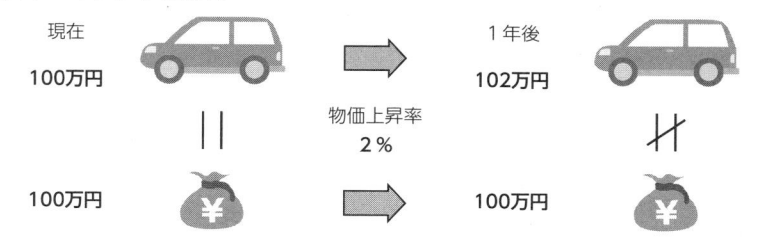

現在　　　　　　　　　　　　　　　1年後
100万円　　　　　　　　　　　　　102万円

　　　　＝　　　物価上昇率　　　　　≠
　　　　　　　　　2％

100万円　　　　　　　　　　　　　100万円

（出所）みずほ銀行作成

運用です。一般的にはインフレは景気がいいときに起こりやすいといわれています。景気がよくなると会社や私たち個人の財布の紐も緩み、物を買う需要もふえるため物価も上がりやすくなります。もし、物価が上がるのと同じように私たちの給料も上がったら、生活水準は変わりません。しかし、物価上昇率以上に給料が上がらなければ、私たちの生活は苦しいものになってしまうでしょう。

▶デフレも深刻な問題

　デフレ（デフレーション）とはインフレの逆で、物価が継続的に下落し、お金の価値が上がる状態のことをいいます。では、デフレがいいのかというとそうでもありません。物価が下がると、商品を売る会社の売上も減ります。売上が減れば、会社で働く従業員の給料も減ることになります。そうなると個人の消費も減少しますので、さらに商品の値段を下げざるを得ないという悪循環が生まれます。こうした悪循環をデフレスパイラルといいます。

Q27 インフレは目に見えにくいのでわかりづらいですが、どのように把握すればよいですか？

A インフレは物の価格（＝物価）で把握することができます。

▶ **物価は「経済の体温計」**

　私たちは生活の中でいろいろな商品を購入しています。その一つひとつに価格があり、高くなったり安くなったりしています。このような商品の価格の平均的な変動を測定したものが「消費者物価指数」です。価格変動の大きい生鮮食品を除いた500品目以上の商品について、以前の価格とくらべてどれだけ上がったか下がったか調査しています。物価の変動を示

図表1　消費者物価指数全国（生鮮食品を除く総合）

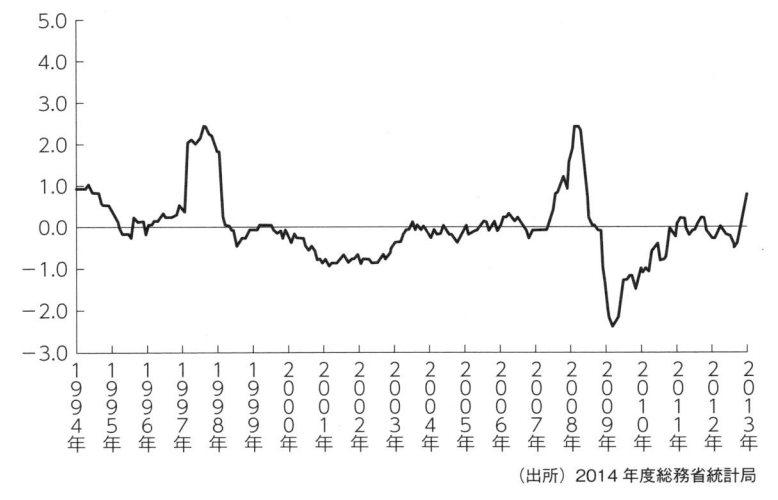

（出所）2014年度総務省統計局

す消費者物価指数は「経済の体温計」ともいわれ、毎月1回26日を含む週の金曜日に更新され、総務省のホームページや新聞などに掲載されます。

　身近な商品の中には、たとえば前回の東京オリンピックがあった1964年と比較すると何倍も値上がりしているものもあります。つまり、以前の何倍もお金を支払わなければ同じ商品が買えないわけですから、それだけお金の価値は減っているといえます。

図表2　1964年と2013年の物価の変化

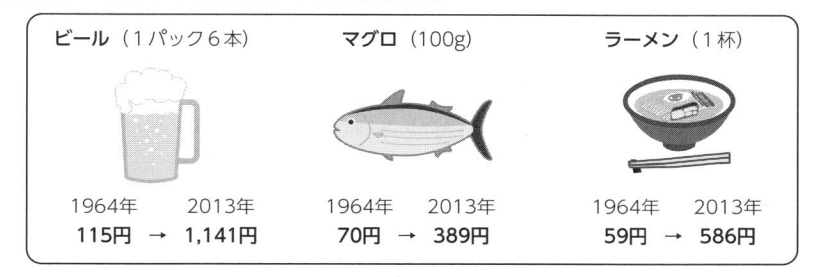

ビール（1パック6本）	マグロ（100g）	ラーメン（1杯）
1964年　2013年 115円 → 1,141円	1964年　2013年 70円 → 389円	1964年　2013年 59円 → 586円

（出所）総務省統計局ホームページ「小売物価統計調査」（2014年3月現在）よりみずほ銀行作成

| Q28 | 定期預金などの元本が保証されている商品だけで資産運用をしたいのですが、何か留意点がありますか？ |

| A | 元本が保証されている商品だけでの資産運用では、将来、お金の価値が減少してしまう可能性があります。 |

▶元本は保証されても価値は保証されない

　定期預金は元本が保証されており、安全性の高い運用商品の１つです。資産運用で絶対に損をしたくないという人にとっては、選択肢の１つでしょう。ただし、定期預金の預金金利水準は今後の物価上昇率とくらべて十分な水準でしょうか。預金金利が物価上昇率より低い場合は、せっかく定期預金に預けていても、価値が目減りしてしまう可能性があります。

▶物価上昇率に負けない資産運用が必要

　もし今後インフレになるとしたらどうしたらいいのでしょうか。預金は元本と利息が約束されているので、満期まで持っていれば、金融機関が破綻などしない限り元本割れしないという面では安心です。しかし物価上昇率が預金金利より高くなった場合、預けたお金の価値が実質的に減ってしまう可能性があるのです。

　たとえば、物価上昇率年２％、預金金利年0.5％とすると、１年後には預けたお金の価値が1.5％減ったことになります。この状態が10年つづくとお金の価値が約14％減ることになります。100万円の価値が14万円減るとなれば大きな影響があるでしょう。物価上昇率と預金金利の差が大きいほど、実質的に減る幅は大きくなります。

図表1　物価上昇率2％の時、運用により100万円がいくらになるか

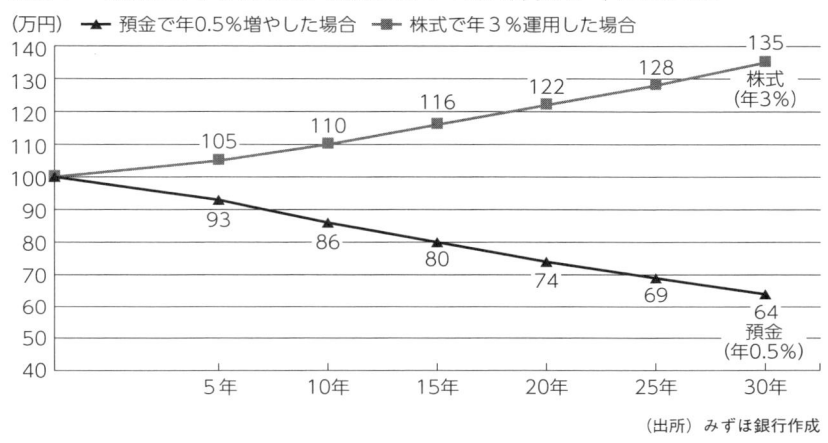

(万円)　－▲－ 預金で年0.5％増やした場合　－■－ 株式で年3％運用した場合

	5年	10年	15年	20年	25年	30年
株式(年3％)	105	110	116	122	128	135
預金(年0.5％)	93	86	80	74	69	64

(出所) みずほ銀行作成

　一方で、一般的に株式などへの資産運用はインフレに強いといわれています。インフレのときは、物価上昇と同じように株式の価格（株価）の値上がりが期待できる傾向があるのです。物価が年2％上がるときに、株価が年3％値上がれば、資産は実質1％ふえたことになります。この状態が10年つづくとお金の価値が約10％ふえ、1,000万円の価値は1,100万円になります。ただし、インフレのときにも株価が下がったり、または株価が上がっても物価上昇率に届かない場合もありますので注意が必要です。

　日本では90年代後半から長くデフレがつづき、「インフレで現金や預金の価値が減る」ことは感じられませんでした。しかしこれからインフレ傾向になれば、預金金利よりも物価上昇率が高くなる可能性は十分にあります。インフレになったときに備え、物価上昇率に負けない資産運用を意識する必要があります。

| Q29 | 資産運用とギャンブルは何が違うのですか? |

| A | 将来のために備える資産運用では、ギャンブルのように短期的にお金をふやす「投機」ではなく、長期的にお金をふやす「投資」を心がけましょう。 |

▶投資と投機の違い

　資産運用を始めるためには、投資と投機の違いを理解しておくことが大切です。「株式投資」を例にとると、投資とは、会社へ長期的に資産を託すことで、その会社の成長、発展を促し、最終的には自分自身も経済的な利益を得ることを指します。短期的には資産が目減りすることもありますが、長期的には自分を含め多くの関係者が利益を得られる可能性があります。

　一方、投機というのは、会社の成長、発展に関係なく、短期的な市場の値動きのタイミング（機会）で利益を得るために資金を投じることを指します。誰かが利益を得れば、誰かが損失を被る場合もあります。利益を得るという目的は投資と同じですが、その理念には大きな差があります。

図表1　投資と投機

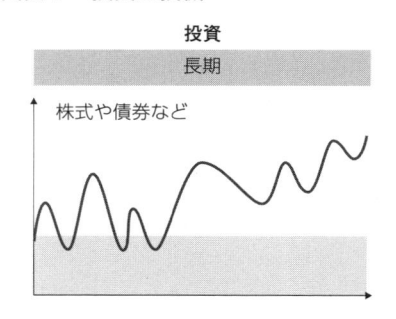

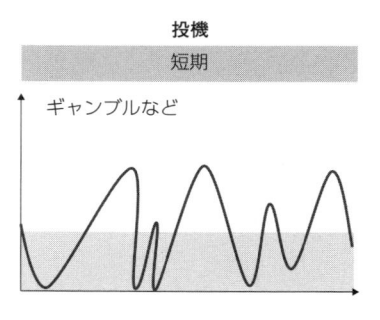

投資　長期　株式や債券など

投機　短期　ギャンブルなど

（出所）みずほ銀行作成

▶ 海外の投資事情

いままでの日本では、投資によりお金を得るという考え方は、あまり浸透していませんでした。その結果、日本の個人金融資産における株式や投資信託などの比率は、2013年3月末時点で14.2％にとどまっています。一方、米国における株式や投資信託などの比率は45.3％であり、また欧州の比率は23.5％となっています。

この結果は、各国の金融教育の違いも影響していると思われます。たとえば米国では、幼い頃から学校や家庭でお金に関する教育を受ける環境が整っており、多くの米国人は身につけた金融や投資の知識を活かして、早い時期から将来に向けた備えを始めています。

図表2　日米欧の家計の資産構成

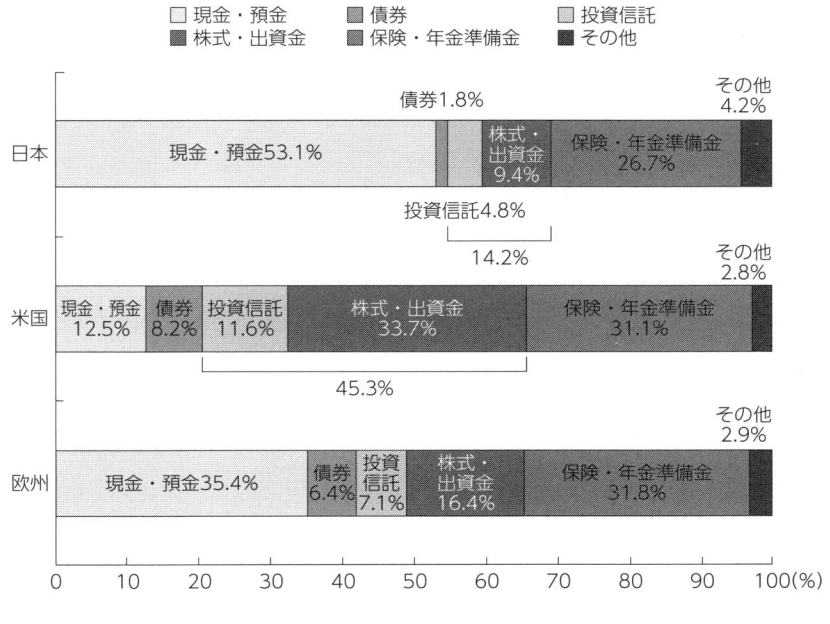

□ 現金・預金　　■ 債券　　■ 投資信託
■ 株式・出資金　■ 保険・年金準備金　■ その他

日本：現金・預金53.1%／債券1.8%／株式・出資金9.4%／保険・年金準備金26.7%／その他4.2%（投資信託4.8%、計14.2%）

米国：現金・預金12.5%／債券8.2%／投資信託11.6%／株式・出資金33.7%／保険・年金準備金31.1%／その他2.8%（計45.3%）

欧州：現金・預金35.4%／債券6.4%／投資信託7.1%／株式・出資金16.4%／保険・年金準備金31.8%／その他2.9%

（出所）2014年度日本銀行「資金循環の日米欧比較」よりみずほ銀行作成

> **Q30** 資産運用と聞くとハイリスク・ハイリターンというイメージがあるのですが、正しいですか？

> **A** 一般的につかっているリスクやリターンという言葉の意味は、資産運用におけるリスクやリターンの意味とは異なります。

▶リスクとは「見通しが外れる可能性」

　Risk（リスク）という言葉にどのようなイメージを持ちますか。「危険」「賭け」など、どちらかといえば後ろ向きの印象を持つのではないでしょうか。一般的に持つ「危険」という言葉の印象は、英単語でいえば「Danger（デンジャー）」がそれに該当し、「Danger」と「Risk」とではニュアンスが異なります。

　「Danger」がすでに発生した危険を指すのに対し、「Risk」は不確実性、つまり、これからある期待を持って行動したことが、その期待どおりにならない可能性のことを指します。たとえば宝くじ1万円分を購入し、当せん金が3万円となることを期待していたが、すべて外れてしまう、または当せん金が5万円になってしまうというように、期待どおりにならない可能性のことを指します。注意したいのが、期待以上の成果をあげてしまうこともリスクといいますので覚えておいてください。

　資産運用でいえば、ある一定の収益を目標として投資を行ったが、その収益目標を達成できない可能性、またはそれ以上の収益をあげる可能性をリスクと呼びます。

　それではなぜ、その収益目標を達成できないのでしょうか。それは、投資対象の資産価格（＝相場）が、当初に想定したとおりに動かなかったか

らです。したがって、**リスク**とは、相場見通しが外れる（ブレる）可能性を指すことだと言い換えることもできます。つまりリスクが大きいとは、「価格のブレ幅が大きく、先行きを予測するのが難しい状態」という意味になります。

▶ リターンにはプラスとマイナスがある

つぎに**リターン**という言葉に対するイメージはどうでしょうか。たとえば、「利益」「報酬」「対価」など、プラスの効果という印象を持つ人が多いと思いますが、資産運用ではプラスのリターンもあればマイナスのリターンもあり、一般的に持っている印象とは異なるかもしれません。

先ほどの宝くじの例でいえば、1万円分の宝くじを購入し、当せん金が3万円の場合は、2万円のプラスのリターンとなり、逆にすべて外れた場合には、宝くじ購入代金の1万円分のマイナスのリターンとなります。このように何も行動しなかった（投資行動を行わなかった）場合とくらべて、プラスやマイナスに金銭的な変動が生じることをリターンといいます。

図表1　プラスのリターンとマイナスのリターン

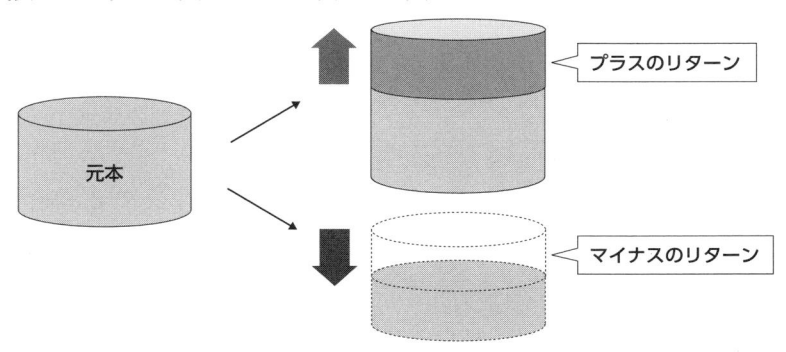

（出所）みずほ銀行作成

> **Q31** 株式と債券の特徴について教えてください。

> **A** 株式を買うことは会社にお金を「出資」すること、債券を買うことは国や会社などにお金を「貸す」ことです。一般的に株式はハイリスク・ハイリターン、債券はミドルリスク・ミドルリターンといわれています。

▶ ローリスク・ハイリターンはあり得ない

　リスクが大きいとは、価格のブレ幅が大きく、先行きを予測するのが難しい状態ですが、そのような運用商品に投資をした場合のリターンはどうなるのでしょうか。

　リスクが大きい運用商品に投資をした場合は、プラスかマイナスかは別として、リターンの値自体は大きくなる可能性があるということになります。つまり、リスク・リターンの大きい運用商品は「大きく儲かる可能性もあるが、大きく損をする可能性もある」ということです。「ハイリスク・ハイリターン」とはこの状態のことを示します。

　「リスクは小さくて、リターンが大きい」運用商品はないのかというと、残念ながらそのような商品はありません。リスクが小さい場合は、価格のブレ幅が小さく、期待できるリターンも小さくなります。そのような状態を「ローリスク・ローリターン」といいます。

▶ 株式はハイリスク・ハイリターン

　一般的には**株式**はリスク・リターンが大きい資産だといわれています。株式は、会社がお金を集めるために発行するものです。株式を買うという

図表1　リスクとリターン

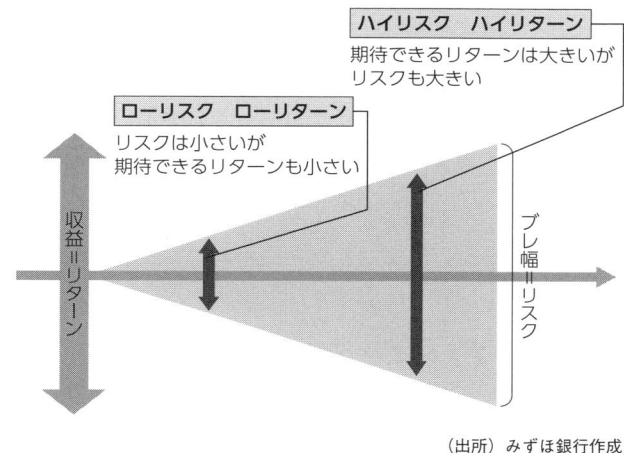

ハイリスク　ハイリターン
期待できるリターンは大きいが
リスクも大きい

ローリスク　ローリターン
リスクは小さいが
期待できるリターンも小さい

収益＝リターン

ブレ幅＝リスク

（出所）みずほ銀行作成

ことは会社に対してお金を「出資」し、株主になることを意味します。

　株式を買ったときよりも売ったときの価格が上がっていれば、値上がりした分の利益を得ることができます。このように投資対象の値動きにより売ったときに利益を得ることを「キャピタルゲイン」といいます。反対にその株価が下がって、売ったときに損が発生することを「キャピタルロス」といいます。

　また、株式を保有している期間中に、会社に利益が出た場合、その一部を配当金として受け取ることができます。このように投資対象の値動き以外で、付帯的に金銭的利益を得ることを「インカムゲイン」といいます。反対に、その会社の業績が悪く、配当金が受け取れない場合は、「インカムゲイン」はなくなります。そのほか、会社が株主に対して商品やサービスを提供する株主優待という制度がある場合もあります。

　株価は、景気の動きや会社の業績、さらにはほかの投資家がどのような行動をとるのかなど、さまざまな要因により大きく変動することがあります。したがって、株式はハイリスク・ハイリターンになる傾向があるのです。

▶銀行預金はローリスク・ローリターン

一方、ローリスク・ローリターンになる傾向があるのはどのような投資対象でしょうか。たとえば銀行の預金は、銀行が破綻などしない限り、満期まで預金を保有しつづければ、元本とあらかじめ定められた利息が手元に戻ってくることが予想され、先行きを見通すのが比較的簡単です。しかし、株式のように大きなリターンを得ることも難しいため、銀行の預金は、リスク・リターンが小さい投資対象だといわれています。

▶債券はミドルリスク・ミドルリターン

もう1つ、株式とくらべてリスク・リターンが小さい資産としてあげられるのが**債券**です。債券は、国や会社などがお金を借りるために発行するものです。債券を買うということは、国や会社などに対してお金を「貸す」ことを意味します。債券を持っている場合、満期までお金を貸すかわりに定期的に利息をもらうことができます。これは「インカムゲイン」になります。

図表2　株式と債券

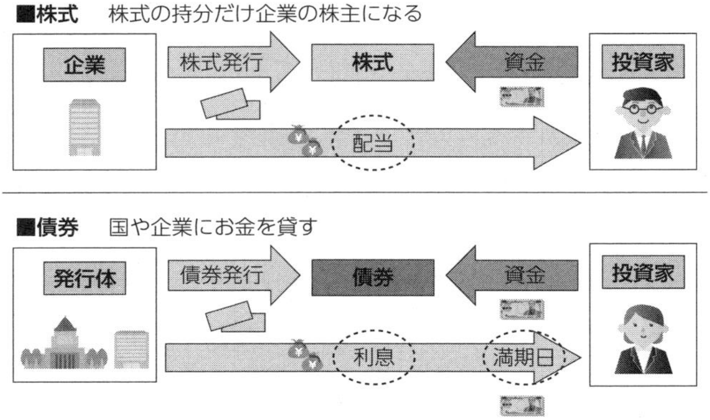

■株式　株式の持分だけ企業の株主になる

企業 → 株式発行 → 株式 ← 資金 ← 投資家
企業 → 配当 → 投資家

■債券　国や企業にお金を貸す

発行体 → 債券発行 → 債券 ← 資金 ← 投資家
発行体 → 利息・満期日 → 投資家

（出所）みずほ銀行作成

図表3　株式と債券の値動き

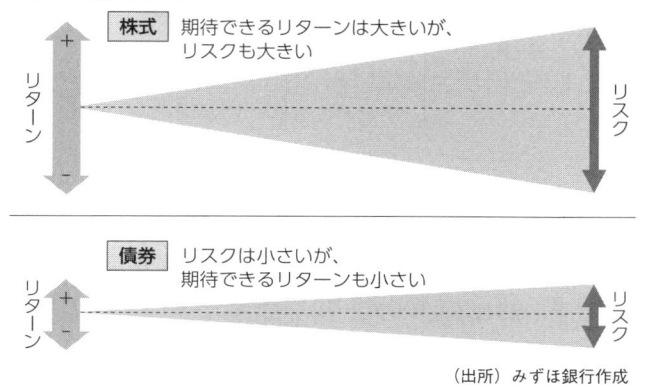

| 株式 | 期待できるリターンは大きいが、リスクも大きい |
| 債券 | リスクは小さいが、期待できるリターンも小さい |

（出所）みずほ銀行作成

　また、債券は市場で売り買いすることができ、それらの価格は日々変動しています。価格は、債券を発行する会社の業績や景気の動きなどに影響を受けて変わります。債券は、基本的に満期まで待てば受け取る金額が決まっています。しかし、満期を待たずに途中で売ると、そのときの市場の価格で売ることになるため、受け取る金額は買ったときの価格を上回り、「キャピタルゲイン」になる場合もあれば、買ったときの価格を下回って、「キャピタルロス」になる場合もあります。

Q32 新聞・テレビなどで1ドルいくらというニュースを目にしますが、資産運用にはどのような影響がありますか？

A 1ドルいくらという表記は「為替」の動きを表しています。特に海外の資産で運用をする場合は、「為替」の動きに注意が必要です。

▶為替とは異なる二カ国間の通貨の交換レート

　まず、為替とは何かについて考えてみます。ここでいう**為替**とは外国為替のことを指します。外国為替とは異なる二カ国の通貨を交換することをいい、交換する際の比率を外国為替レート（外国為替相場）といいます。

　たとえば米国に旅行し、米国内で買物や食事をするために、日本円を米ドルに両替することがあると思います。この両替をすることを外国為替といい、両替レートは外国為替レートとなります。

　外国為替レートは、常に変動しており、新聞・テレビなどの報道で「円高」・「円安」という言葉や「1ドル＝○○○円□□銭」という表記を見たり聞いたりすると思います。**円高**とは日本円の価値が外国通貨に対して高くなっている状態、**円安**とは日本円の価値が外国通貨に対して安くなっている状態を表します。

▶「円高」・「円安」の意味

　それでは、米国旅行の際の両替レートが、1ドル100円だったとします。そして、帰国したときに再び日本円に両替しようとしました。そのとき、図表1の2つでは、どちらが「円高」でどちらが「円安」というのでしょうか。

図表1　円高と円安

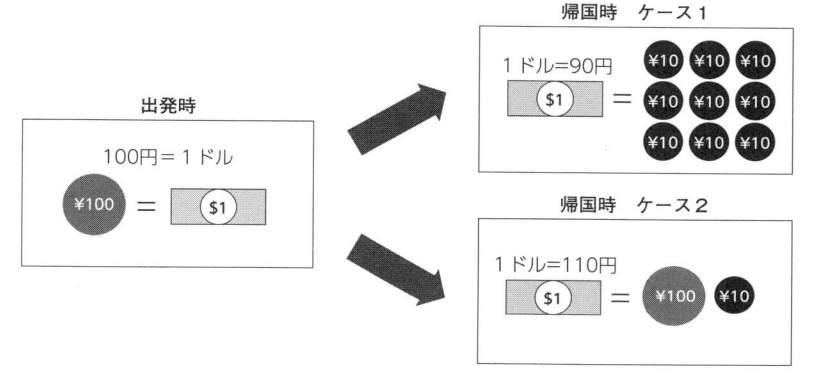

出発時　100円＝1ドル　¥100＝$1

帰国時　ケース1　1ドル＝90円　$1＝¥10×9

帰国時　ケース2　1ドル＝110円　$1＝¥100＋¥10

（出所）みずほ銀行作成

　答えは、ケース1が「円高」、ケース2が「円安」です。通常、外国為替レートは外国通貨、この場合は1ドルを基準にして表記されます。ケース1は「1ドルは90円と同じ価値」、ケース2は「1ドルは110円と同じ価値」という意味です。したがってドルの価値はケース2のほうが高いので「ドル高」、逆に日本円からみれば「円安」ということになります。

　たとえば、インターネット経由で海外のショップにアクセスし、すてきなダイヤモンドを見つけたとします。そのダイヤモンドは1万ドルの値札がついています。日本のクレジットカード（日本円）で支払いをする場合を想定してみてください。

　クレジットカード会社から請求される金額は、ケース1の「円高」の場合では90万円、ケース2の「円安」の場合では110万円となります。同じ1万ドルのダイヤモンドを購入するのにも「円安」のときのほうがより多くの日本円を支払う必要があります。

　それでは、購入した後に外国為替レートが変動した場合をみてみましょう。ケース1の「1ドル＝90円」のときにダイヤモンドを購入しました。1万ドルなので、購入費用は日本円に換算すると90万円です。その後、ケー

ス2の「1ドル＝110円」になりました。すでに1万ドルの値打ちのあるダイヤモンドを保有しています。いま、このダイヤモンドを1万ドルで売却した場合、日本円でいくら受け取ることができるでしょうか。答えは110万円です。つまり日本円で考えると、ダイヤモンドを90万円で仕入れて、110万円で売却し、結果として20万円の利益を得たことになります。

逆にケース2が「1ドル＝110円」ではなく「1ドル＝80円」となった場合はどうでしょう。この場合80万円で受け取ることになり、10万円の損失になります。このようにダイヤモンド自体の価値は変わらなくても外国為替レートが変動することで、日本円に換算した価値が変わることになります。

▶外国為替レートは資産運用にも大きな影響を与える

このダイヤモンドを外貨建て資産に置き換えて考えてみましょう。外貨建て資産（株式や債券など）で資産運用する場合も、まず外貨建て資産を購入し、どこかのタイミングで売却することになります。購入するときの外国為替レートの水準と、売却するときの外国為替レートの水準により外貨建て資産の価値は同じであっても、利益が出たり損失が生じることもあります。つまり外国為替レートの変動（ブレ）によりリターンも変動します。このことを資産運用における（外国）為替リスクといいます。

外国為替レートは、世界中の政治、経済、ときには天災、戦争、ほかの投資家の動きなどのさまざまな要因で常に変動しつづけ、予測することが難しいといわれています。日本から遠く離れた国の出来事が、日本円の外国為替レートに影響を与えることもしばしばあります。

外貨建て資産に投資をする場合は、外貨建て資産自体の値動きに加え、外国為替レートの変動にも注意をしながらリスクと向き合っていくことが重要です。一般的には日本国内の債券よりも海外の債券、日本国内の株式

よりも海外の株式のほうがリスク・リターンは大きくなる傾向があります。

図表2　各資産のリスクとリターンの関係

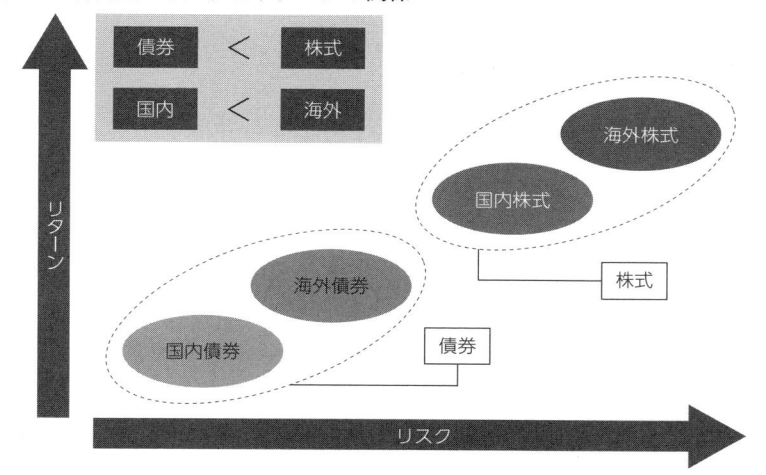

（縦軸：リターン、横軸：リスク）

- 債券 ＜ 株式
- 国内 ＜ 海外

国内債券 → 海外債券（債券グループ）
国内株式 → 海外株式（株式グループ）

（出所）みずほ銀行作成

　この為替リスクを回避する方法の1つが、「為替ヘッジ」です。為替ヘッジでは一般的に「為替予約」という方法が用いられ、将来、外貨建て資産を売却し日本円に換算する際の外国為替レートを、あらかじめ確定させておく取引です。ただし、将来の外国為替レートが確定するメリットがある一方で、現在の外国為替レート水準とくらべて、割高となったり割安となったりする場合があります。

| Q33 | これから金利が上昇した場合、どのような影響がありますか？ |

| A | 金利が上昇すると、預金の金利や住宅ローンの金利も上昇します。資産運用では、特に債券の価格に大きな影響を与えます。 |

▶ 金利とはお金の貸し借りの値段

金利とは、お金を一定期間貸したり借りたりするときの値段です。

たとえば、銀行の定期預金に100万円を1年間預けて2％の金利を受け取るとします。銀行は、1年間預かったお金を自由につかうかわりに1年経ったら利息2万円を支払います。

この2万円は100万円を銀行にお金を貸すための値段ということになります。

一方、銀行から住宅ローンなどでお金を借りる場合は逆になります。1年間2％の金利で100万円を借りた場合、1年間お金をつかえるかわりに、1年経ったら利息として2万円を銀行へ支払うことになります。この2万円が、100万円を銀行から借りるための値段です。

▶ 金利のメカニズム

金利は、お金に対する需要と供給のバランスで変化します。景気がよく消費が活発なときには、会社の生産活動は拡大に向かいます。その結果、設備投資が必要になり、それだけお金の需要が高まり、金利は上がります。会社の利益がふえれば従業員の給料もふえ、お金をたくさんつかおうという動きになり、高い金利でもお金を借りる人がふえます。

逆に景気がよくないときは、会社の利益が減り、設備投資を抑えざるを得なくなります。そして従業員の給料も下がり、お金をつかわなくなると、お金の需要が減り、金利は下がりやすくなります。

図表1　金利と景気の関係

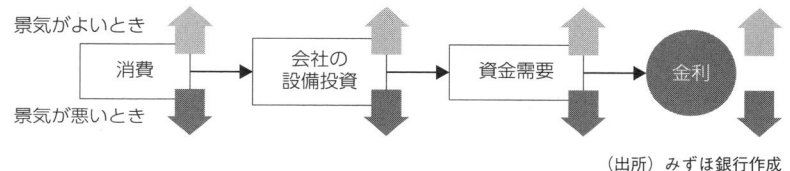

景気がよいとき　消費 → 会社の設備投資 → 資金需要 → 金利（上昇）
景気が悪いとき　消費 → 会社の設備投資 → 資金需要 → 金利（下降）

（出所）みずほ銀行作成

▶ 金利と逆の動きをする債券価格

債券価格は金利の変動に大きく影響を受けます。たとえば、金利が3％の債券があったとします。その後、金利が上がり、まったく同じ条件の債券が金利5％で発行されるようになりました。このとき、お金の貸し手からみると金利3％の債券は魅力が相対的に下がり価格は下がることになります。逆に、金利が下がり、同じ条件の債券が金利1％で発行された場合、金利3％の債券はそれだけ魅力が増しますので、価格は上がることになります。このように、債券の価格は金利の動きとは逆に動く性質があり、金利が上がったり下がったりすることにより、債券の価格が変動する金利リスクがあります。

また、債券価格の値動きの幅は、満期までの期間が長いほど大きくなり、金利リスクは大きくなります。

図表2　債券と金利の関係

要　因		値動き
景気がよい ○	金利上昇	値下がり
景気が悪い ×	金利低下	値上がり

（出所）みずほ銀行作成

Q34 国や会社が発行している債券は、元本が保証されていますか？

A 債券は元本が保証されていません。発行体によりその安全性（信用リスクの大きさ）は異なります。

▶ 安全性（信用リスクの大きさ）により異なる利回り

　信用リスクとは、債券や株式などを発行している国や会社などの財務状況が悪くなり、その債券の利息の支払いが遅れたり、元本や出資金が戻らなくなる可能性の大きさを意味しています。その可能性が高いことを安全性が低い（信用リスクが大きい）といいます。

　お金を貸す場合や出資する場合、一般的に信用力に応じた対価（条件）を求めます。安全性が低いと元本が戻ってくるかどうか心配になりますので、貸し付ける期間を短くしたり、利息を多くもらいたいと考えます。あまりに安全性が低い場合には、貸し付け自体を見送ることもあるでしょう。

　したがって、安全性が低い国や会社が、債券を発行してお金を集める場合の条件は、安全性が高い場合とくらべて利回りが高くなりやすいなどの不利な条件となる傾向があります。逆に安全性が高いとあまり心配がいらないということになりますので、利回りは低くなる傾向があります。

▶「格付け」をみてみよう

　それでは、信用リスクはどのように調べればいいのでしょうか。信用リスクを判断する目安となるのが、**格付け**です。格付け機関が、対象会社の調査や分析、ときには経営者にインタビューを行うなどして、債券の安全性を測るものさしの1つとして格付けを提供しています。この格付けが高

図表1　格付け表示と利回りの関係

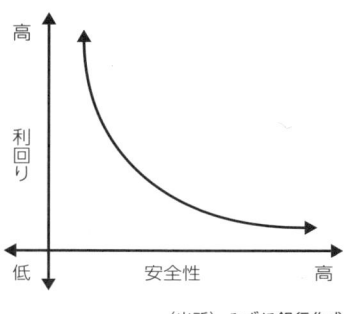

	格付け	安全性
投資適格	AAA	高 ↑
	AA	
	A	
	BBB	
投機的 (ジャンク債)	BB	
	B	
	CCC	
	CC	↓
	C	低

（注）ムーディーズはAaa～C表示

（出所）みずほ銀行作成

ければ高いほど安全性は高いといわれています。代表的な格付け機関は以下のとおりです。

　①スタンダード・アンド・プアーズ（S＆P）
　②ムーディーズ
　③格付投資情報センター（R＆I）
　④日本格付研究所（JCR）

　一般的に「ＢＢＢ」以上の格付けは投資適格債と呼ばれ、安心して投資できる１つの目安となります。しかし、「ＢＢＢ」以上の評価であっても絶対安全というわけではありませんので、あくまで１つの目安としてください。

　また、格付けは債券の安全性という点に力点をおいていますので、その会社の財務の健全性が重視されます。あくまで健全性であり、成長性を測るものさしではない点に留意が必要です。

Q35 資産運用は怖いものという印象があり、なかなか始められないのですが。

A 自分にあったリスクとつきあう方法を見つけてください。

▶ 資産運用は「お金を守り、ふやす」行動

　リスクのない資産運用はありません。ローリスク商品である定期預金での運用であっても、預け先の金融機関が破綻をすれば、1,000万円を超える元本部分とその利息は保証されていません。それでも、今後、公的年金の減額や支給開始年齢の引き上げやインフレによる物価上昇などの可能性を考えると「お金を守る、ふやす」ための行動が必要になります。それが資産運用です。さまざまなリスクの特性を理解し、対応方法を身につけ、上手にリスクとつきあっていくことが重要です。

▶ 平常心で冷静に考える

　日常の生活であっても、平常心を保つことは容易ではありません。まして、自分のお金がふえたり減ったりする資産運用ではより困難でしょう。そういう場面でこそ、平常心が必要です。資産運用に熱くなり過ぎ仕事が手につかなくなっては本末転倒ですし、逆にあきらめて目を背けてしまっては現状確認もできません。現実と向き合い、つぎの行動を冷静に考えることが大切です。ギャンブル的な発想で一攫千金や起死回生を試みるのは、資産運用においてはあまり得策とはいえないでしょう。

▶「リスクコントロール」は健康管理と同じ

すべてのリスクを完全に排除する方法はありませんが、ある程度コントロールすることは可能です。その方法は健康管理と同じです。「①規則正しい生活を、②長く継続し、③食事は好き嫌いをしない」ことが重要になります。

また、健康な身体でいることは、健康な精神にもつながります。資産運用も同じで、上記①から③のリスクコントロールを決めたとおりに実践しつづけることで、短期的な相場変動に一喜一憂せず、平常心でいることができると思います。

図表1　健康管理とリスクコントロール（資産運用）

	健康管理	リスクコントロール（資産運用）
①	規則正しい生活	毎月一定額を規則正しく投資
②	長く継続	相場変動に一喜一憂せずじっくり長く投資
③	食事は好き嫌いなし	特定の商品に過度に集中せず投資

（出所）みずほ銀行作成

▶「定期健康診断」も必要

上記①から③を実践してさえいれば、後は放っておいてもよいかというと決してそうではありません。これも健康管理と同じで定期的な検診が必要です。年齢を重ねるにつれ、摂取すべき食物が変わることもありますし、知らないうちに病気に冒されているかもしれません。

資産運用も、状況や方針などの定期的なチェックや人生の節目での見直しが必要です。

> **Q36** NISA（ニーサ）という制度をよく耳にしますが、確定拠出年金とどのような違いがありますか？

> **A** NISA（ニーサ）は、税制優遇と資産形成の自助努力を促すという点で確定拠出年金と類似していますが、それぞれに特徴があり、目的に応じて使い分け、効率的な資産形成を図りましょう。

▶ NISA の特徴

　NISA（ニーサ：Nippon Individual Saving Account ）とは、2014年1月からスタートした制度で、正式名称を**少額投資非課税制度**といいます。その名のとおり、これまで投資に興味がなかった人にも「少額からでも投資を始めてほしい」という目的で創設された、個人投資家を税制優遇する制度になっています。

　銀行や証券会社でNISAの専用口座を開設すると、毎年100万円までの投資信託や上場株式などの、値上がり益や配当金（分配金）が非課税となります［図表1］。なお、資産を売却した場合は、非課税投資枠を再利用することができません。2014年1月から2023年までの10年間、毎年100万円の非課税投資枠が追加で設定されますが、非課税の期間はそれぞれ最大5年間となりますので、非課税投資枠は最大500万円までとなります［図表2］。NISA制度以外の特定口座・一般口座においては、投資信託や上場株式の値上がり益や配当金（分配金）には20.315％（復興特別所得税0.315％を含む）の税金がかかりますので、NISAの非課税メリットは大きいといえます。

図表1　公募株式投資信託に投資した場合のイメージ

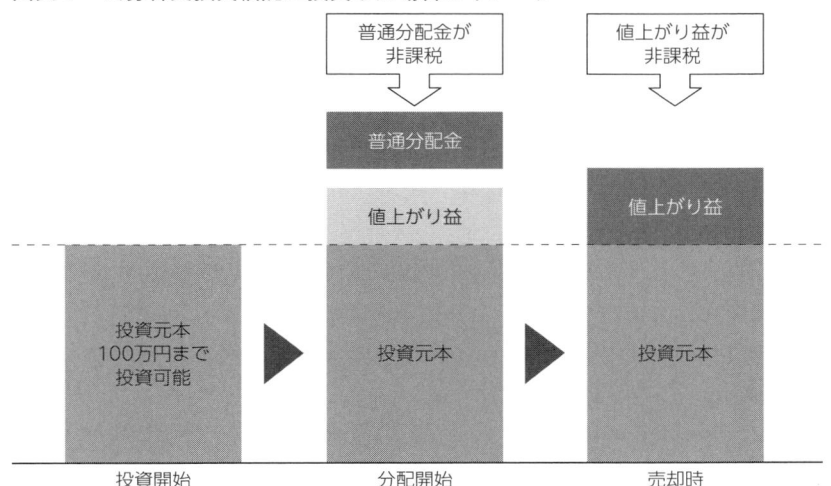

普通分配金が非課税 → 普通分配金／値上がり益

値上がり益が非課税 → 値上がり益

投資元本100万円まで投資可能 → 投資元本 → 投資元本

投資開始　　分配開始　　売却時

(出所) みずほ銀行作成

図表2　制度概要のイメージ

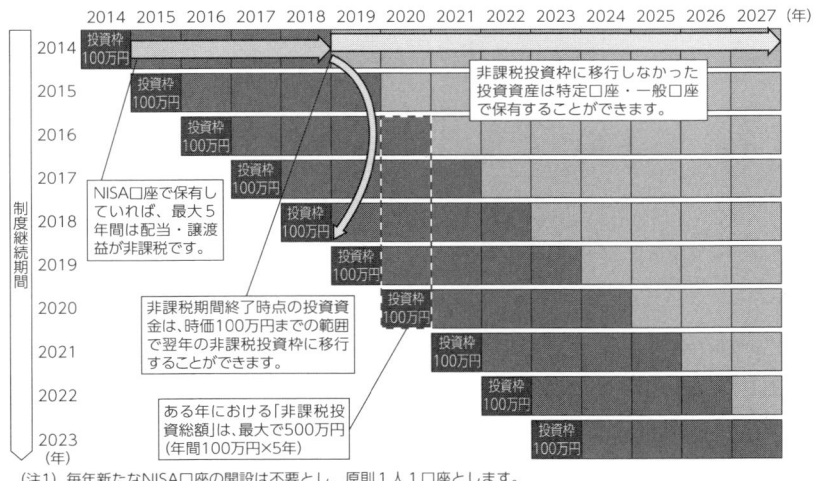

制度継続期間 2014〜2023年（各年投資枠100万円）、対象期間 2014〜2027年

- NISA口座で保有していれば、最大5年間は配当・譲渡益が非課税です。
- 非課税期間終了時点の投資資金は、時価100万円までの範囲で翌年の非課税投資枠に移行することができます。
- ある年における「非課税投資総額」は、最大で500万円（年間100万円×5年）
- 非課税投資枠に移行しなかった投資資産は特定口座・一般口座で保有することができます。

(注1) 毎年新たなNISA口座の開設は不要とし、原則1人1口座とします。
(注2) 政府は非課税投資枠を年間100万円から200万円に引き上げることや子ども版NISAの創設など、制度の一層の拡充を検討しています。

NISA口座（非課税）　　特定口座・一般口座（課税）

(出所) みずほ銀行作成

第4章　資産運用

▶ 確定拠出年金と NISA の比較

確定拠出年金と NISA の主な特徴はつぎのとおりです。

①投資金額

　企業型年金に加入すると、企業が拠出する掛金のほかに、個人で掛金を上乗せする従業員拠出（マッチング拠出）ができる場合があります。個人が年間で拠出できる掛金額は、法律で上限が決められており、条件により異なりますが、最大で年間 30.6 万円となります。NISA は年間 100 万円まで投資できますので、単年度の投資金額は NISA が大きいですが、非課税投資枠が最大 500 万円までの制限がありますので、長期間でみた累積の投資金額は確定拠出年金が大きいといえるでしょう。

②税制優遇

　運用するときの値上がり益が非課税となる点は確定拠出年金と NISA の共通点ですが、確定拠出年金はそれに加えて、個人の掛金拠出額が全額所得控除となる税制上のメリットがあります。たとえば、確定拠出年金の従業員拠出部分において、年間 12 万円（毎月 1 万円）を拠出した場合、税率を 20％と仮定して計算すると年間 2.4 万円の節税となります。また、年金資産を受け取る際には、分割で受け取る年金については公的年金等控除、一括で受け取る一時金については退職所得控除の対象となりますので、NISA より大きな税制優遇があるといえるでしょう。

③中途引き出し

　確定拠出年金は老後資金の準備を目的とした制度であるため、原則 60 歳になるまで年金資産の引き出しはできません。一方、NISA は老後の資金に限らず資金使途を問わない資産形成を目的としているので、引き出しが自由にでき、確定拠出年金とくらべてつかい勝手がよいといえます。

図表3 確定拠出年金とNISAの比較（2014年10月時点）

		確定拠出年金		NISA
		企業型年金 （従業員拠出部分）	個人型年金	
①	投資金額	ほかの企業年金なし 年間33万円 ほかの企業年金あり 年間16.5万円	第1号加入者 年間81.6万円 第2号加入者 年間27.6万円	年間 100万円 （最大 500万円）
②	税制優遇 投資するとき	全額所得控除		なし
	運用するとき	非課税		非課税
	受け取るとき	公的年金等控除・退職所得控除		なし
③	中途引き出し	原則60歳以降に受け取る		制約なし
④	口座を開設できる期間	制約なし		制約あり （2023年 まで）
⑤	制度を利用するための手数料	負担あり		負担なし

(出所) みずほ銀行作成

　以上のように、確定拠出年金とNISAにはそれぞれにメリット・デメリットがありますので、両制度の特徴を活かしたつかい分けがポイントです。たとえば、短期的な目的（結婚、出産、住宅の購入など）にはNISAで資産形成を図りつつ、長期的な目的（老後資金の準備）には確定拠出年金の従業員拠出制度をあわせて活用していくことも1つの方法でしょう。

| Q37 | 商品価格が安い時期をねらって購入するにはどうしたらよいですか？ |

| A | 商品価格が安い時期をねらうのではなく、定期的に継続して購入することで購入価格の平均を低く抑えることが期待できます。 |

▶「ドルコスト平均法」とは

　資産運用では、「安く買って高く売る」ことが原則ですが、専門家でさえ価格が安い時期や高い時期を予測することは容易ではありません。運用商品の価格変動にかかわらず、あらかじめ定期的に購入するタイミングや金額を定めることで、価格が安いときに多く購入し、価格が高いときに少量を購入することになり、結果的に購入平均価格を低く抑える効果があります。この手法を**ドルコスト平均法**といいます。

　図表1の例では、毎月一定量の株式（10株）を購入する等量投資法と、毎月一定金額（1万円）で株式を購入するドルコスト平均法とを比較しています。ドルコスト平均法のほうが平均購入単価を低く抑えられていることがわかります。

▶ドルコスト平均法の効果

　ドルコスト平均法は一定のルールに従って定額投資を継続することで、主観的な判断を排除し、機械的な投資が行え、「もっと利益を出したい」という欲求や「投資による損失が怖くて投資できない」という恐怖心を抑えることができるというメリットもあります。確定拠出年金ではそもそも毎月一定のルールに従って投資する制度ですので、制度上、ドルコスト平均

法が組みこまれており、はじめて投資を行う場合は適していると考えられます。

図表1　ドルコスト平均法

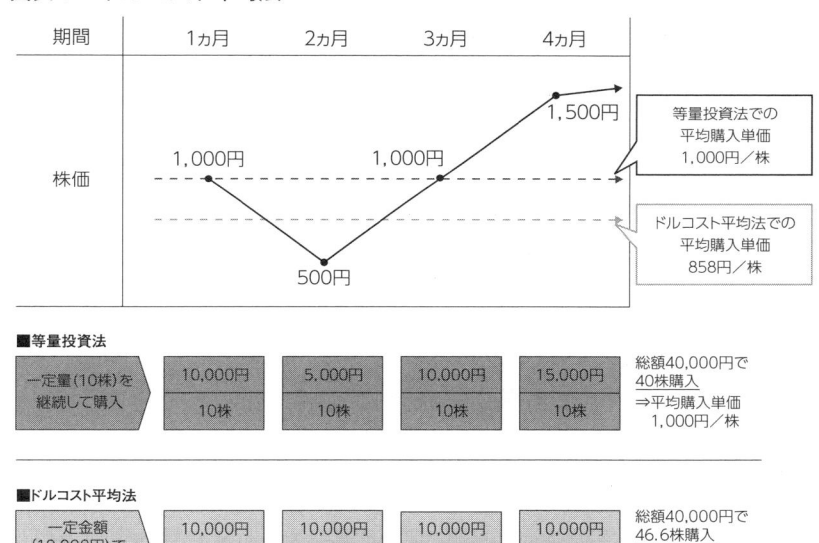

期間	1ヵ月	2ヵ月	3ヵ月	4ヵ月
株価	1,000円	500円	1,000円	1,500円

等量投資法での平均購入単価　1,000円／株

ドルコスト平均法での平均購入単価　858円／株

■等量投資法

一定量（10株）を継続して購入

10,000円	5,000円	10,000円	15,000円
10株	10株	10株	10株

総額40,000円で40株購入
⇒平均購入単価　1,000円／株

■ドルコスト平均法

一定金額（10,000円）で継続して購入

10,000円	10,000円	10,000円	10,000円
10株	20株	10株	6.6株

総額40,000円で46.6株購入
⇒平均購入単価　858円／株

（注）運用環境により、ドルコスト平均法の効果が現れない相場局面もあります

（出所）みずほ銀行作成

Q38 頻繁に売買したほうがよいですか？

A 短期間の値動きに一喜一憂せず、長く商品を保有しつづけることにより、比較的安定したリターンを期待することができます。

▶短期投資より「長期投資」

　短期間で商品の売買を繰り返すのではなく、1つの商品をある程度長く保有しつづけるほうが結果的にリスクを抑えられる、という考え方に基づいた運用方法を**長期投資**といいます。

　たとえば、保有している商品が値上がりしたので、すべて売却したとしましょう。その後、商品が値下がりすればその売却は行ってよかったことになりますが、その後も引き続き値上がりした場合は、「売却しなければよかった」ということになります。逆に売却した後、その商品が値下がりした場合は、短期的には正しいかもしれませんが、運用商品は日々価格が変動しますので、短期的な値動きを的中させつづけることは極めて困難です。

　そこで、効果的な考え方が「長期投資」です。これは、短期的な値動きに影響を受けることなく、長い期間での値動きの傾向をとらえて投資する方法です。一度購入した商品を長期間保有しつづける方法であり、購入する商品が長期的に値上がりの傾向がある場合に有効な方法です。

　では、この「長期」とはどれくらいの期間を指すのかというと、特に決まった期間はなく、投資の全期間（確定拠出年金では、たとえば60歳までの期間）とすることもできますし、投資期間の一部（たとえば5年や10年）とすることもできます。「長期投資」は、その期間において長期的

な傾向として値上がりすると考える商品を購入することで実践することができます。

▶「長期投資」の効果

図表1の過去10年間の各資産の年平均収益率をみると、長期間保有した場合、一定の収益が出ていたことわかります。このことからも、いったん保有した商品は短期的な値動きにとらわれず、長期で保有することによりリスクを抑えつつ、ある程度の収益効果が期待できることがわかります。

また、長期で保有することは、値動きのブレ幅を抑えることにもつながります。図表2は、それぞれの基準時点から過去1年、5年、10年間の平均収益率を時系列に並べたものです。1年よりも5年、5年よりも10年のほうが値動きのブレ幅が少ないことがわかります。

投資を行う人には、短期的な値動きに着目し、高い収益を上げている人もいますが、それには多くの労力やノウハウが必要となるうえ、安定したリターンは期待しにくいものです。投資に不慣れな人や、投資に多くの労力を割けない人は、「長期投資」を実践してはいかがでしょうか。

図表1　マーケットの値動き

	04年度	05年度	06年度	07年度	08年度	09年度	10年度	11年度	12年度	13年度	年平均収益率
国内債券	2.1%	-1.4%	2.2%	3.4%	1.3%	2.0%	1.8%	2.9%	3.7%	0.6%	1.9%
国内株式	1.4%	47.8%	0.3%	-28.1%	-34.8%	28.5%	-9.2%	0.6%	23.8%	18.6%	2.0%
海外債券	10.0%	7.9%	10.5%	0.6%	-8.3%	0.1%	-6.3%	4.6%	17.8%	15.1%	4.9%
海外株式	14.3%	28.5%	17.7%	-16.6%	-45.0%	50.0%	3.5%	-0.6%	29.7%	31.5%	7.6%

（出所）みずほ銀行作成

図表２　主要４資産への分散投資の収益率
（国内債券、国内株式、海外債券、海外株式に 25％ずつ均等に投資した場合の数値）

1年間投資（1年あたりの利回り）

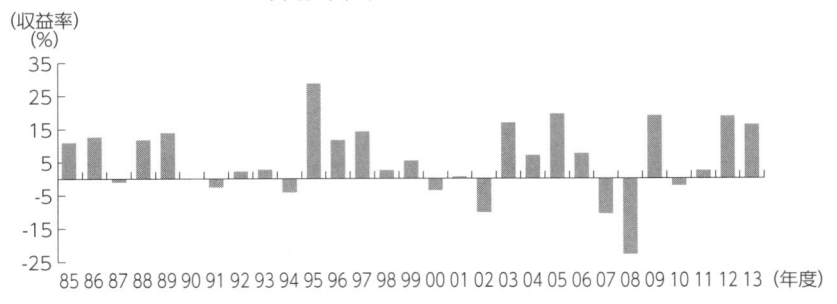

5年間投資（1年あたりの利回り）

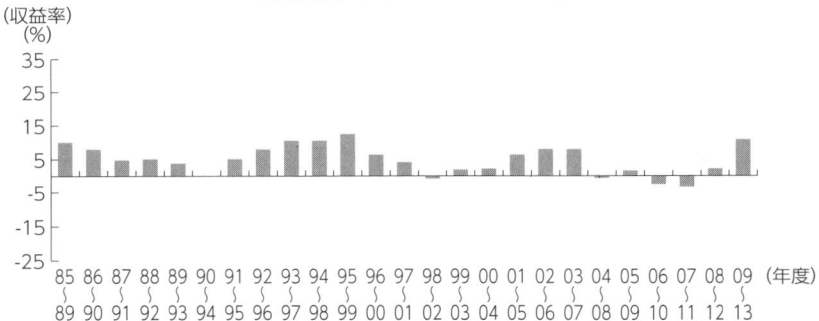

10年間投資（1年あたりの利回り）

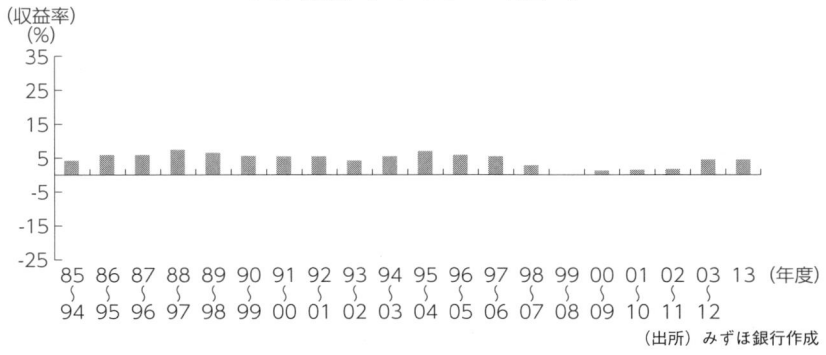

（出所）みずほ銀行作成

第4章 資産運用

Q39 値上がりしそうな商品だけで運用したいのですがどうすればよいでしょうか？

A どの商品が一番値上がりするのかを的中させることは投資のプロでも難しく、複数の商品に分散して投資することにより、資産全体のリターンのブレ幅を抑えることが期待できます。

▶「分散投資」とは

1つの商品に投資するのではなく、複数の商品に分けて投資し、年金資産全体のリターンのブレ幅を抑える運用方法を**分散投資**といいます。資産運用では、もっとも値上がりする商品のみを購入できれば、大きな利益を上げることができますが、事前にそのような商品が何かはわかりませんし、逆に予想が外れ大きな損失を出す可能性もあります。予想が外れた場合でも年金資産全体が大きな損失を被ることがないよう、複数の商品に分散して投資することが重要です。

しかし、単に投資する商品を複数に分けるだけでは分散投資の十分な効果は期待できません。値動きの特徴が異なる商品に分散することでより高い効果が期待できます。

値動きが異なる商品はどのようなものかみてみましょう。図表1は景気をキーワードに各資産の値動きを表したイメージ図です。たとえば債券が値下がりしているときは株式が値上がりし、債券が値上がりしているときは株式が値下がりしているといったように、債券と株式では値動きが異なっていることがわかります。

図表1　各資産の値動き

	要因	値動き	要因	値動き
株式	景気がよい ○	値上がり ↗	景気が悪い ×	値下がり ↘
債券	景気がよい ○ / 金利上昇 ↗	値下がり ↘	景気が悪い × / 金利低下 ↘	値上がり ↗

（出所）みずほ銀行作成

▶「分散投資」の効果

　図表2は、過去10年間での各資産の値動きと、国内債券、国内株式、海外債券、海外株式の4資産すべてに分散投資をした場合の値動きを表しています。単一の資産にくらべ、値動きのブレ幅が抑えられているとともに、一定の収益も確保できていることがわかります。

　確定拠出年金では、運用商品の選択を行いますので、分散投資を心がけて商品を選択する必要があるでしょう。

図表2　各資産の値動きと分散投資の値動き

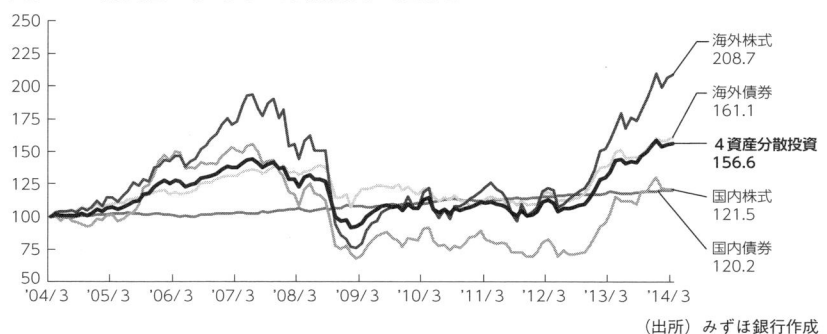

海外株式 208.7
海外債券 161.1
4資産分散投資 156.6
国内株式 121.5
国内債券 120.2

（出所）みずほ銀行作成

Q40 資産配分とは何でしょうか？また、それはどうやって決めるのですか？

A 資産配分とは、どの資産にどの程度分散して運用するかということです。自分にあった資産配分を見つけるため、主に3つのポイントについて考えてみましょう。

▶ **資産配分とは**

資産配分（英語で**アセットアロケーション**といいます）とは、図表1のようにどのような資産にどの程度分散して運用するのかということです。

図表1　資産配分のイメージ

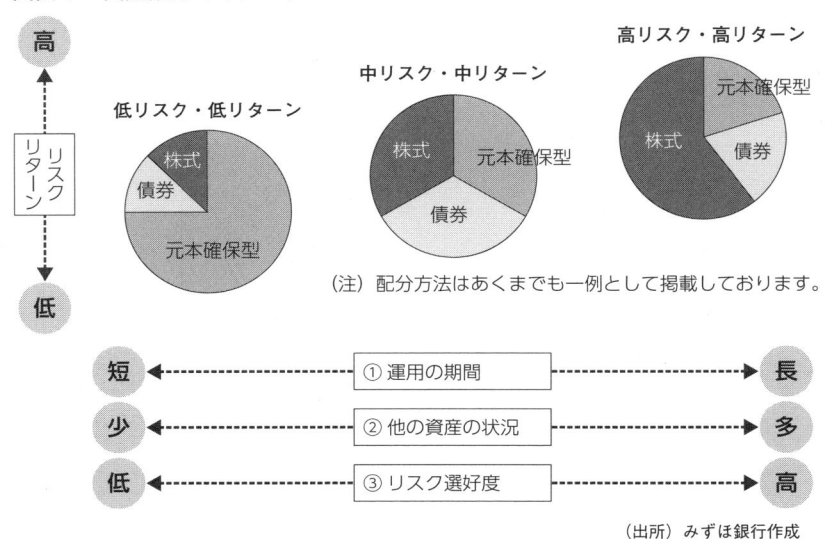

（注）配分方法はあくまでも一例として掲載しております。

短 ←────	① 運用の期間	────→ 長
少 ←────	② 他の資産の状況	────→ 多
低 ←────	③ リスク選好度	────→ 高

（出所）みずほ銀行作成

具体的な商品を選択する前に、リスクを抑える方法の1つである分散投資の考え方[i]を用いながら、自分にあった資産配分を検討します。この資産配分を決めるにあたってのポイントは以下の3点です。

図表2　資産配分を決める3つのポイント

①運用の期間	資産運用できる期間がどれだけあるか
②他の資産の状況	余裕資産がどれくらいあるか
③リスク選好度	リスクをどう考えるか（リスクへの耐性）

（出所）みずほ銀行作成

①運用の期間

運用期間が長いほうが長期投資の効果によりリスクを抑えることができるため[ii]、ハイリスク・ハイリターンの資産配分を選択することが可能です。逆に運用期間が短い場合は、ローリスク・ローリターンの資産配分が適していると考えられます。

たとえば、30歳の人と59歳の人が、ほとんどの資産を株式など値動きの大きい資産で運用していたとします。その株式が大きく値下がりした場合、30歳の人であれば60歳まで運用できる期間が30年間あるため、相場の回復を待つこともできますが、59歳の人は、回復を待つ時間がなく、値下がりしたまま年金資産を受け取らざるを得なくなってしまいます。

②他の資産の状況

他の資産の状況とは、確定拠出年金以外に老後に向けて準備している資産がどれくらいあるのかということです。別のいい方をすると、確定拠出年金の資産が、老後の生活費の中でどれくらいの割合を占めるのかということです。

たとえば、老後の生活費の準備がすでにある程度できている場合は、確

---
[i] 第4章 Q39 参照
[ii] 第4章 Q38 参照

定拠出年金の資産は余裕資産の位置づけと考えることができます。この場合、確定拠出年金の運用で失敗しても、他の資産で老後の生活費をカバーすることができるため、積極的にリスクをとった資産配分が可能です。逆にほかの資産が少なく、確定拠出年金の資産が老後の生活費用の大部分を占めるという場合は、リスクを抑えた資産配分が好ましいと考えられます。

③リスク選好度

リスク選好度とは、リスクに対してどの程度耐えられるかということであり、リスクをどのように考えるのか、心理的な要素ともいえます。

たとえば、100万円を株式などの資産に投資して、1万円の損失でも被りたくないという人は、値動きの大きい資産で運用するのは適さないと考えられます。

一方、100万円を株式などの資産に投資して、仮に30万円の損失を被ったとしても動揺せず、投資経験から損失は一時的なもので今後値上がりするかもしれないと考えられる人は、値動きの大きい資産で運用することも選択肢の1つになると考えられます。

第4章 資産運用

Q41 一度決めた資産配分は、将来変更したほうがよいですか?

A 一般的に、年齢や環境の変化に応じて運用方針を見直し、資産配分の変更を行うことがよいとされています。

▶ 20代から（資産運用をスタートする世代）

会社に入社した直後は、収入はそれほど多くはありませんが、自分でつかえるお金が多い世代です。好きなことに給与を全部つかうのではなく、将来の結婚や住宅購入などに備え資産形成をスタートすることを考えます。また、定年退職まで30年以上の長期の運用期間があることから、リスクをとって積極的に株式などの資産に投資することも可能です。

▶ 30代から40代（資産を形成する世代）

働き盛りの中堅社員になると収入も伸びていきますが、結婚や出産、教育費、住宅ローンなど多くの出費もかさむ世代です。このため、少ないお金で上手に資産を形成する工夫が必要です。若い世代での投資経験を活かして中長期的に分散投資を行い、着実に資産を形成していきます。

▶ 50代（セカンドライフを準備する世代）

定年退職が視野に入りセカンドライフに向けて準備する世代です。セカンドライフに向けてこれまで蓄積した資産を守る運用、すなわち安全な資産へ徐々にシフトするなど資産配分を見直します。

figure 1 ライフイベントとアセットアロケーション（例）

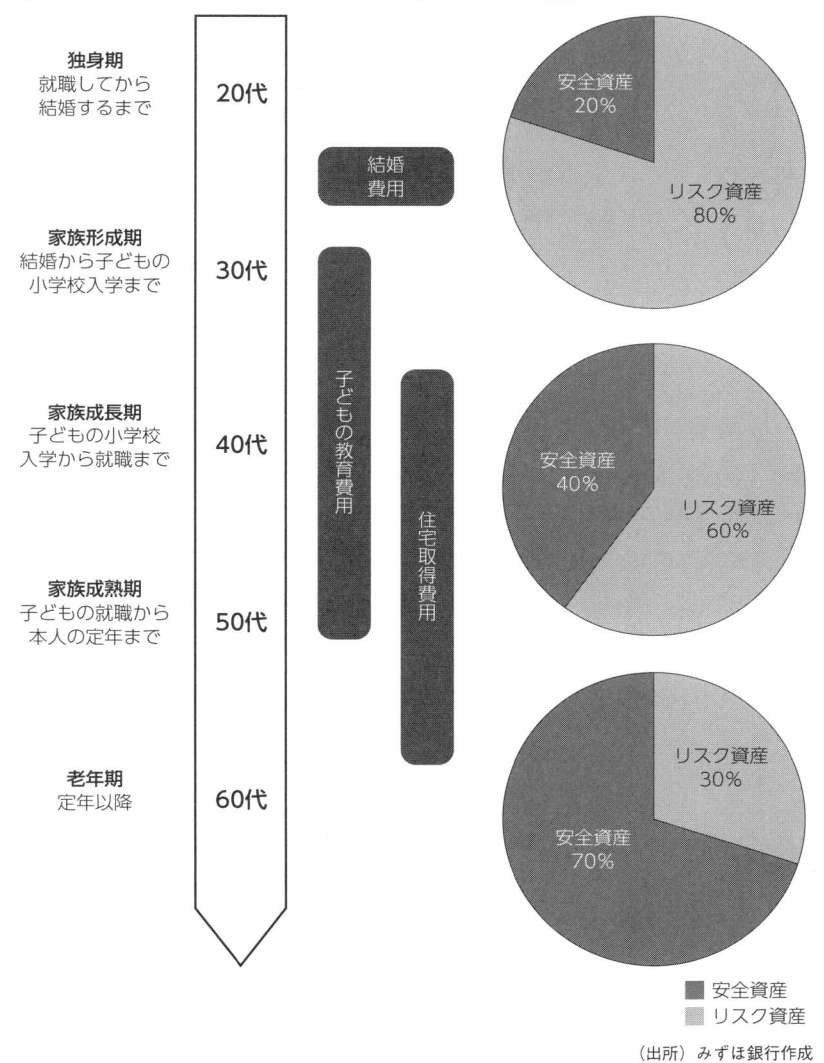

ライフステージ	年代	ライフイベント費用	アセットアロケーション
独身期 就職してから結婚するまで	20代	結婚費用	安全資産 20% / リスク資産 80%
家族形成期 結婚から子どもの小学校入学まで	30代	子どもの教育費用／住宅取得費用	
家族成長期 子どもの小学校入学から就職まで	40代		安全資産 40% / リスク資産 60%
家族成熟期 子どもの就職から本人の定年まで	50代		
老年期 定年以降	60代		安全資産 70% / リスク資産 30%

（出所）みずほ銀行作成

第4章　資産運用

アセットアロケーション診断

あなたがアセットアロケーション[i]を決めていくうえで、リスクをどの程度とった運用を行っていけばよいのかを判断する目安を考えましょう。

つぎの質問にお答えいただくことで、あなたにふさわしいと思われるアセットアロケーションの例をご紹介します。

Q1 あなたは、60歳になるまであと何年ありますか?

A1
- □ 25年以上 15ポイント
- □ 15年以上25年未満 10ポイント
- □ 10年以上15年未満 6ポイント
- □ 5年以上10年未満 3ポイント
- □ 5年未満 0ポイント

あなたのポイント □

Q2 あなたの世帯全体の収入はおいくらですか?

A2
- □ 800万円以上 8ポイント
- □ 600万円以上800万円未満 6ポイント
- □ 400万円以上600万円未満 3ポイント
- □ 400万円未満 0ポイント

あなたのポイント □

Q3 あなたの世帯全体の収入は今後どうなると考えられますか?

A3
- □ ふえると思う 10ポイント
- □ ほぼ横ばいだと思う 4ポイント
- □ 減ると思う 1ポイント

あなたのポイント □

Q4 あなたの世帯の金融資産残高はどのくらいですか?

A4
- □ 1,000万円以上 10ポイント
- □ 500万円以上1,000万円未満 8ポイント
- □ 100万円以上500万円未満 5ポイント
- □ 100万円未満 2ポイント

あなたのポイント □

Q5 確定拠出年金からの収入は、あなたの老後生活資金の何%を占めると思いますか?

A5
- □ 15%未満 8ポイント
- □ 15%以上30%未満 5ポイント
- □ 30%以上50%未満 2ポイント
- □ 50%以上 0ポイント

あなたのポイント □

---

i 第4章 Q40 参照

Q6 資産運用についてどの程度興味がありますか？
　A6　□マネー雑誌をよく購読したり、インターネット　………　7ポイント　　あなたの
　　　　のマネー情報をよくチェックする　　　　　　　　　　　　　　　　　ポイント
　　　　□新聞のマネー欄に目を通す程度　　　　　………　3ポイント
　　　　□ほとんど興味ない　　　　　　　　　　　………　0ポイント

Q7 あなたが過去に投資したことのある金融商品は何ですか？
　A7　□株式または株式投信　……………………………………　6ポイント　　あなたの
　　　　□外貨建て金融資産　………………………………………　4ポイント　　ポイント
　　　　□公社債投信　………………………………………………　2ポイント
　　　　□預貯金のみ　………………………………………………　0ポイント
　　　　※該当する商品のポイントをすべて合計してください。

Q8 あなたが１００万円投資すると仮定して、１年後の運用結果がつぎの場合、どの商品で運用したいですか？

　A8　　　　最低　　　　平均　　　　最高
　　　□　　85万円　　110万円　　140万円　………　15ポイント　　あなたの
　　　　　（−15％）　（＋10％）　（＋40％）　　　　　　　　　　　　ポイント
　　　□　　95万円　　105万円　　120万円　………　10ポイント
　　　　　（−5％）　　（＋5％）　（＋20％）
　　　□　100万500円　101万円　　103万円　………　3ポイント
　　　　　（＋0.05％）　（＋1％）　（＋3％）

Q9 あなたは元本割れのリスクについてどのようにお考えですか？
　A9　□高いリターンが得られるのであれば、元本割れす　……　7ポイント　　あなたの
　　　　る可能性があるのは許容できる　　　　　　　　　　　　　　　　　ポイント
　　　　□リターンを高めるために元本割れのリスクがある　……　3ポイント
　　　　のはやむを得ないが、あまり大きなリスクはとり
　　　　たくない
　　　　□何があっても元本割れはいやだ　　　　　　………　0ポイント

Q10 あなたは資産運用についてどうお考えですか？
　A10　□自分の資産は自分で運用したい　　　………………　8ポイント　　あなたの
　　　　□専門家のアドバイスを聞きたい　　　………………　5ポイント　　ポイント
　　　　□できることなら専門家に一任したい　………………　0ポイント

　　　　　あなたの合計ポイントを計算しましょう　　　　　ポイント

Copyrights ⓒ2014　確定拠出年金サービス株式会社　All Rights Reserved.

第4章　資産運用

▶ アセットアロケーションの例

あなたのポイントはいくつになったでしょうか？

あなたにふさわしいと思われるアセットアロケーションの例をご紹介します。

貯蓄性重視型　　ポイント　〜49

運用資産の大部分を元本確保型の商品で運用するものです。資産の元本を確実に確保していく運用スタイルです。

このスタイルが向いている人

価格変動リスクをとりたくない人
運用期間が短い人

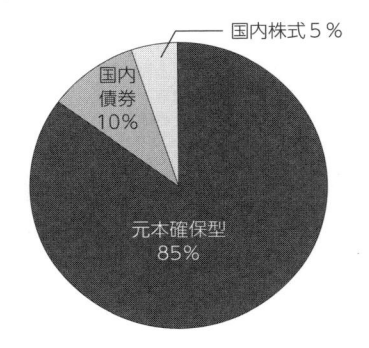

- 元本確保型 85%
- 国内債券 10%
- 国内株式 5%

安全投資型　　ポイント　50〜59

元本確保型の比重を高めながら、価格変動リスクの低い債券などへ配分することにより、資産の着実な増加を期待する運用スタイルです。

このスタイルが向いている人

価格変動リスクを低く抑えたい人
運用期間が比較的短い人

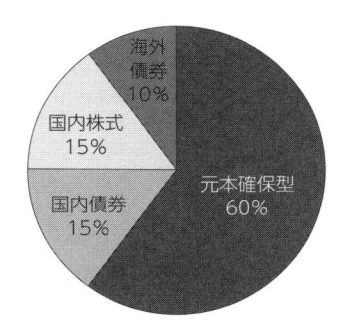

- 元本確保型 60%
- 国内債券 15%
- 国内株式 15%
- 海外債券 10%

バランス運用型　　ポイント　60〜69

元本確保型、債券、株式など複数の資産でバランスよく運用することにより、中長期の安定的かつ相応の資産への増加を期待する運用スタイルです。外貨資産の運用も考えます。

このスタイルが向いている人

価格変動リスクを多少許容できる人
ある程度の運用期間のある人

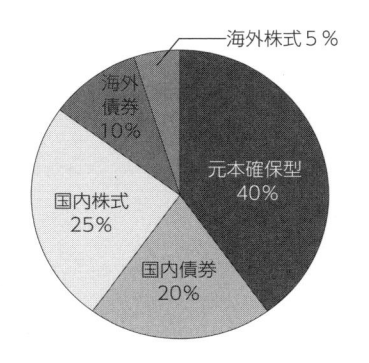

- 元本確保型 40%
- 国内債券 20%
- 国内株式 25%
- 海外債券 10%
- 海外株式 5%

収益重視型　　ポイント　70〜79

株式のように価格変動リスクが高くても期待できる収益の高い資産の組み入れ比率を高めにし、中長期的な資産の成長を重視した運用スタイルです。外貨資産での運用も積極的に行っていきます。

このスタイルが向いている人

価格変動リスクを許容できる人
ある程度以上の運用期間のある人

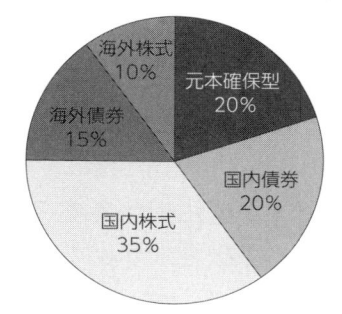

- 元本確保型 20%
- 国内債券 20%
- 国内株式 35%
- 海外債券 15%
- 海外株式 10%

積極投資型　　ポイント　80〜

株式や外貨資産などを中心に運用を行い、価格変動リスクがあっても、より高い運用利回りを得られることを重視した運用スタイルです。

このスタイルが向いている人

収益性をもっとも重視する人
長期間にわたる運用期間のある人

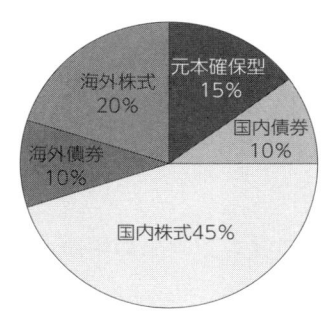

- 元本確保型 15%
- 国内債券 10%
- 国内株式 45%
- 海外債券 10%
- 海外株式 20%

元本確保型

すべての資産を元本確保型商品で運用するものです。高い収益性は望めませんが、元本割れのリスクはほとんどないといえる運用スタイルです。

このスタイルが向いている人

元本割れは絶対にしたくない人
運用期間がごく短い人

- 元本確保型 100%

　ここで提示しているものは、あくまでもアセットアロケーションの例として表示しています。アセットアロケーションを決めたり運用商品を決めたりするのは一人ひとりの状況や判断で異なるものです。最終的な判断は、みなさんご自身で行ってください。

Copyrights ⓒ2014　確定拠出年金サービス株式会社　All Rights Reserved.

第2節 確定拠出年金の運用商品

Q42 確定拠出年金で運用できる運用商品には、どのような種類がありますか？

A 定期預金や保険商品などの「元本確保型商品」と、投資信託などの「元本確保型以外の商品」があります。

▶ ラインアップの中から運用商品を選択

　確定拠出年金制度では、加入者が選ぶことのできる運用商品は、加入しているプランごとにあらかじめ決められています。これを運用商品ラインアップといいます。運用商品ラインアップには、リスクやリターンの特性が異なる商品を3つ以上選ぶこと、そのうちの少なくとも1つは元本確保型商品であることが法律で定められています。実際には、一人ひとりの考えにあった資産運用ができるように、いろいろなタイプの運用商品が10数本から20数本用意されていることが多いです。厚生労働省の統計によれば、1プランあたり平均して21本の商品が選ばれています[i]。

▶ 元本確保型商品と元本確保型以外の商品

　ラインアップされる運用商品のタイプを整理すると、元本確保型商品と元本確保型以外の商品の2つのカテゴリーに分けることができます。
　元本確保型商品とは、その名のとおり元本が確保されており、安全な運用を目指すための運用商品です。元本を一定期間預け入れると、あらかじ

---

[i] 厚生労働省ホームページ（2014年6月30日現在）

図表1　元本確保型商品と元本確保型以外の商品の比較

	元本確保型商品	元本確保型以外の商品
種類	定期預金、保険商品	投資信託、信託商品
元本の値動き	変動しない	変動する
収益の源泉	受け取り利息	値上がり益（価格・為替） 受け取り利息・配当
イメージ	元本は原則目減りしませんが※、大きな収益は期待できません。 ※満期まで保有した場合	大きな収益が期待できる一方、元本が目減りすることもあります。

（出所）みずほ銀行作成

め決められた利率に基づく利息の受け取りが保証されます。ただし一般的に高い利回りは期待できません。元本確保型商品の種類には、定期預金、生命保険商品、損害保険商品などがあります。

　これに対して、**元本確保型以外の商品**とは、元本は確保されませんが、積極的に収益を目指すのに適した運用商品です。元本が値上がりして収益を得られることもあれば、値下がりして損失を被ることもあります。運用により得られる収益があらかじめ確定していませんが、長い目でみると元本確保型商品にくらべてより大きな収益を期待することができます。元本確保型以外の商品の種類には、投資信託や信託商品があります。

▶ **元本確保型以外の商品の中心は投資信託**

　債券や株式で運用するのではないの、と思った人もいるかもしれません。確定拠出年金では、債券や株式の個別銘柄に1円単位で購入できないことから投資をすることはできませんが、投資信託や信託商品を通じて、債券

や株式に間接的に投資することができます[ii]。

▶ 運用商品は運営管理機関が選定

ラインアップされる商品は、確定拠出年金のプランごとに事業主から委託を受けて制度の運営・管理を行う「運営管理機関」が選定します。運営管理機関は、専門的かつ中立的な立場から、年金運用にふさわしい商品を選ぶことが法律上求められています。

年金運用にふさわしい商品というと、株式や投資信託などで運用した経験が豊富な人の場合ですと、たとえば新たな成長分野の有名企業中心に投資する人気商品をイメージするかもしれません。しかし、そうした「流行りの人気商品」がラインアップに選ばれているとは限りません。確定拠出年金は、老後の生活に必要な資産を準備する目的で長い期間をかけて資産を運用していく年金制度です。したがって、運用商品ラインアップを選ぶにあたっては、そうした目的にふさわしく、長期にわたり安定した運用成績が期待できる商品かどうかという観点から商品選定が行われています。

▶ オーソドックスなタイプの投資信託が中心

前述のとおり、一般の投資家向けにIT、バイオビジネス、代替エネルギー開発などの成長企業に投資銘柄を絞ったテーマ型の商品や、毎月分配金を受け取るタイプの商品が販売されていますが、確定拠出年金の運用商品ラインアップに採用されることはほとんどありません。テーマ型の商品の場合、幅広い業種に分散投資する運用にくらべると、リスクが高い傾向があるためと考えられます。また、海外債券であれば、金利の高い国の債券だけを選んで投資を行うタイプの商品が、一般の個人投資家向けに多く販売されていますが、確定拠出年金ではあまり採用されていません。投資対象国を絞ってしまうと、幅広い国々に分散投資する運用とくらべてリスクが高いためと考えられます。

---

ii 第4章 Q45 参照

デリバティブ[iii]といわれる取引を活用した複雑なしくみの運用商品も、確定拠出年金で選ばれることはほとんどないといってよいでしょう。確定拠出年金の加入者は、これまで預金以外での運用は未経験で不慣れな人が多く、複雑なしくみの商品は理解されにくいためです。確定拠出年金の運用商品ラインアップでは、オーソドックスなタイプが中心で、シンプルで長期運用に耐えうる運用商品がラインアップされる傾向が顕著です。

図表2　運用商品ラインアップのイメージ

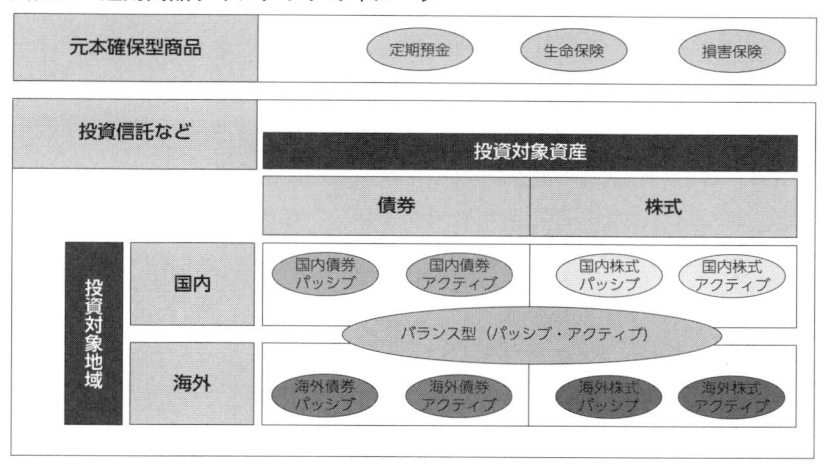

元本確保型商品	定期預金　生命保険　損害保険

投資信託など		投資対象資産				
		債券		株式		
投資対象地域	国内	国内債券パッシブ	国内債券アクティブ	国内株式パッシブ	国内株式アクティブ	
		バランス型（パッシブ・アクティブ）				
	海外	海外債券パッシブ	海外債券アクティブ	海外株式パッシブ	海外株式アクティブ	

（出所）みずほ銀行作成

[iii] デリバティブ（金融派生商品）とは、先物取引、オプション取引など、原資産の価格変動リスク回避などを目的に開発された金融取引手法、またはそれらの手法を活用した金融商品の総称。

Q43 確定拠出年金の定期預金には、どのような特徴がありますか？

A 窓口で預けることのできる通常の定期預金とほぼ同じです。

▶ 定期預金は、元利金とも自動継続

定期預金は、加入者が、預入期間に応じて銀行などが定めた金利に基づき利息を受け取る商品です。たとえば加入者が満期1年の定期預金を選択すると、毎月の掛金は、自動的に1年後に満期が到来する定期預金に積み立てられていきます。固定金利の定期預金は、預け入れ時点の金利が適用され、満期まで変更されることはありません。満期には利息が元本に組み入れられて同じ期間で自動継続され、金利もその時点で新たに定められます。満期は商品により異なりますが、1年から5年が一般的です。

▶ リターンが低い理由

定期預金のリターンについて考えてみましょう。定期預金は安全性の高い運用商品ですが、高いリターンは期待しにくいといわれています。なぜ高い金利を期待しにくいのでしょうか。

定期預金の利息は、主に銀行が定期預金で集めた資金を会社などに融資することにより得られる利息収入を原資として支払われます。銀行の利息収入は、融資の回収状況などにより変動しますので、銀行はこの収入が変動するリスクを管理することで、預金者に対して元本と利息を確実に保証するとともに利益を得ているのです。預金者の立場から見れば、元本と利息が保証される対価としてコストがかかっている分、金利は抑えられると

いうことになります。

▶ 金利上昇局面では短い満期でつなぐ

　一般的に満期が長いほど、定期預金の金利は高い傾向があります。しかし、金利が高いというだけの理由で、満期の長い定期預金を選んだほうが有利とは限りません。将来金利が上がる局面では、満期の短い定期預金のほうが、満期の都度高い金利に切り替えることができる分、有利となる場合もあります。日本は長く低金利がつづいており、金利が下がる余地は少ない一方、上がる余地はあります。今後の金利の動向にも注意しながら、預入期間を検討してみてください。

▶ 中途解約の際、利息が減少

　定期預金のリスクについて確認しましょう。定期預金は安全性が高い運用商品ですが、まったくリスクがないというわけではありません。

　定期預金を満期前に解約した場合には、満期まで預け入れした場合にくらべて、一般的に低い金利が適用されます。これを中途解約利率といいます。金利が低くなる主な理由は、満期前に解約が行われると、銀行が予定していた期間で融資を行うことができなくなり、得られる利益が減るためです。

▶ 金融機関が破綻した場合の保証には上限

　また、金融機関が破綻するケースもあげられます。銀行などが経営破綻してペイオフの対象となった場合には、預金保険機構という公的な機関により利息の付かない普通預金や当座預金などの決済性預金を除いて1つの金融機関あたり元本1,000万円を上限に元本とその利息が保証されます。この場合、確定拠出年金以外の預金と確定拠出年金の預金は合算され、元本の合計が1,000万円を超える場合は確定拠出年金以外の預金が優先して保証されます。

Q44 確定拠出年金の保険商品には、どのような特徴がありますか？

A 生命保険商品と損害保険商品の2種類があり、定期預金と中途解約時や金融機関破綻の場合などの取り扱いが異なります。

▶保険商品には、生命保険商品と損害保険商品がある

　保険商品も定期預金と同様、加入者が、満期に応じて保険会社が定めた利率に基づく利息を受け取る商品です。生命保険会社が提供する**生命保険商品**と、損害保険会社が提供する**損害保険商品**があります。確定拠出年金における生命保険商品のことを**有期利率保証保険**（Guaranteed Interest Contract＝**GIC**）、損害保険商品のことを**積立傷害保険**といいます。

▶保障よりも貯蓄性が高い

　保険商品も、定期預金と同様に加入者にとってなじみが深い商品といえるでしょう。ただし、保険商品というと、死亡保障や医療保障などをイメージする人もいるかと思いますが、確定拠出年金における保険商品は、貯蓄を目的とした運用商品です。生命保険商品の場合は、死亡保障や医療保障などの機能はありません。損害保険商品の場合は、ケガによる死亡の場合に給付額が割り増しされる場合がありますが、それ以外の保障機能はありません。

　加入者が保険商品を選択すると、毎月の掛金ごとに保険会社が設定する単位保険で運用されることとなります。各単位保険には保険会社が毎月設

図表 1　保険商品（保険期間 5 年）のしくみ（イメージ）

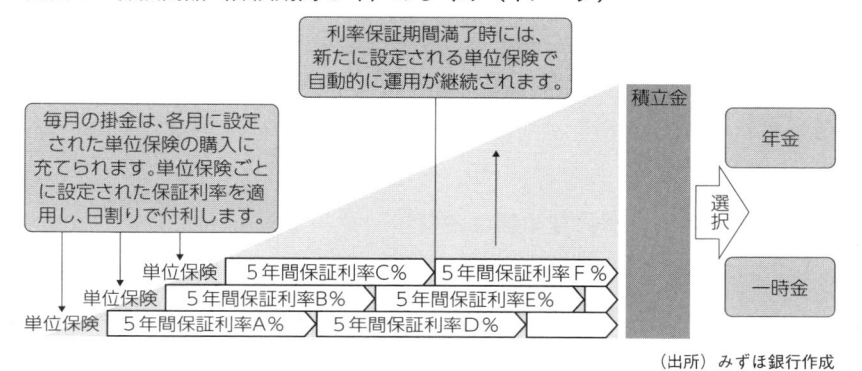

毎月の掛金は、各月に設定された単位保険の購入に充てられます。単位保険ごとに設定された保証利率を適用し、日割りで付利します。

利率保証期間満了時には、新たに設定される単位保険で自動的に運用が継続されます。

単位保険	5年間保証利率C％	5年間保証利率F％
単位保険	5年間保証利率B％	5年間保証利率E％
単位保険	5年間保証利率A％	5年間保証利率D％

積立金 → 選択 → 年金 / 一時金

（出所）みずほ銀行作成

定する保証利率が適用されます。保険期間が満期を迎えると、利息を含めて同じ保険期間で更新され、保証利率もその時点の利率が新たに適用されます。保険期間は商品により異なりますが、5 年もしくは 10 年が一般的です。

また、生命保険商品では、年金の給付を受ける際に、金額をあらかじめ確定できる確定年金や終身年金での受け取りが可能[i]である点も特徴です。

▶ 同じ満期の定期預金にくらべて保険商品の利率が高めの理由

保険商品のリターンについて考えましょう。保険商品に預け入れられた資金は、保険会社が運用します。生命保険商品の場合は、一般勘定と呼ばれる生命保険会社が多くの契約者から預かった保険料の運用を合同で行う勘定の中で運用されます。通常は国債や社債などで運用されるようです。後述するように、保険商品は満期の途中で中途解約した場合には金利状況などにより元本割れする場合がありますが、そうしたリスクのない定期預金にくらべると、同じ満期では保険商品のほうが利率が高い傾向があるようです。

---
i 第 5 章 Q80 参照

満期と利率の関係については、一般的に満期が長いほど、保険商品の利率は高い傾向があります。しかし、将来利率が上昇する局面では、満期の長い保険商品よりも、満期の短い保険商品のほうが、上昇後の利率に切り替えることができる分、有利となる場合があります。

▶ **中途解約時には解約控除額に注意**

　保険商品のリスクについて確認しましょう。生命保険商品は、保険期間の満了まで保有すれば元本割れすることはありませんが、中途解約を行った場合には解約控除額といわれる手数料がかかることがあります。解約控除額がそれまでの運用利息相当額を上回ると、結果として元本割れする場合もあります。ただし、離転職によりほかの確定拠出年金に積み立て金を移換する場合や老後や死亡時などに一時金もしくは確定年金を受け取る場合などには、解約控除額はかかりません。

　また、商品を提供している保険会社が破綻した場合、生命保険契約者保護機構または損害保険契約者保護機構により、責任準備金等、または解約返戻金の90％までが保証されます。定期預金とは異なりますので、注意が必要です。

図表2　定期預金と保険商品の比較

	定期預金	保険商品
商品提供機関	銀行	生命保険会社、損害保険会社
満期	1年・3年・5年中心	5年～10年中心
利率	固定・変動	固定
期待できるリターン	・銀行の定める約定利率で計算された利息を受け取ります	・保険会社の定める保証利率で計算された利息を受け取ります
中途解約時の取り扱い	・中途解約利率が適用される場合が多いです ・元本が確保されます	・解約控除額が発生する場合があります ・解約控除額により元本割れの可能性があります
預入先破綻時の取り扱い	・預金保険機構により、元本1千万円とその利息まで保護されます （確定拠出年金以外の預金などと合算）	・契約者保護機構により、責任準備金などまたは解約返戻金の90％まで補償されます

（出所）みずほ銀行作成

第3節 投資信託を選ぶポイント

Q45 投資信託とは、どのようなしくみの商品ですか？

A 運用会社が加入者にかわって、加入者の資金を債券や株式などで運用するしくみの商品です。

▶ **運用会社にお金を託して、運用してもらう**

確定拠出年金の元本確保型以外の商品には、投資信託、**信託商品**があります。確定拠出年金では、加入者が債券や株式の個別の銘柄に直接投資できません[i]。加入者の運用資金は、投資信託や信託商品を通じて、間接的に債券や株式に投資されますが、加入者にとって、投資信託と信託商品の違いをそれほど意識する必要はないでしょう。そこで本書では、主に投資信託について説明していくこととします。なお、投資信託や信託商品を指して**ファンド**と呼ぶこともあります。

投資信託とは、投資家から資金を集め、運用の専門家があらかじめ決められた方針に従って国内外の債券や株式などに投資するしくみの運用商品です。債券や株式は市場で日々取引されており、価格が変動しますので、それにともない投資信託の価格も変動します。運用の損益は、投資額に応じて加入者の損益となります。

投資信託の価格のことを**基準価額**といいます。基準価額は、投資家から集めた信託財産を、投資家の持分を表す単位である口数の合計で割ることにより計算され、通常１万口あたりの金額を指します。

---

i 第4章 Q42 参照

図表1　投資信託のしくみ（イメージ）

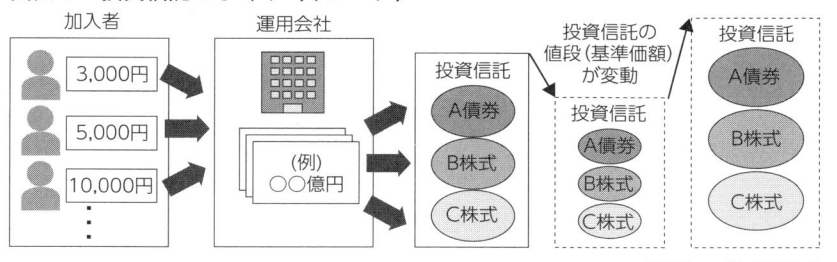

（出所）みずほ銀行作成

▶ 小口資金で投資が可能

　投資信託で運用する場合と、債券や株式の個別銘柄に直接投資する場合では、どのような違いがあるでしょうか。まず、債券や株式には売買できる最低の数量が決められており、投資するにはまとまった資金が必要ですが、投資信託は小口の資金で投資できます。また、個別銘柄に投資を行うには、銘柄選択や価格の妥当性について専門的な調査や分析が必要となりますが、投資信託では、運用の専門家が調査や分析を行いますので、加入者が行う必要はありません。そのため、投資信託の場合、運用の専門家など投資信託のしくみを支える関係者に手数料を支払う必要があります。

▶ 運用会社が破綻しても安全

　投資信託は、販売会社、運用会社、信託銀行の３者が運営にかかわっています。確定拠出年金の場合、加入者は運営管理機関のコールセンターやインターネットを通じて投資信託を購入しますので、販売会社を意識することはないかもしれません。運用会社は、集めたお金をどのように運用するのかを考え、信託銀行に運用を指図します。信託銀行は運用会社からの運用の指図に従って、株式や債券などの売買や管理を行います。

　なお信託銀行では、加入者から預かった信託財産を運用会社や信託銀行のほかの財産とは区別して保管・管理しており、運用会社や信託銀行が破綻しても、信託財産には影響が及ばないしくみとなっています。

Q46 投資信託を選ぶにあたって大切なポイントは何ですか？（その１）

A 大きく３つのポイントがあります。１つ目のポイントは、投資対象資産を確認することです。

▶リスク・リターンの大きさは投資対象資産により決まる

投資信託は、投資対象や運用手法などによってさまざまなタイプに分かれており、商品の特徴や値動きの傾向が異なります。投資信託を選ぶにあたって大切なポイントは何か確認しましょう。

ポイントの１つ目は、どのような資産に投資をしているのかを確認することです。運用商品のリスクやリターンの大きさ、値動きの特徴などは、投資する資産によりおおむね決まるといっても過言ではありません。

たとえば、債券と株式をくらべた場合、株式のほうがリスク・リターンは大きい傾向があります[i]。また、国内の資産と海外の資産をくらべると、海外の資産のほうが為替の影響を受ける分、リスクが大きくなる傾向があります[ii]。このような投資対象資産の特性は、投資信託のリスク・リターンの特性に反映されます。

▶基本４資産に投資する商品が大半を占める

投資信託には大きく分けて、国内外の債券や株式といった投資対象資産のいずれか１つに投資する**単一資産型商品**と、複数の投資対象資産に投資を行う**資産複合型（バランス型）商品**があります[iii]。

国内公募投資信託の中で、確定拠出年金で選定されている商品について調べた調査によると[iv]、単一資産型商品の場合、大半をいわゆる「基本４資産」

---

i 第４章 Q31 参照
ii 第４章 Q32 参照
iii 第４章 Q50 参照

と呼ばれる「国内債券」「国内株式」「海外債券」「海外株式」を主な投資対象とするファンドが占めています。このほか、不動産投資信託（REIT）に投資するファンドや新興国に投資を行うファンドも最近ふえつつあります。

▶ 不動産も投資対象

不動産投資信託（REIT） とは、不動産を投資対象とした投資信託です。投資家から集めた資金をオフィスビルやマンションなどの不動産に投資し、賃料収入や売却益を投資家に分配するしくみとなっています。

不動産投資信託のリスク・リターンの特性は、理論的には債券と株式との間といわれていますが、過去の値動きの傾向を見ると、市場規模がまだ小さいこともあり、リスクの大きさは国内、海外ともに株式と同様の水準となっています。

▶ 新興国はハイリスク・ハイリターン

新興国 とは、中国、東南アジア諸国、インド、中東、ロシア、アフリカ、中南米の国々などの、経済が急速に発展を遂げつつある国々、地域のことを指します。**エマージング諸国** と呼ぶこともあります。これらの新興国については、今後の経済成長率が中長期的に先進国を上回る水準がつづくとの国際機関の予測もあります。また国家の財政基盤が改善し格付け機関による格付けが上昇した国々もあります。新興国の株式や債券については、中長期的に高い経済成長や財政改善にともなう価格の上昇が期待できる点が魅力といえるでしょう。

その一方で、新興国の株式や債券は、市場の規模が先進国にくらべて小さく、資金が市場から流出入したときの価格への影響が大きいことや、政治や経済が先進国にくらべて安定していないことなどから、先進国の株式や債券にくらべてハイリスク・ハイリターンの傾向があるといわれています。

---

iv みずほ年金レポート 2012 年 9・10 月号「確定拠出年金における運用面の課題と改善策」

Q47 投資信託を選ぶにあたって大切なポイントは何ですか？（その2）

A 2つ目のポイントは、運用のスタイルを確認することです。大きく分けてパッシブ運用とアクティブ運用の2種類があります。

▶ 運用スタイルにより実績も相違

投資信託を選ぶポイントの2点目は、ファンドの運用方針や運用手法などのスタイルに着目することです。代表的な運用のスタイルとして、パッシブ運用とアクティブ運用の2つの運用スタイルがあります。

▶ 市場平均に近い値動きのパッシブ運用

パッシブ運用とは、投資対象資産の取引される市場全体の平均的な値動きに連動する成果を目指す運用スタイルです。市場で取引される銘柄の値動きを統合して市場全体の平均的な値動きを表す指標のことを**インデックス**といい、ファンドが運用目標として定めるインデックスのことを**ベンチマーク**といいます。たとえば国内株式では、**日経平均株価**（**日経225**）、**東証株価指数**（**TOPIX**）などが代表的なインデックスです。これらのインデックスの構成銘柄の多くに同じような比率で投資することにより、インデックスに連動して上下するような運用成果を目指し、市場全体が成長する伸び率と同じペースで自分の資産をふやすという考え方です。

▶銘柄を絞って運用するアクティブ運用

これに対して、**アクティブ運用**とは、中長期的にベンチマークを上回る運用成果を目指す運用スタイルです。国内株式市場を例にとると、東京証券取引所市場第一部では国内株式が約 1,800 銘柄取引されています。その中には、当然市場平均を上回って値上がりする銘柄もあれば、市場平均を下回る銘柄もあります。銘柄を上手に選んで投資できれば、市場平均を上回る運用実績をのこせるはず、というのがアクティブ運用の考え方です。ただし現実には、ねらいどおりに運用成績が目標とするベンチマークを常に上回るとは限らず、下回ることもあります。アクティブ運用では、ファンドにより組み入れる銘柄数は異なりますが、株式運用ですと 100 から 200 銘柄程度で運用しているファンドが多く、パッシブ運用にくらべて銘柄数を絞り込んでいます。このようにアクティブ運用では個別銘柄の分散度合いがパッシブ運用にくらべて低い分、リスクが大きくなる傾向があるといえます。

図表 1　パッシブ運用とアクティブ運用の特徴

	パッシブ運用	アクティブ運用
運用の目標	ベンチマークに連動する成果を目指す	ベンチマークを上回る成果を目指す
リスク	小さめ	大きめ
コスト（信託報酬）	低め	高め
値動きのイメージ	（グラフ）	（グラフ）

- - ベンチマーク　── パッシブ運用　── アクティブ運用

（出所）みずほ銀行作成

▶ パッシブ運用とアクティブ運用の優劣

　パッシブ運用とアクティブ運用は、どちらが優れているのでしょうか。これは専門家の間でも長らく論争の的となってきたテーマです。米国を中心とした債券市場や株式市場に関する研究では、市場は金融環境や企業の業績に関する公開情報をすみやかに反映してしまうので、長期にわたって市場を上回る実績をあげつづけるのは難しいという考え方が優勢です。この立場にたつと、パッシブ運用が有利ということになります。実際に、基本4資産について、ベンチマークとアクティブ運用のファンドの成績を比較すると、運用成績がベンチマークを中長期で上回るファンドは、少数となる傾向があります。

　アクティブファンドがベンチマークを長期にわたって上回りつづけるには、優れた運用能力や調査能力が必要といわれています。ラインアップされている商品の過去の実績や運用方針などを確認して、ベンチマークを上回る運用成績が期待できると判断した場合はアクティブファンドを選ぶというのも1つの考え方です。

第4章

資産運用

Q48 アクティブ運用にもいろいろなタイプがあると聞きましたが、代表的なものを教えてください。

A アクティブ運用の代表的なタイプとして、グロース運用（成長株運用）とバリュー運用（割安株運用）があげられます。

▶ 成長性重視か、割安重視か

アクティブ運用と一口にいっても、その運用手法はさまざまです。確定拠出年金の運用商品で多く採用されているアクティブ運用の代表的なタイプとして、グロース運用とバリュー運用があげられます。

グロース運用とは、市場の平均的な評価ではまだ十分に認められていない、成長力のある企業を発見してその株式に投資する運用スタイルをいいます。

これに対して**バリュー運用**とは、資産、利益、配当などの点から見て、本来その企業が持っている価値に対して株価が割安と考えられる株式に投資をする運用スタイルをいいます。

図表1は、2012年度までの過去10年間のグロース運用とバリュー運用の収益率を比較したものです。年度により収益率の優劣が異なりますが、過去10年では、バリュー運用のほうがグロース運用を上回っています。しかし、期間が異なると、グロース運用のほうが優位な場合もあります。一概にどちらが有利というわけではなく、相場の局面によりグロース運用とバリュー運用の優劣は異なるようです。

またこのほか、グロース運用とバリュー運用のどちらかに偏らないような運用を行うタイプのファンドもあります。

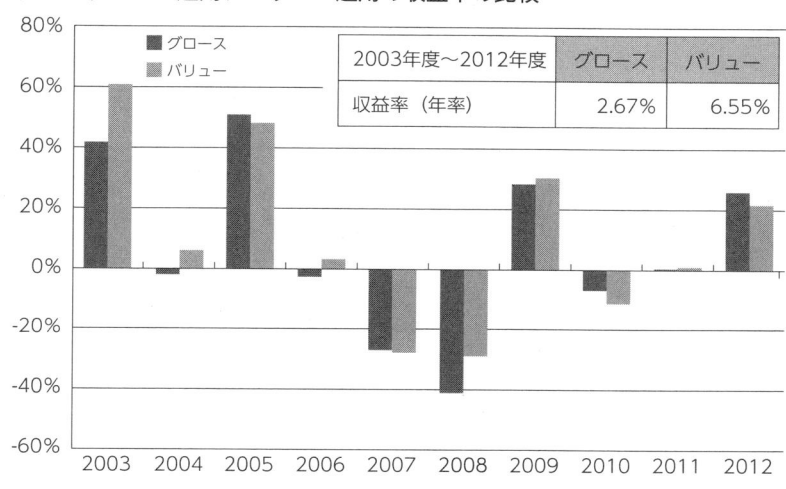

図表1　グロース運用、バリュー運用の収益率の比較

2003年度～2012年度	グロース	バリュー
収益率（年率）	2.67%	6.55%

（出所）野村證券金融工学研究センターのホームページ（2014年3月現在）の情報に基づきみずほ銀行作成

▶企業規模の大小で対象銘柄を選別

　投資する企業の規模に着目した**小型株運用**という運用スタイルのファンドもあります。小型株は、時価総額が小さく市場からあまり注目されていない分、市場に先駆けて成長性の高い銘柄を発掘できる機会も多く、成長銘柄の発掘に成功した場合には大きく利益を上げられる可能性があります。一方、市場で流通する株数が少ない分、市場平均にくらべて価格変動が大きくなる傾向がある点に注意が必要です。

　このほか、企業の社会的責任や環境への配慮が優れている企業の株式を高く評価して投資するタイプのファンドなどもあります。アクティブ運用の商品を選ぶにあたっては、運営管理機関や運用会社が提供する情報をよく確認し、商品が掲げる運用方針により収益が期待できるかどうかを考え納得したうえで、商品を選ぶように心がけましょう。

Q49 投資信託を選ぶにあたって大切なポイントは何ですか？（その３）

A ３つ目のポイントは、手数料の水準を確認することです。

▶投資信託には、信託報酬がかかる

　投資信託を選ぶにあたっては、手数料の水準もポイントとなります。確定拠出年金の投資信託の主な手数料に信託報酬があります。**信託報酬**とは、運用会社などに支払われる手数料で、投資信託を保有している間継続してかかります。信託報酬は年率で表示されますが、実際には日割り計算した金額が日々信託財産から差し引かれる形で支払われますので、手数料を別途支払う必要はありません。投資信託の価格のことを基準価額といいますが、基準価額は信託報酬を控除した後の信託財産から計算されます。また、投資信託の収益率も信託報酬を控除した後の収益を元に計算されます。信託報酬の分だけ収益が減るため、仮に同じ運用能力をもつファンドをくらべれば、信託報酬が低いファンドのほうが収益率が高いということになります。

　また、同じ投資対象資産の信託報酬をパッシブ運用とアクティブ運用でくらべると、アクティブ運用のほうが高い傾向があります。これは、アクティブ運用ではパッシブ運用にくらべて投資する銘柄の調査分析などに費用がかかるからです。なお、一般の公募投資信託では、購入時に販売手数料が通常かかりますが、確定拠出年金の投資信託の場合、販売手数料は通常かかりません。

▶ 信託財産留保額は売買時のコストを負担するもの

　信託財産留保額とは、投資信託の解約時（またはまれに購入時）にかかる費用で、運用商品によりかかる商品とかからない商品があります。解約時の時価に料率を乗じた金額を解約金額から控除してファンドの信託財産にのこします。これは、投資信託を解約するのにともない有価証券を売却する際に証券会社に支払う手数料などのコストを、公平性の観点から、保有をつづけている加入者ではなく解約した加入者に負担してもらうという趣旨です。一般的には、純資産総額が小さいファンドのほうが、個々の売却取引にかかる費用が収益率に与える影響が大きくなりますので、信託財産留保額を設定するケースが多い傾向があります。

図表 1　信託報酬と信託財産留保額

信託報酬	・投資信託の手数料に相当するものです ・資産残高に対して一定の割合で計算され、日々資産残高から差し引かれます（購入金額と別に支払う必要はありません）
信託財産留保額	・投資信託を売却する際に信託財産にのこしておく金額です ・投資信託の売却により生じる有価証券の換金費用などを、売却する投資家が負担する趣旨によるものです ・該当する商品と該当しない商品があります

（出所）みずほ銀行作成

Q50 バランス型商品とは、どのような運用商品ですか？

A 国内外の債券や株式などのさまざまな資産を組み合わせて分散投資できる運用商品です。

▶ 複数の資産を組み合わせたものがバランス型商品

バランス型商品とは、複数の資産を組み合わせて分散投資する運用商品です。単一資産型商品[i]に投資して加入者が分散投資を行うためには、資産配分を自分で考え、単一資産型商品を組み合わせて分散投資を行う必要があります。これは、特に運用に不慣れな加入者にとっては、難しい作業と感じられることでしょう。これに対して、バランス型商品では、資産の値動きの特徴などをふまえて資産配分比率が設定されていますので、加入者自身が資産配分を考えなくても、商品の資産配分にしたがって分散投資することができます。料理に例えると、バランス型商品は定食メニューにあたり、一方、単一資産型商品は単品料理やアラカルトにあたるでしょう。

また、バランス型商品は、資産配分が運用方針に基づく基本比率を維持するように運用を行います。単一資産型商品を自分で組み合わせて分散投資している場合は、それぞれの資産の時価が変動するにつれて、資産配分比率が当初の比率から乖離していきます。その比率を元に戻すためには、ふえた資産を売って減った資産を買う**リバランス**[ii]という手続きが必要ですが、バランス型商品ではそうした手続きをファンドが行ってくれます。

---

i 第4章 Q46 参照
ii 第4章 Q66 参照

▶ リバランスでリスクを適切な水準に保つ

　資産配分比率を一定に保つことには、どのようなメリットがあるのでしょうか。たとえば株式相場が上昇して、年金資産に占める株式の比率が当初の配分比率にくらべて高くなった場合を考えてみましょう。そのままにしておくと、株式の比率が高まっているため、その後、株式相場が下落すると、当初の比率にくらべて大きな損失を被るということになります。逆に株式相場が下落して株式の比率が低くなったままにしておくと、その後、株式相場が上昇しても、当初の比率であれば得られたはずの利益を逸してしまう可能性があります。長い目でみてリターンを安定して獲得するためには、資産配分比率を相場の変動に左右されず一定に保つことが大切です。

　確定拠出年金が導入された2001年度から2012年度までの運用成績を一定の前提をおいて試算したところ、資産配分比率を年1回定期的にリバランスした場合のほうが、資産配分比率を時価の変動に任せて放置した場合とくらべて、相場変動の影響が小さくなり安定した運用利回りを保つという結果が得られました［図表1］。

　当該期間の運用環境を振り返ると、リーマンショックや東日本大震災など、相場に大きな影響を与えた出来事がたびたびありましたが、この試算結果は、そうした運用環境の下でも適切にリバランスを行うことで、長期的には安定した運用が可能だったということを示唆しています。リバランス機能は、バランス型商品の大きなメリットといえるでしょう。

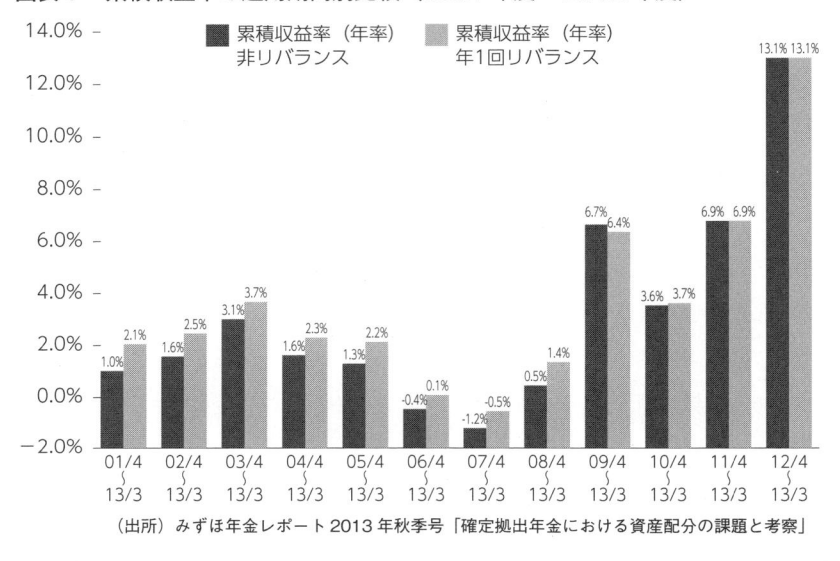

図表1　累積収益率の運用期間別比較（2001年度～2012年度）

期間	累積収益率（年率）非リバランス	累積収益率（年率）年1回リバランス
01/4～13/3	1.0%	2.1%
02/4～13/3	1.6%	2.5%
03/4～13/3	3.1%	3.7%
04/4～13/3	1.6%	2.3%
05/4～13/3	1.3%	2.2%
06/4～13/3	-0.4%	0.1%
07/4～13/3	-1.2%	-0.5%
08/4～13/3	0.5%	1.4%
09/4～13/3	6.7%	6.4%
10/4～13/3	3.6%	3.7%
11/4～13/3	6.9%	6.9%
12/4～13/3	13.1%	13.1%

（出所）みずほ年金レポート2013年秋季号「確定拠出年金における資産配分の課題と考察」

▶ **さまざまな観点で分類されるバランス型商品**

　バランス型商品のリスク・リターン特性は、投資対象資産の配分比率により異なります。リスクの大きさに応じて、債券の割合を多く組み入れたローリスク・ローリターンの安定型、株式と債券の割合をおおむね同じ割合で組み合わせたミドルリスク・ミドルリターンの安定成長型、株式の割合を多く組み入れたハイリスク・ハイリターンの成長型に分類することもあります。

　リスク・リターン特性による違い以外でも、バランス型商品は、資産配分の方法、投資対象資産の種類などの点でさまざまなタイプに分かれます。

図表2　バランス型商品の分類
〔資産配分方法から見た分類〕

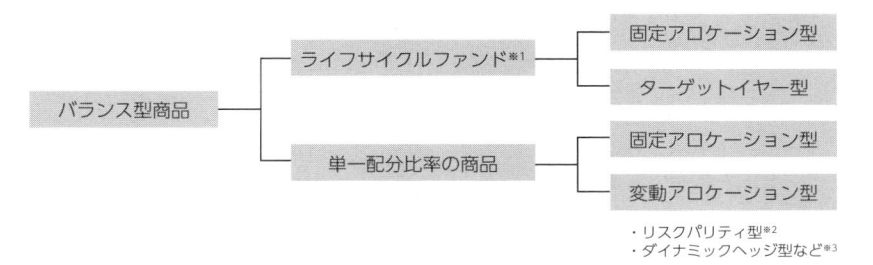

```
                              ┌─ 固定アロケーション型
              ┌─ ライフサイクルファンド※1 ─┤
              │               └─ ターゲットイヤー型
バランス型商品 ─┤
              │               ┌─ 固定アロケーション型
              └─ 単一配分比率の商品 ─┤
                              └─ 変動アロケーション型
                                   ・リスクパリティ型※2
                                   ・ダイナミックヘッジ型など※3
```

〔投資対象資産から見た分類〕

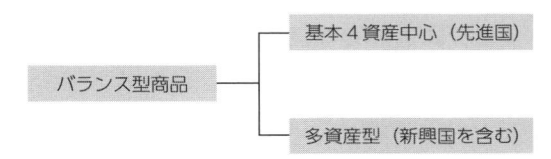

```
              ┌─ 基本4資産中心（先進国）
バランス型商品 ─┤
              └─ 多資産型（新興国を含む）
```

※1　第4章 Q51 参照
※2　各資産のリスクが均等になるように機動的に資産配分を見直すタイプのバランス型商品
※3　株式相場の変動に応じて先物によるヘッジ比率を機動的に見直すことで基準価額の下落を一定水準以内に抑えることを目指すタイプのファンド

（出所）みずほ銀行作成

Q51 ライフサイクルファンドとは、どのような運用商品ですか？

A ライフサイクルファンドとは、資産配分比率の異なる複数のファンドがグループになったバランス型商品です。

▶**ライフサイクルファンドで自分にあった商品を見つける**

　確定拠出年金で多くラインアップされているバランス型商品は、**ライフサイクルファンド**と呼ばれるものです。これは、資産配分比率の異なる複数のファンドがグループになったバランス型商品で、加入者は自分にあったタイプの資産配分を選んで運用することができます。

　ライフサイクルファンドは資産配分比率の異なる複数のファンドが選択肢として用意されているので、どのような加入者でも、自分に適したリスク・リターン特性に近いファンドを選んで分散投資できます。

　たとえば、若年層であればハイリスク・ハイリターンタイプ、高齢層であればローリスク・ローリターンタイプ、というように自分にあったファンドを選ぶことができるわけです。

　ライフサイクルファンドには、資産配分が固定されているタイプ（**固定アロケーション型**）と、将来の特定時点を目指して株式などの比率を一定のルールにそって自動的に引き下げていくタイプ（**ターゲットイヤー型**）があります。固定アロケーション型で運用する場合は、リスクを下げるためには、自分で商品を売買してリスクの低い資産配分のファンドに乗換える必要があります。これに対して、ターゲットイヤー型は自分で商品を売買しなくても、ファンド自身がリスクを自動的に引き下げる機能を備えています。日本では、固定ア

ロケーション型のほうが商品数が多く普及していますが、米国ではターゲットイヤー型のほうが普及しています。

　ライフサイクルファンドなどを活用して、自分にあった資産配分のバランス型商品で運用する方法は、特に運用に不慣れな人にとっては、分散投資の近道といえるでしょう。一歩進んで、バランス型商品と元本確保型商品を組み合わせることで年金資産全体のリスクを細かく調整することもできます。さらに、バランス型商品に含まれていない資産や運用スタイルの単一資産型商品をバランス型商品と組み合わせれば、独自の分散投資を行うことができます。

図表1　固定アロケーション型とターゲットイヤー型

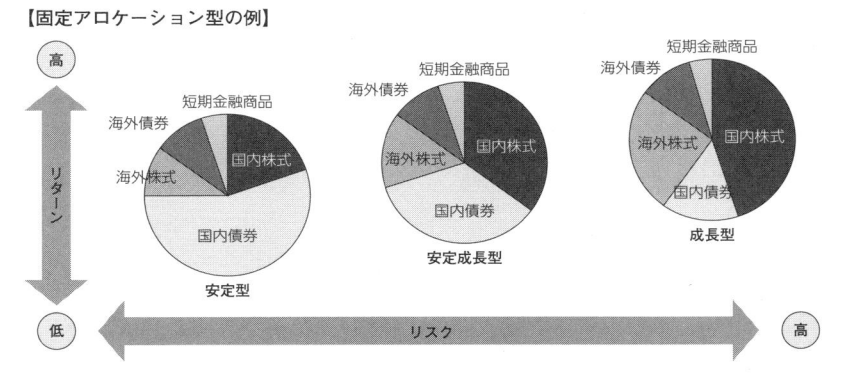

【固定アロケーション型の例】

【ターゲットイヤー型の例】

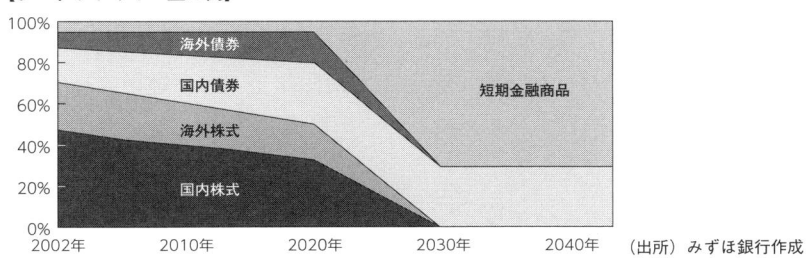

（出所）みずほ銀行作成

第4節 確定拠出年金の運用方法

Q52 確定拠出年金の資産運用を開始する際は、最初に何をすればよいですか？

A まず最初に必要な手続きは「配分指定」です。配分指定とはどの商品をどれくらいの割合で購入するのか指定することをいいます。

▶運用の第一歩「配分指定」

　確定拠出年金では、毎月の掛金を元に運用商品を購入していきます。確定拠出年金に加入し、購入する商品を最初に指定することを、**配分指定**といいます。これは掛金全体を100％とし、そのうちどれくらいの割合（％）をどの運用商品の購入にあてるかを指定するものです。一般的にどの商品をいくら購入するのかを金額で指定するのではありません。金額でなく割合を指定することで、毎月の掛金額が変更となっても配分をやり直すことなくそれまでと同じ割合で購入することができます。

　購入できる商品は、加入している確定拠出年金ごとに運用商品ラインアップが決まっており、テキスト、インターネットやコールセンターなどで確認することができます。

　配分指定は、専用の帳票やインターネット、コールセンターなどで行うことができます。なお、配分指定には通常手数料はかかりません。

　具体的な例を図表1でみてみましょう。確定拠出年金の運用商品ラインアップが、商品A、商品B、商品C、商品Dの4本とし、毎月の掛金を1万円と

した例で考えてみます。毎月の掛金で購入する商品を商品Aと商品Bにそれぞれ20％ずつ、のこりの60％を商品Cに指定したとします。この指定により、毎月の掛金ごとに商品Aと商品Bをそれぞれ2,000円（1万円×20％）ずつ、商品Cを6,000円（1万円×60％）購入していくことになります。

図表1　配分指定のイメージ

運用商品ラインアップ

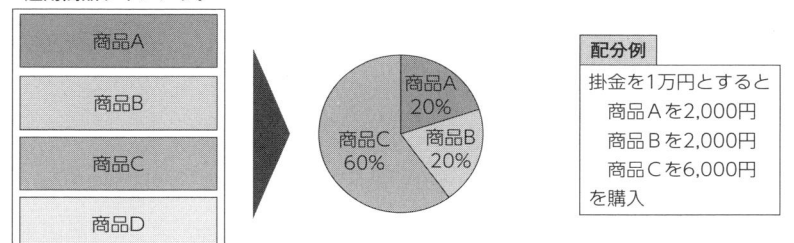

- 商品A
- 商品B
- 商品C
- 商品D

商品A 20%
商品B 20%
商品C 60%

配分例
掛金を1万円とすると
商品Aを2,000円
商品Bを2,000円
商品Cを6,000円
を購入

（出所）みずほ銀行作成

図表2は、みずほ銀行が確定拠出年金運営管理業務を受託しているプラン全体での配分指定の状況です。元本確保型（定期預金、保険商品）、国内株式の投資信託、バランス型の投資信託が多く指定されていることがわかります。

図表2　配分指定の状況（2014年3月末現在）

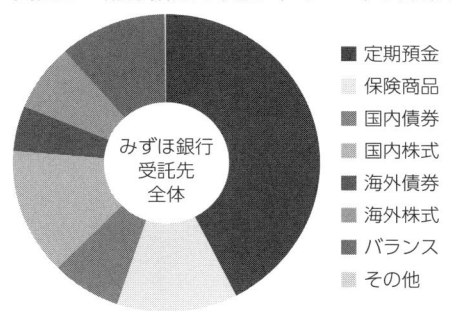

みずほ銀行受託先全体	
定期預金	42.5%
保険商品	12.7%
国内債券	7.3%
国内株式	13.8%
海外債券	4.9%
海外株式	7.3%
バランス	11.2%
その他	0.3%

（出所）みずほ銀行作成

Q53 一度決めた掛金の配分割合を変更するにはどうしたらよいでしょうか？

A 運用商品の購入割合を変更する手続きは配分変更です。

▶ 配分指定の変更「配分変更」

　最初に行った配分指定は、制度加入後にいつでも変更することができます。このことを**配分変更**といいます。なお、配分変更は今後の掛金について購入する商品の割合を変更するものであり、過去に購入した商品の残高を変更するためには、スイッチング[i]を行う必要があります。

　配分変更は、インターネットやコールセンターなどで行うことができます。通常、配分変更には手数料はかかりません。

　具体的な例を図表1でみてみましょう。第4章Q52で制度加入時の配分指定は、商品Aと商品Bにそれぞれ20％ずつ、のこりの60％を商品Cとしていました。このうち、商品Cの60％の配分を25％へ減らし、かわりに商品Dに35％を配分するよう配分変更した場合、変更後は毎月の掛金ごとに商品Aと商品Bをそれぞれ2,000円（変更なし）ずつ、商品Cを2,500円（1万円×25％）、商品Cを3,500円（1万円×35％）購入していくことになります。

---

i 第4章Q54参照

図表1　配分変更のイメージ

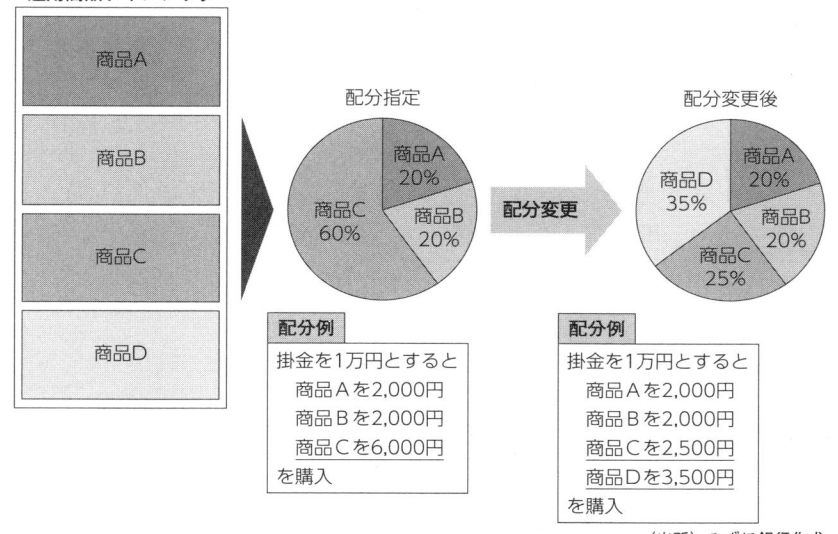

運用商品ラインアップ
- 商品A
- 商品B
- 商品C
- 商品D

配分指定
- 商品A 20%
- 商品B 20%
- 商品C 60%

配分例
掛金を1万円とすると
　商品Aを2,000円
　商品Bを2,000円
　商品Cを6,000円
を購入

→ 配分変更 →

配分変更後
- 商品A 20%
- 商品B 20%
- 商品C 25%
- 商品D 35%

配分例
掛金を1万円とすると
　商品Aを2,000円
　商品Bを2,000円
　商品Cを2,500円
　商品Dを3,500円
を購入

（出所）みずほ銀行作成

第4章　資産運用

Q54 現在運用している商品から、ほかの商品に預け替えることはできますか？

A 「スイッチング」を行います。スイッチングは購入した商品をほかの商品に預け替えることをいいます。

▶ いままでの残高を変える「スイッチング」

　確定拠出年金に加入し、ある程度の期間が経過すると、毎月の掛金などにより購入した運用商品の残高が増加していきます。その残高の全部または一部を売却し、ほかの運用商品に預け替えることを**スイッチング**といいます。売却する商品とその金額または数量を指定し、その売却した資金で購入する商品を指定することにより行います。

　スイッチングは、インターネットやコールセンターなどで行うことができます。なお、一般的にはスイッチングの手続きには手数料はかかりませんが、売却もしくは購入する商品のなかには、解約控除額（保険商品の場合）や信託財産留保額（投資信託の場合）がかかるものがありますので注意が必要です。

　具体的な例を図表1でみてみましょう。運用商品ラインアップは商品A、商品B、商品C、商品Dの4本とし、商品Aと商品Bにそれぞれ20万円ずつ、商品Cに60万円（合計100万円）の商品残高があったとします。その残高のうち、商品Cのうち35万円分を売却し、その売却代金で商品Dを購入するスイッチングを行った場合は、各商品の残高は、商品Aと商品Bが20万円ずつ、商品Cが25万円、商品Dが35万円となります。

図表1　スイッチングのイメージ

運用商品ラインアップ

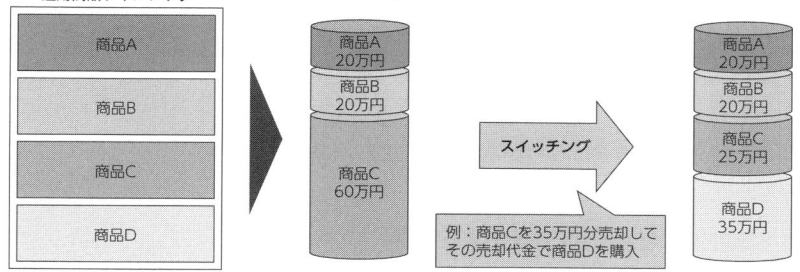

| 商品A |
| 商品B |
| 商品C |
| 商品D |

商品A 20万円
商品B 20万円
商品C 60万円

→ スイッチング →

商品A 20万円
商品B 20万円
商品C 25万円
商品D 35万円

例：商品Cを35万円分売却してその売却代金で商品Dを購入

（出所）みずほ銀行作成

　スイッチングを行う際の留意点を、図表2にまとめましたので参考にしてください。

図表2　スイッチングの事例別留意事項

	事例	留意事項
1	売却する商品が定期預金の場合	満期前に中途解約する場合は、中途解約利率が適用され、適用金利が下がる可能性がある
2	売却する商品が保険商品の場合	解約控除額が適用され、元本を下回る可能性がある
3	売買する商品が投資信託の場合	信託財産留保額がかかる可能性がある
4	売買金額が多額の場合	一般的には一度に全額スイッチングするのではなく、時間を分けて少しずつ行うことがリスクを抑えるうえで有効である

（出所）みずほ銀行作成

▶ **スイッチングの所要日数**

　スイッチングは、保有している商品を売却し、その後に新しい商品を購入する、という順に行っていきます。また、売却や購入には、スイッチングの指図を行った日から約定（売却や購入の価格などを決定すること）や受け渡し（資金と商品の受け渡しを行うこと）までの期間があらかじめ決められています。

　実際の期間は、売却や購入する商品により異なりますが、定期預金や保険商品といった元本確保型商品の売却や購入は、約定や受け渡しにかかる期間が短く、一方、元本確保型以外の商品、中でも海外債券や海外株式の投資信託はその期間が長くなる傾向があります。全体的にはおおむね1週間から10日程度が目安で、インターネットやコールセンターなどで確認することができます。

▶ **スイッチングによる商品の売却や購入の価格**

　確定拠出年金で取り扱う商品の売買価格は、1日に一度決まります。商品ごと、売却や購入の別ごとに売買価格が決まりますのでインターネットやコールセンターなどで確認することができます。

図表３　スイッチング時の売却・購入パターンの例

- スイッチングを行う場合、すでに保有している商品を売却し別の商品を購入しますが、実際は売却手続きの実施後購入手続きを行いますので、売却日と購入日が異なることになります。
- 以下の表は記録関連運営管理機関が JIS & T 社※の場合で 10:00 以降にスイッチングの申し込みを行った場合のスケジュールです。
  （10:00 より前に申し込みが行われた場合、第２営業日以降の取り扱いが１営業日ずつ前倒しとなります）
- 約定とは、申込を受けて、購入価額（または売却価額）が決定することです。
- コールセンターやインターネットで購入（売却）結果を確認できる時期は、次のとおりです。
  定期預金…約定日の翌営業日
  保険商品、投信（国内、海外、バランス型）…約定日の翌々営業日

売却商品	購入商品	第1営業日	第2営業日	第3営業日	第4営業日	第5営業日	第6営業日	第7営業日
定期預金	定期預金	スイッチングの申し込み		売却の約定		購入の約定		
	保険商品	スイッチングの申し込み		売却の約定	購入の約定			
	国内投信	スイッチングの申し込み		売却の約定	購入の約定			
	海外投信	スイッチングの申し込み		売却の約定		購入の約定		
	バランス型	スイッチングの申し込み		売却の約定		購入の約定		

売却商品	購入商品	第1営業日	第2営業日	第3営業日	第4営業日	第5営業日	第6営業日	第7営業日
保険商品 国内投信	定期預金	スイッチングの申し込み			売却の約定		購入の約定	
	保険商品	スイッチングの申し込み			売却の約定	購入の約定		
	国内投信	スイッチングの申し込み			売却の約定	購入の約定		
	海外投信	スイッチングの申し込み			売却の約定	購入の約定		
	バランス型	スイッチングの申し込み			売却の約定	購入の約定		

売却商品	購入商品	第1営業日	第2営業日	第3営業日	第4営業日	第5営業日	第6営業日	第7営業日
海外投信 バランス型	定期預金	スイッチングの申し込み			売却の約定			購入の約定
	保険商品	スイッチングの申し込み			売却の約定		購入の約定	
	国内投信	スイッチングの申し込み			売却の約定		購入の約定	
	海外投信	スイッチングの申し込み			売却の約定		購入の約定	
	バランス型	スイッチングの申し込み			売却の約定		購入の約定	

※日本インベスター・ソリューション・アンド・テクノロジー株式会社

（出所）みずほ銀行作成

第4章　資産運用

> **Q 55** 「配分変更」と「スイッチング」との違いがよくわからないのですが。

> **A** それぞれ資産構成を見直すために行う手続きですが、見直す対象が異なります。

▶配分変更とスイッチングの違い

　配分変更は毎月の掛金で購入する商品の割合（配分割合）を変更することであり、見直す対象は今後購入する商品の「配分割合」です。一方、スイッチングは積み立てた資産の全部または一部を売却し、ほかの運用商品に預け替えることであり、見直す対象は現在保有している「年金資産」です。

▶配分変更による資産配分の見直し

　運用環境やリスク許容度の変化を勘案し、積極的にリスクをとった（あるいはリスクを抑えた）資産構成に変更したい場合や、資産構成を当初の状態に戻したい場合などに配分変更を実施することで、ドルコスト平均法[i]により平均購入単価を抑えながら、緩やかに時間をかけて資産構成の見直しをすることができます［図表１］。

▶スイッチングによる資産構成の見直し

　保有している資産の損益を確定させたい場合や、今後値上がりすると思う商品や新しくラインアップに追加された商品にすぐに乗り換えたい場合、資産構成を当初の状態に戻したい場合などにスイッチングを行うことで、タイムリーに資産構成の見直しをすることができます［図表２］。

---
i 第４章 Q37 参照

図表1 配分変更により、積極的、かつ多くの資産に分散した資産構成に変更するイメージ

例）毎月掛金1万円の配分

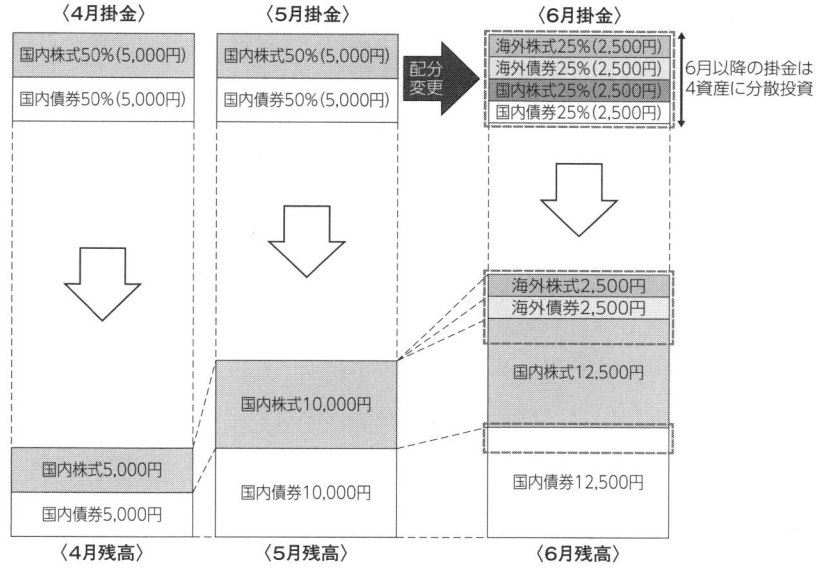

〈4月掛金〉
- 国内株式50%（5,000円）
- 国内債券50%（5,000円）

〈5月掛金〉
- 国内株式50%（5,000円）
- 国内債券50%（5,000円）

配分変更 →

〈6月掛金〉
- 海外株式25%（2,500円）
- 海外債券25%（2,500円）
- 国内株式25%（2,500円）
- 国内債券25%（2,500円）

6月以降の掛金は4資産に分散投資

〈4月残高〉
- 国内株式5,000円
- 国内債券5,000円

〈5月残高〉
- 国内株式10,000円
- 国内債券10,000円

〈6月残高〉
- 海外株式2,500円
- 海外債券2,500円
- 国内株式12,500円
- 国内債券12,500円

（出所）みずほ銀行作成

図表2 国内株式ファンドの利益4,000円を定期預金にスイッチングし、利益を確定するイメージ

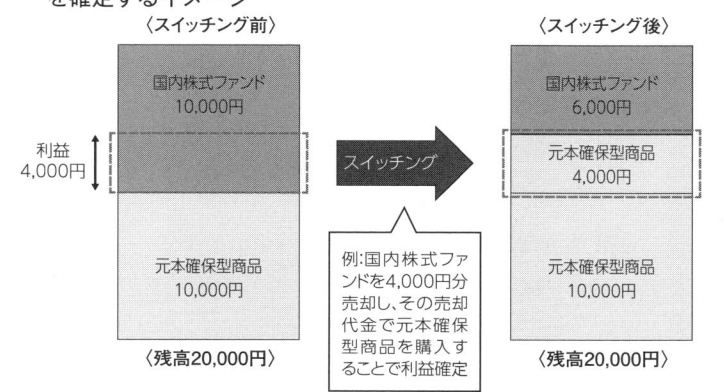

〈スイッチング前〉
- 国内株式ファンド 10,000円（利益4,000円）
- 元本確保型商品 10,000円

〈残高20,000円〉

スイッチング →

例：国内株式ファンドを4,000円分売却し、その売却代金で元本確保型商品を購入することで利益確定

〈スイッチング後〉
- 国内株式ファンド 6,000円
- 元本確保型商品 4,000円
- 元本確保型商品 10,000円

〈残高20,000円〉

（出所）みずほ銀行作成

Q56 配分指定をしないと、掛金はどうなるのですか？

A あらかじめ設定されている商品を購入することになります。このような商品のことを「デフォルト商品」といいます。

▶ デフォルト商品は未運用指図時に購入される商品

確定拠出年金では、加入時に毎月の掛金で購入する運用商品を指定（配分指定）する必要がありますが、何らかの理由で掛金の拠出までにその指定がされていない場合、労使で協議のうえ決めた**デフォルト商品**（未運用指図時購入商品ともいいます）に100％配分指定したとして扱われます。

デフォルト商品は、多くのプランで運用損失が発生しにくい元本確保型商品を設定しています。元本確保型商品の運用利回りは低水準の状況がつづいていますので、デフォルト商品での運用では十分な運用成果が得られない可能性もあります。確定拠出年金は加入者の大切な老後の生活資金ですので、配分指定は必ず行いましょう。

▶ デフォルト商品に関する動き

日本よりも早くに確定拠出年金が導入されたアメリカでも以前は元本確保型商品への投資割合が高い傾向にありました。そのような中、2006年に成立した**企業年金保護法**（Pension Protection Act.）で、一定の基準を満たすデフォルト商品であれば加入者が運用商品の選択を行わなかった場合であっても、加入者自身が投資判断を行ったものとみなし、事業主は運用成果に対する責任を免れる、といった改革が行われ、元本確保型以外の商品をデフォルト商品として設定しやすくなりました。実際にアメリカ

ではターゲットイヤーファンド[i]をデフォルト商品とするプランが増加しています。

日本においては、2013年に厚生労働省が「確定拠出年金制度について（平成13年8月21日年発第213号）」の改正により、デフォルト商品設定時の取り扱いが明確化されました。主なポイントはつぎの3点です。

①デフォルト商品を設定する際には、元本確保型商品に限らず、複数の資産の組み合わせによりリスクが分散され、資産分散効果や時間分散効果が得られる運用方法なども、労使で十分に協議のうえ設定すること
②確定拠出年金規約に必要事項を記載すること
③設定後の運用指図が不要であるとの誤解を招かないよう、設定の目的、運用指図できる期日、損失の責任は加入者など本人が負うことを定期的に情報提供する必要があること

この改正を機に、わが国においても今後、元本確保型商品ではなく投資信託のようにある程度リスクをとってリターンが期待できる商品がデフォルト商品としてひろまる可能性は十分にあると考えられます。

---

i 第4章 Q51 参照

第5節 一歩進んだ運用の話

Q57 投資家はそのときの感情により投資判断を間違えやすいというのは本当ですか？

A 行動ファイナンスという分野の研究で、感情により間違った判断をする傾向があるということが実証されています。

▶ 投資行動には感情が影響する

　投資家の投資行動を分析するうえで、近年、**行動ファイナンス**という分野が脚光を浴びています。行動ファイナンスというのは、人間が行う経済行動における意思決定や市場価格への影響を分析するにあたって、心理学を取り入れてそのメカニズムを解明していこうとする分野です。従来の伝統的なファイナンス理論の考え方では、「経済主体（人間）は合理的かつ利己的で自らの利益（あるいは満足度）を最大化するために行動する」という前提にたって理論が構築されていました。つまり、そのときの感情で判断がゆがむようなことはなく、完璧な人間が前提となっています。

　これに対し、行動ファイナンスにおいては、「人間は感情的要因や認識・判断などのために偏った意思決定をしやすい」という前提にたち、人間は時々間違った判断をすることを想定しているのです。そして、この間違った判断は意味なく偶然に発生するのではなく、特定の状況で繰り返し規則的に起きるということを実験や観察などにより見出しました。人間が起こす規則的な誤りや傾向をバイアスといいますが、規則的に起こるために予

測が可能であり、これをあらかじめ知っておくことで、間違った判断や選択を防ぐことができるということになります。

確定拠出年金で運用する際にも、この行動ファイナンスを理解することにより、自分自身の判断や選択の傾向をつかみ、それを修正することで、より合理的な運用に近づくことが期待されるのです。

▶ 損失と利益では感じ方が異なる

以下では行動ファイナンスの意味するところを具体的な例をあげてみていきます。つぎに掲げる2つの質問について考えてください。

> 【質問1】あなたの目の前に、以下の2つの選択肢が提示されたとします。あなたはどちらを選びますか。
> 選択肢A：100万円が無条件で手に入る
> 選択肢B：くじを引き、半分の確率で200万円が手に入るが、半分の確率で何も手に入らない
>
> 【質問2】あなたの目の前に、以下の2つの選択肢が提示され、どちらか選ばなければならないとします。あなたはどちらを選びますか。
> 選択肢A：100万円の負債を抱える
> 選択肢B：くじを引き、半分の確率で何も支払う必要がないが、半分の確率で200万円の負債を抱える

おそらく、【質問1】では多くの人が選択肢Aという確実に100万円手に入る選択肢を選ぶ一方で、【質問2】では多くの人が、負債を抱えることを回避しようと賭けをする選択肢Bを選ぶことになったのではないかと思います。この質問について考えてみると、【質問1】の双方の選択肢は、ともに期待値としては100万円の利益となる一方で、【質問2】の双方の選択肢は、ともに100万円の損失となっています。このように期待値が

同じであるならば、リスクをできるだけ避けたい人であれば【質問1】でも【質問2】でも選択肢Aを選び、リスクを好む人であれば、ともに選択肢Bを選ぶというのが従来の伝統的ファイナンス理論での考え方になります。しかし、実際の選択は多くの場合にそうなっていないのです。

　行動ファイナンス理論の始祖とされるダニエル・カーネマン（Daniel Kahneman）とエイモス・トベルスキー（Amos Tversky）は伝統的ファイナンス理論の矛盾に気づき、より現実に即した人間の選択モデルとして、**プロスペクト理論**を編み出しました。

　このプロスペクト理論は、以下の3つの特徴があります[i]。

①金銭的な利益から得る喜びや苦痛は、財産の大きさではなくて、現在保有している財産が出発点となり、ここからふえたか減ったのかにより決まる。

②喜びや苦痛は、出発点から離れるにつれて薄れていく（感応度逓減性）。1万円が2万円にふえればありがたみは大きいが、9万円が10万円にふえてもそこまでのありがたみは感じられない。

③損失は利益より強く感じられる(損失回避性)。同じ1万円であっても、1万円損をする苦しみは、1万円得をする喜びよりも大きい。

---

i　ダニエル・カーネマン「ファスト&スロー あなたの意思はどのように決まるか？」（早川書房）2012年

図表1　プロスペクト理論

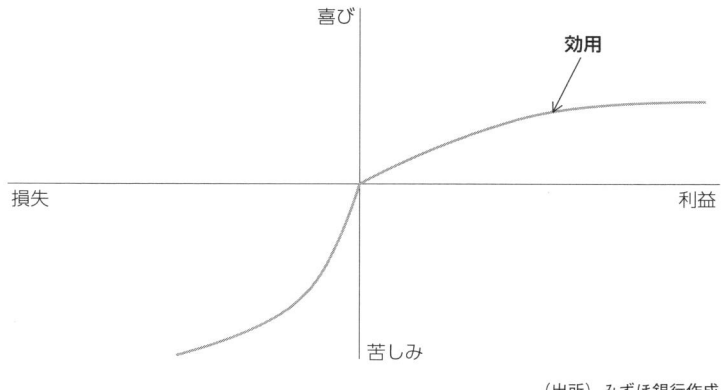

```
           喜び
                         効用
   損失              利益
           苦しみ
```

（出所）みずほ銀行作成

▶ 日本の確定拠出年金でも損失を回避する傾向

　日本の確定拠出年金では、元本確保型商品だけで運用する人の割合が高いという現状があります。プロスペクト理論に基づいてこの現象を考えてみると、多くの日本人にとって投資元本が出発点となっている可能性がある、ということかもしれません。つまり、運用収益が0％である投資元本を出発点として考え、運用で収益を上げていくことよりも、損失が出ることにより投資元本が減ってしまうことを回避しようとする心理が強く働いている可能性があると考えられます。

Q58 株式市場が上昇傾向にあるときに、投資家が早めに利益を確定する傾向にあるというのは本当ですか？

A 株式市場の上昇期には、いまより下がってしまうことを避けたいと考える人が多いため、早めに利益確定する傾向が見られます。

▶ 投資家は利益が出ている商品を早く売りすぎる

　第4章 Q57でみたとおり人間には損失を避けようとする性質が備わっています。投資家は損失が出ている商品については売らずに持ちつづける一方で、利益が出ている商品については早く売りすぎるという傾向があります。損失が出ている商品については、それを売却して損失を確定することに心理的な抵抗を感じるということがその理由になります。また、利益が出ている商品については、これ以上の利益が生じることへの喜びよりも、いまより下がってしまった場合に感じる苦しみのほうが大きいことから早めに売却してしまうということになります。

▶ 確定拠出年金でも同様の傾向

　実際、確定拠出年金加入者の場合にもこのような傾向がみられています。図表1は、2012年度の確定拠出年金加入者のスイッチング動向をみたものですが、未だ損失となっている状態が多かったと思われる年度前半においては、スイッチングはあまり行われなかったのに対し、アベノミクスへの期待から株式市場が上昇を始めた年度後半にかけては、スイッチングの金額が急増しています。この時期に多くの人が利益確定のために投資信託を売却して、元本確保型商品を購入している様子がうかがえます。

図表1　2012年度　確定拠出年金加入者のスイッチング動向（みずほ銀行受託先）

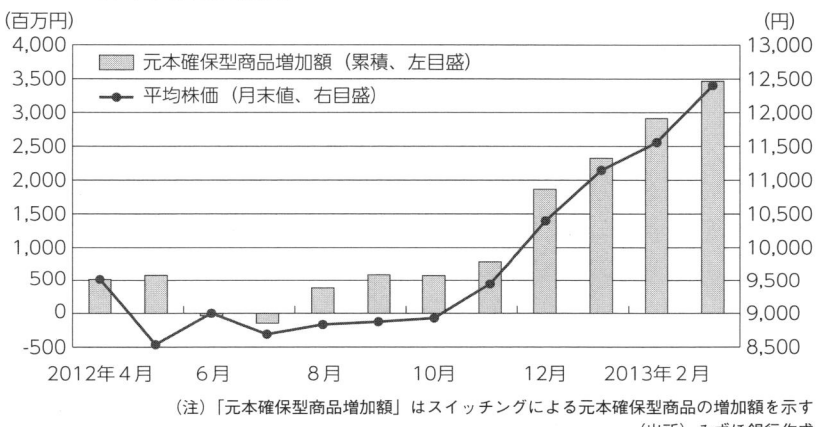

(注)「元本確保型商品増加額」はスイッチングによる元本確保型商品の増加額を示す
(出所) みずほ銀行作成

▶早めのスイッチングは正解か

　上記の例で、もし元本確保型商品へのスイッチングを行った後、将来株価が下落したときに株式投資信託を購入することができれば、この投資行動は合理的だったといえます。しかし、第4章Q59でみるように、株価が下落したときには、多くの人は株式投資信託を購入するのに躊躇する傾向にあります。

　確定拠出年金の運用は、自分の手持ち資金の運用とは異なり、利益を確定してもそれを引き出してつかうことはできません。短期的に下落する可能性があったとしても、長期的にみた場合に上昇が期待できるのであれば、必ずしも売却する必要はないといえるのかもしれません。

Q59 確定拠出年金加入者のリスク資産への配分は、直前までの株式市場の動きが影響するというのは本当ですか？

A 確定拠出年金加入者に限らず、一般的に投資家は将来を見据えて投資するのではなく、過去（特に直前）の市場動向に影響を受ける傾向があります。

▶ **遠い将来に備えるために**

さまざまな情報を分析して意思決定するのではなく、目先の事象に反応して意思決定をする傾向のことを**近視眼的傾向**といいます。この近視眼的傾向を持っているかどうか診断するため、以下の質問について考えて下さい。

【質問1】　以下の選択肢のどちらかを選んでください。
　　　　　選択肢A：すぐに10万円もらう
　　　　　選択肢B：1年後に11万円もらう
【質問2】　以下の選択肢のどちらかを選んでください。
　　　　　選択肢A：3年後に10万円もらう
　　　　　選択肢B：4年後に11万円もらう

この質問で多くの人は、【質問1】では選択肢Aを選び、【質問2】では選択肢Bを選ぶという結果となったのではないでしょうか。これは、人間には遠い将来よりも近い将来により価値を置く、すなわちいますぐということに弱いという傾向があるからです。人間にはこのような近視眼的傾向が備わっているため、将来に備えて貯蓄をする場合などは、給料天引きなどで強制的なしくみがないと難しいということになります。従業員拠出制度が導入されている場合は、近視眼的傾向に対処するため、これを利用し

て退職後資金の充実を図るのもよいかもしれません。

▶ **直前の相場に左右される投資動向**

図表1は、確定拠出年金制度を導入したときに、その時点の加入者は投資信託にどれだけ配分をしたか、つまりどの程度リスクをとって運用をしたのかを表しており、あわせてその年度初めの株価の水準を示しています。

これをみると、年度初の株価が前年度よりも下落している場合には、投資信託への配分比率が低くなっており、上昇している場合には高くなっています。このことから、確定拠出年金の加入者は全体的に株価が下落しているときには投資信託を購入せず、上昇するとともに投資信託を購入していることがわかります。これは高く買って安く売るということであり、目先だけをみて行動をする傾向が利益を減らす方向に働いている例だといえます。

図表1　確定拠出年金制度導入時点の投資信託比率

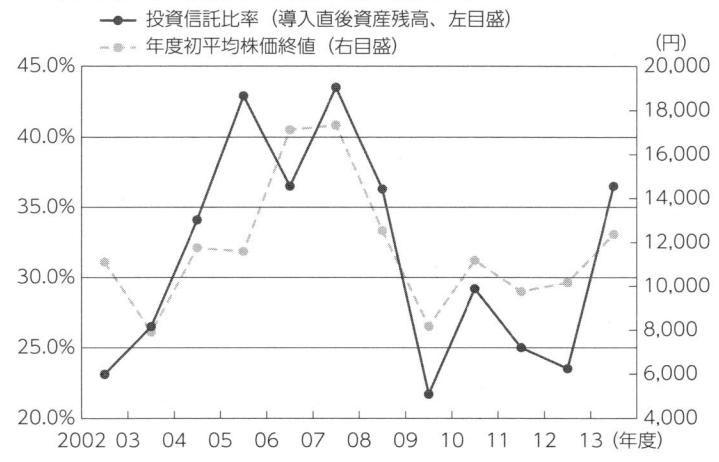

　　　（注）投資信託比率は、各年度にDCを導入した企業の導入直後の投資信託の割合を示す
（出所）企業年金連合会「第4回 確定拠出年金制度に関する実態調査 調査結果」2013年12月より
　　　　みずほ銀行作成

Q60 確定拠出年金加入者が配分変更やスイッチングをあまり行わないのはなぜですか？

A 現状を維持しようとする傾向があることも要因と考えられます。

▶ **一度決めたら現状を変えたくない**

現状に価値を置いてそれを変更しようとしない傾向のことを**現状維持傾向**といいます。ここではまず以下の質問について考えてみたいと思います。

【質問】（モンティ・ホール問題）

いま、A・B・Cの3つのドアがあり、そのうちの1つのドアの後ろに100万円があります。もし1回でこのドアを開けることができれば100万円がもらえるゲームにあなたが参加したとします。

あなたは、熟慮の末、Aのドアを選びました。あなたがAのドアを開ける前に、どのドアの後ろに100万円があるか知っている司会者がCのドアを開けました。Cのドアは当然外れでした。

ここで司会者はあなたにたずねました。「ドアAでいいですか？ドアBに変えてもいいですよ。どうしますか？」

さて、あなたはドアAのままにしますか。それともドアBに変えますか？

【質問】に対し、多くの人は、直感的にドアAのままにするという選択をされたのではないかと思います。しかしながら、実は確率的にはドアBにしたほうが100万円を獲得できる可能性が高いのです。これは、モンティ・ホール問題として知られており、過去にかなりの論争があった問題

です。

　ここでなぜ多くの人が確率的に高いドアBではなくドアAのままにする選択肢をとるかというと、変更して外れてしまった場合には後悔することから、それを避けたいという思いが働いたためだと考えられます。

▶ **確定拠出年金でも現状を維持する傾向**

　このような現状維持傾向は、確定拠出年金加入者の投資行動にも表れています。図表1は、確定拠出年金の加入者が資産配分の変更を行ったことがあるかについてアンケートしたものですが、これまでまったく変更をしたことがないという回答をした加入者が半数以上もいます。こうした資産配分を変更しない理由は、現状維持傾向だけが理由ではなくて、単にわずらわしいから、やり方がわからないからという理由もあるのかもしれません。いずれにしても、当初決めた配分を変える人があまり多くないということからすると、制度導入時点の投資教育が極めて重要ということになるでしょう。

図表1　確定拠出年金加入者の資産配分変更

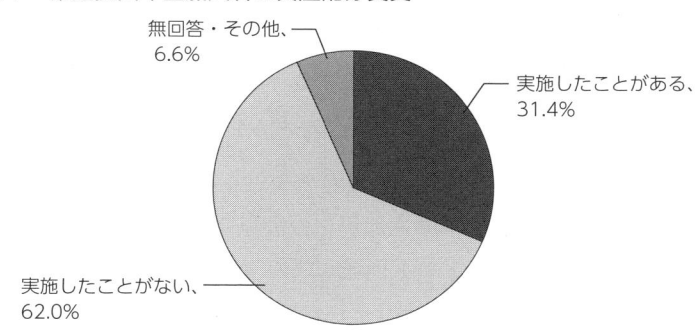

- 無回答・その他、6.6%
- 実施したことがある、31.4%
- 実施したことがない、62.0%

（出所）NPO法人確定拠出年金教育協会「企業型確定拠出年金加入者の投資運用実態調査」（2011年3月）

Q61 なぜ日本の確定拠出年金では元本確保型商品への配分が多いのですか？

A 最近まで日本の株式市場が低迷していたという要因が大きいと考えられますが、デフォルト商品に元本確保型商品が多く設定されているという要因も指摘されています。

▶ デフォルト商品の設定も一因

　日本の確定拠出年金の資産運用面での特徴として、元本確保型商品への配分が多いことがあげられます。この要因として、これまで日本の株式市場は低迷をつづけていたということもありますが、ほかにほとんどのプランにおいてデフォルト商品[i]として元本確保型商品を設定していることも要因の1つと考えられます。

▶ デフォルト商品により結果が異なる

　行動ファイナンスの研究では、人間はデフォルトが設定されている場合、それに従う強い傾向を示すことが実証されています。この例の1つとして、欧州における臓器提供への同意率をみてみましょう。2003年発表の調査によれば、オーストリアでは臓器提供への同意率がほぼ100％であるのに対し、隣国のドイツはわずか12％となっていました。こうした違いが生じた要因は、文化的な要因ではなく、意思表示をする際の質問形式によるものだ、との説明がされています。オーストリアでは、提供したくない人が所定の欄にチェックマークを入れなければならない（オプトアウト方式）のに対し、ドイツでは、提供したい人が所定の欄にチェックを入れな

---
i 第4章 Q56 参照

ければならない（オプトイン方式）、こうした違いが臓器提供の同意率の違いを生んでいるというのです。すなわち、臓器提供に同意する人が多くなるか少なくなるかは、デフォルト設定がどちらになっているかで決まるということなのです[ii]。

　確定拠出年金の場合もこれと同様にデフォルトが何になっているかにより加入者の投資行動が影響を受けるといえるでしょう。確定拠出年金の加入者の投資行動を示す言葉として、米国では"inertia"（惰性に流されやすい）という言葉が頻繁につかわれます。加入者の投資行動を考える場合には、このように当初よく考えないで選択されたものであっても、それを将来にわたって変更しない性質があるということを認識しておく必要があるでしょう。

[ii] リチャード・セイラー、キャス・サンスティーン『実践行動経済学』（日経BP社）、2009年

Q62 商品ラインアップの本数により加入者の資産配分が影響を受けるというのは本当ですか？

A 各資産における商品本数と資産配分がおおむね比例する傾向や、同じカテゴリー内では「真ん中」を選びやすい傾向が知られています。

▶商品本数に応じて全体の投資割合が決まる

　米国では、行動ファイナンスの権威であるリチャード・セイラーらが実施した研究により、株式の商品本数を多くすれば、株式への投資割合が高くなり、債券の商品数を多くすれば、債券への投資割合が高くなることが確認されています。同様の事象は日本でも見受けられます。

　図表1では左側のグラフで各資産の平均ラインアップ本数を比率で示しており、右側のグラフで各資産への配分比率を示しています。両方のグラフを比較すると、何本ラインアップされているかが各資産への配分に影響を与えている可能性を示しています。つまり国内株式への配分比率が海外株式の配分比率の2倍近くになっているのは、ラインアップしている本数が影響をしている可能性があるということです。こうした現象は、国内株式と海外株式に限ったものではなくて、元本確保型商品の商品本数が多ければ、その分元本確保型商品の割合が高まるという結果もあります。この事象から、商品ラインアップの本数により加入者の投資行動が影響を受けることになります。

図表1　商品本数と投資傾向の関係

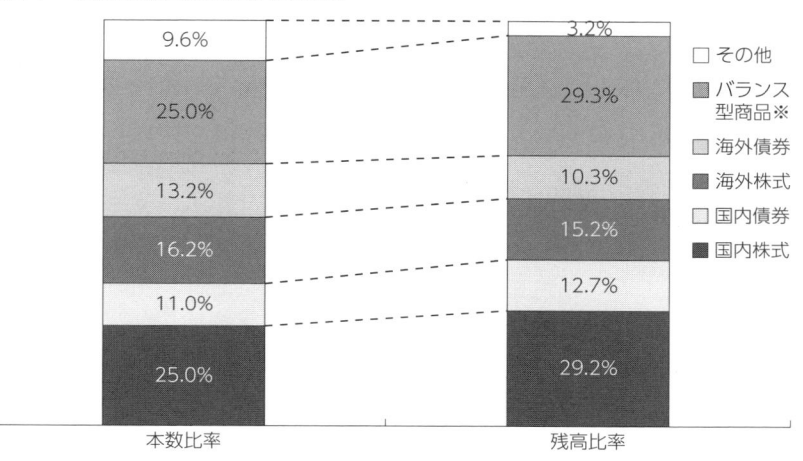

	本数比率	残高比率
その他	9.6%	3.2%
バランス型商品※	25.0%	29.3%
海外債券	13.2%	10.3%
海外株式	16.2%	15.2%
国内債券	11.0%	12.7%
国内株式	25.0%	29.2%

※バランス型商品の本数については、同種商品は1本としてカウントしている
（出所）運営管理機関連絡協議会[i]「確定拠出年金統計資料（2002年3月末～2013年3月末）」、企業年金連合会「第4回　確定拠出年金制度に関する実態調査 調査結果」2013年12月

▶「真ん中」を選ぶ傾向

たとえば、お昼にお寿司屋さんに行ったとして、以下の質問を考えてみてください。

【質問1】どちらのメニューを選びますか。

☐ 上寿司　1,500円　　　☐ 並寿司　1,000円

---

i 運営管理機関連絡協議会は、確定拠出年金制度の運営管理機関間での横断的な組織としての任意団体です。

では、つぎの質問についてはどうでしょうか。

【質問2】どのメニューを選びますか。

☐ 特上寿司　2,500円　　☐ 上寿司　1,500円　　☐ 並寿司　1,000円

　【質問1】と【質問2】の違いは、【質問2】では特上寿司が加わっています。【質問1】において、上寿司を選ぶか、並寿司を選ぶかは意見が分かれるところですが、【質問2】においては、真ん中の上寿司を選ぶ人が多かったのではないかと思います。これは、「松」「竹」「梅」のように3つのグレードがある場合には、極端なものを避けたいという心理が働き、真ん中を選ぶ人が多くなる、ということによるものです。この傾向は、確定拠出年金の商品選択においても現れています。たとえばライフサイクルファンド（バランス型商品）の多くは、リスク水準の異なる3つのファンドがラインアップされているケースが一般的ですが、年代にかかわらず、真ん中のファンドを選ぶ人が多くなっています。

第4章 資産運用

> **Q63** 感情に左右されない投資判断をするためにはどうすればよいのでしょうか？

> **A** 資産運用の基本である長期投資・継続投資・分散投資を常に心がけて運用することが重要です。

▶合理的な投資家に近づくために心がけるべきポイント

　日本では元本確保型商品がデフォルト商品として設定されている例が多くなっていますので、リスクをとって運用する場合には、自ら運用商品を選択する必要があります。こうした場合に心理や感情によらない合理的な意思決定をするために、以下の点を心がける必要があります。

　第一に、「長期的な視点を持つ」ということです。確定拠出年金の場合、ゴールは老後に必要な資金を安定的に確保することであり、運用期間は長期となります。短期的な視点では、たとえば株式相場の下落局面では損失を回避しようとする心理から、株式投資信託を売却したくなる衝動に駆られるかもしれません。これに対して、長期的視点であれば、株式相場の下落局面ではむしろ安く株式投資信託を購入できることとなり、相場の上昇をじっくり待つことが可能となるのです。足元の相場の動きに一喜一憂するのではなく、長期的な視点で運用していくことが重要です。

　第二に、「資産配分を維持した投資をつづける」ということです。株式市場が急落した場合、あるいは上昇した場合には、株式を多く保有していれば、どうしてもそのときの感情に影響を受けた判断となりがちです。こうした局面でも動じないように、たとえば投資におけるガイドラインをあらかじめつくっておき、それに従ってどんな局面でも規律ある一貫した投資を実施していくというのも1つのやり方でしょう。

第三に、「分散して投資する」です。株式相場は予期せず大きく下落することがあり、そうしたとき株式を多く保有していれば、かなりの苦痛を感じて運用を放棄してしまう人が出てくる可能性があります。安心して運用をつづけるためには、国内債券や元本確保型商品を組み合わせて安全弁を確保しておいたほうが心理的な不安感を和らげることができると考えられます。

　米国の運用コンサルタントであるチャールズ・エリス氏は、「投資で成功するうえでの最大の課題は、頭をつかうことではなく、感情をコントロールすることである」といっています。足元の株価動向に一喜一憂せず、中長期的な視点で規律ある運用を行っていくこと、行動ファイナンスから得られるこのような教訓を守ることができれば、いままでより成功に近づくことができるといえるのではないでしょうか。

Q64 資産配分が運用成績の9割を決めるというのは本当ですか？

A 長期の運用ではどの商品を選ぶかということよりも、資産配分が重要であるといわれています。

▶ 運用成績のカギを握る資産配分

債券や株式、あるいは元本確保型商品といった各資産に資金を配分することを資産配分といい、資産運用の意思決定プロセスにおいては、どの商品を選ぶかということよりも、資産配分がもっとも重要だといわれています。このことをひろく知らしめたのが、米国の金融実務家であるゲイリー・ブリンソンらが1986年に書いた論文です[i]。この論文は米国の年金基金の運用成績が資産配分によりどの程度説明できるのかを示したものですが、93.6％が説明できるとの結果を示しており、資産配分の重要性が認識できます。厳密には、この論文は計測期間における各年金基金のリターンの変動が実際の資産配分でどの程度説明できるのかを示したものであり、各年金基金同士のリターンの違いが資産配分により決定される、ということを示したものではないという批判はあります。しかしながら、資産配分が運用の意思決定においては非常に重要であるということについては専門家の間でも共通認識が得られています。これは米国での結果を示したものですが、日本においても企業年金連合会が1990年度から1999年度までの年次リターンを用いて同様の分析を行っており、およそ91％が資産配分により説明できるとの結果を示しています[ii]。

ただし、ブリンソンらの論文は、資産配分が運用実績に大きな影響を与えるということを示したものであり、どの資産が今後有利かを予想して運

---

i Gary P.Brinson et al., "Determinants of Portfolio Performance", *Financial Analysts Journal*, 1986
ii 厚生年金基金連合会「厚生年金基金の資産運用－資産運用実態調査の役割と実証分析－」、2001年8月

用することは一般的には効果的ではないと考えられています[iii]。そのため年金の運用などの中長期の運用では、資産配分を決定し、それを維持していくということが運用目標を達成する近道であると考えられています。

[iii] 資産配分を中長期的に維持して運用した方が良いということを直接的に示したのではありません。

> **Q65** 会社が設定した想定利回りを達成するためには、どのような資産配分にすればよいのでしょうか？

> **A** 確実に想定利回りを上回る資産配分というのはありませんが、各資産の期待リターンを推計しそれに基づき資産配分を決めるという方法があります。

▶自分にあった資産配分を考える

　運用の意思決定においては、資産配分が非常に重要であるということを述べましたが、つぎに問題となるのは、資産配分をどのように決めるか、ということでしょう。適切な資産配分について1つの答えがあれば簡単なのですが、難しいのは、何が適切な資産配分なのかは人それぞれで異なっているということです。将来にならないと自分が決めた資産配分がよかったのかどうかは分からないので、現時点で絶対的に正しい資産配分を策定するということは不可能ですが、目標とする利回りを達成するためにどのような配分が考えられるのか、自分の配分ではどの程度の利回りが達成できると期待されるのか、ということをここでは考えてみたいと思います。

▶資産全体の期待リターンを計算してみる

　将来債券や株式がどの程度のリターンとなるのかを予測することは、特に運用期間が短期の場合には非常に難しいのですが、運用期間が中長期の場合には、そのリターンについてはある程度共通の見解が存在しています。

　各資産が十分な長期の期間をとった場合、どの程度のリターンをあげると期待するのかを示す数値を**期待リターン**といいます。この期待リターンについては、さまざまな機関投資家が策定しており、これを参考にするこ

とができます。ここでは国家公務員共済組合連合会（KKR）が用いている期待リターンを掲載しておきます[i]。

図表 1　国家公務員共済組合連合会の資産別期待リターン（年率）

国内債券	国内株式	海外債券	海外株式	短期資産
1.0%	4.2%	1.8%	5.0%	0.1%

（出所）国家公務員共済組合連合会 資産運用委員会「基本ポートフォリオの見直しについて（意見書）平成25年10月」よりみずほ銀行作成

この場合、各資産に20％ずつ配分した場合の資産全体の期待リターンは、

1.0％×20％＋4.2％×20％＋1.8％×20％＋5.0％×20％＋0.1％×20％
＝2.42％　となります[ii]。

上記の期待リターンについては、あくまで一定の前提に基づく推計値を示したものであり、中長期的にそのようなリターンとなることを保証するものではないことに十分注意する必要があります。しかし、想定利回りを達成するためにどのような配分にすればよいかを考えるうえでの1つの参考にはなると思います。なお、上記では期待リターンのみ掲載していますが、株式などに投資する場合には、当然のことながら、高いリスクを負うということを認識する必要があります。

---

[i] 国家公務員共済組合連合会　資産運用委員会「基本ポートフォリオの見直しについて（意見書）」（平成25年10月18日）。なお、ここでの短期資産は、確定拠出年金の場合には、定期預金などの元本確保型の期待リターンと置き換えて考えることができます。各資産の期待リターンの推計値は、機関投資家ごとに異なっていますが、現時点ではここであげた数値と大きくは異なっていないと考えられます。
[ii] 期待リターンの計算では信託報酬などを考慮していないため、実際に運用収益として手にすることができるのは、この値から信託報酬を差し引いた値となります。

| Q66 | 資産配分はいつ見直しをすればよいのでしょうか？ |

| A | 確定拠出年金の加入者の場合、年1回以上届く確定拠出年金のレポートを参考に見直しをするかどうかをご判断ください。 |

▶ リバランスとは

　中長期的に維持すべき資産配分（アセットアロケーション）を決めたら、何もしないでよいということではありません。当初決めた資産配分で運用したとしても、資産価値の変動により、保有している資産の割合は当初決めたものからずれていきます。また、退職時期が近づいてくるにつれて、どれだけリスクをとれるか（**リスク許容度**）も変わってきます。したがって、一定期間ごとに資産配分についても見直すこと、具体的にはスイッチングを実施して資産配分を調整することが必要になってきます。このように現在の資産配分を、当初決めた資産配分に一致させることを**リバランス**といいます。

図表1　リバランスの例

たとえば当初、国内株式50%、国内債券50%の資産配分としていたとしても、市場の動きによって、その割合が崩れ、自分が想定している資産配分よりも、ハイリスク・ハイリターンまたはローリスク・ローリターンになっている場合があります。以下は、国内株式が値上がりして、国内株式の割合が上がったため、国内株式を9万円売却し、国内債券を9万円購入して、国内株式50%、国内債券50%の割合に戻した事例

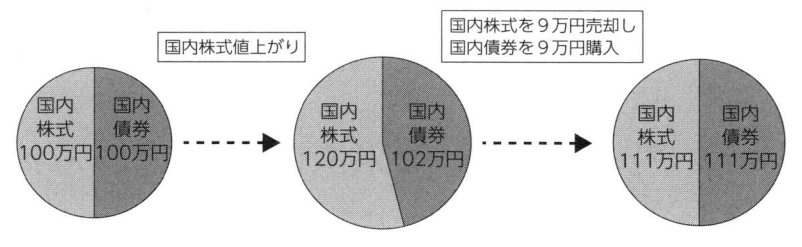

国内株式値上がり → 国内株式を9万円売却　国内債券を9万円購入

国内株式100万円／国内債券100万円　→　国内株式120万円／国内債券102万円　→　国内株式111万円／国内債券111万円

（出所）みずほ銀行作成

▶ リバランスの頻度

リバランスの頻度については、確定拠出年金のレポートが届くタイミングでリバランスを行うかどうかを判断するというのが1つの目安となるでしょう。さらに基本となる資産配分自体の見直しについては、市場が想定外に動いたとき以外であれば数年に1回程度でよいと考えられます。ただし、確定拠出年金は老後の重要な資産となりますので、退職時期が近づく50代以降については、徐々にリスク資産の割合を落とすなど見直しを実施して、株式市場急落によるダメージを極力少なくすることを考える必要があります。

▶ 確定拠出年金のレポート

確定拠出年金制度では、法令により毎年少なくとも1回以上、加入者に運用状況を通知するよう定められています。確定拠出年金は自己責任で資産運用する制度ですので、定期的に自分の考えた資産配分になっているか確認しましょう。レポートの様式は、運営管理機関により異なりますが、おおむね図表2のイメージのようなものが送付されます。

図表2　確定拠出年金のレポートイメージ（例）

今回基準日時点の年金資産状況　　　　　　　基準日：YYYY年XX月XX日

Ⓐ 評価損益

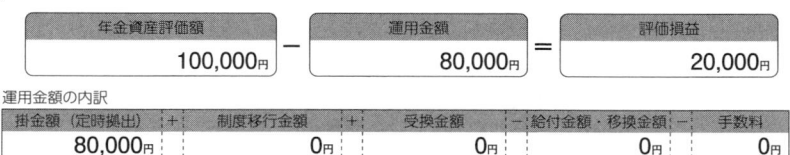

年金資産評価額	−	運用金額	=	評価損益
100,000円		80,000円		20,000円

運用金額の内訳

掛金額（定時拠出）	＋	制度移行金額	＋	受換金額	−	給付金額・移換金額	−	手数料
80,000円		0円		0円		0円		0円

Ⓑ 年金資産の内訳

商品番号	商品名	割合	時価評価額
007	○○○債券インデックス	19%	19,000円
010	○○○株式インデックス	18%	18,000円
008	○○○新興国株式	16%	16,000円
006	○○○成長株式	11%	11,000円
012	○○○ＲＥＩＴ	9%	9,000円
	その他合計	27%	27,000円

（出所）みずほ銀行作成

コラム1 マーケットタイミングは報われるのか?

▶安いときに購入して高いときに売却することは可能か

　投資教育セミナーでよく出る質問として、「今後株価は上がりますか」「持っている投資信託をいつ売却するべきでしょうか」というものがあります。市場が上がる前に株式投資信託を購入し、下がる前に売却するといった、市場の動向を見計らって売買をすることを**マーケットタイミング戦略**といいます。資産運用について考える場合、市場の動向を見て、投資信託を売ったり買ったりする必要があるという誤解（？）を持っている人がかなり多くいるのではないかと思います。

　実は、このマーケットタイミング戦略は、資産運用の専門家の間では、成功することが非常に難しい戦略であり、むしろずっと持ちつづけているほうが成功する可能性が高いという主張がなされています。ではなぜマーケットタイミング戦略は報われないとされているのでしょうか。ここではその理由について考えてみたいと思います。

▶株価は景気よりも先に動く傾向にある

　1つ目は、株価は景気よりも先に動く傾向にある、ということです。株価が今後上昇すると思っている人の多くは、今後景気がよくなる、あるいはいまより悪くはならないということをその根拠にし、景気動向を見て株価を予測するというアプローチを用いていると思われます。しかしながら、実際のところ株価は景気に対して6ヵ月から1年程度先行して動くということがさまざまな研究により知られています。株価はみなさんが景気が悪いと思っているときに上昇を始め、景気がいいと思っているときに下落を始めるのです。特に運用の歴史をみると、市場の大底から回復する極めて初期の時点（このような時点では当然景気は悪いと認識されている）で、株式のリターンのかなりの部分が獲得されています［図表1］。景気が株

価を予測するのではなくて、株価が景気を予測しているのだと認識しておくべきでしょう。

図表1 国内株式の月間収益率ベスト10と前月までの1年間の累積収益率
（期間　1986年4月～2013年3月）

順位	年月	月間収益率	前月までの1年間の累積収益率
1	1990年10月	18.16%	▲41.50%
2	1991年2月	14.59%	▲37.10%
3	1999年3月	13.66%	▲11.10%
4	1992年8月	13.65%	▲33.86%
5	1994年1月	13.20%	10.97%
6	1993年4月	13.20%	1.88%
7	1987年1月	12.10%	50.47%
8	2008年4月	12.01%	▲28.05%
9	1993年3月	12.00%	▲16.61%
10	1995年7月	11.63%	▲27.86%

（注）国内株式の収益率はTOPIX（配当込み）
（出所）みずほ銀行作成

▶ **現在の株価水準はあらゆる人の予測を反映**

2つ目が、現在の株価は運用の専門家などを含んだ、現時点でのあらゆる人の予測を反映しており、将来の予測値としてある程度正しいということです。この「みんなの予測はおおむね正確である」ということを示す有名な実験として、米国のジャック・トレイナー教授による実験があります。トレイナー教授は、授業でビンの中に入ったジェリービーンズの数を、授業に参加した56人の生徒に当ててもらうという実験を行いました。実際にビンの中に入っていたのは850粒のジェリービーンズだったのですが、56人全員の推計値の平均は871粒であり、このみんなの意見よりも正確

な予測をした学生はたったひとりだけだったというのです[i]。

上記の実験は56人という集団の知力の正確性を示したものですが、株式市場においては、世界中の投資家が真剣に市場の予測を行っており、この集団に対してひとりの個人が常によりよい予測を行えると考えるのは現実的ではありません。2008年にはリーマン・ショックによって世界中の株式市場が大きく下落しましたが、これはリーマン・ブラザーズ証券が破たんし、100年に一度といわれる金融危機を世界中の人が事前に予測していなかったために生じたものです。もし多くの人が事前に予測していたとするならば、大惨事は生じなかったといえるでしょう。

▶ 短期的な売買は感情の影響を受けやすい

3つ目が、短期的に売ったり買ったりするときには、冷静な判断により行われる場合は少ない、ということです。このことは、行動ファイナンスの研究でも明らかにされているのですが、市場が活況を呈してくると投資家は株式の比率をふやす傾向が強くなり、市場が下落基調のときは株式の比率を減らす傾向が強くなります。これは、株価が高いときに買って、安いときに売る、ということであり、運用成績が悪化する要因となってしまいます。米国の教授であるバーバーとオディーンによる研究では、もっとも売買頻度の高い投資家層の運用成績は、もっとも売買頻度の低い投資家層の運用成績とくらべて、1年あたり7.1％も低かったという結果を示しています[ii]。

▶ 日本の株式だけでなく海外の株式にも分散が必要

ここまでのところで、マーケットタイミング戦略が報われない理由を示してきました。ここで注意が必要なのは、マーケットタイミング戦略でなく、持ちつづけたほうがよいとする論拠の多くが、株式が長期的には上昇することを前提としているということです。実際、バブル崩壊後の日本株

---

[i] ダニエル・カーネマン，前掲書
[ii] Brad Barber and Terrence Odean, "The Courage of Misguided Convictions", *Financial Analysts Journal*, 1999

式市場は 20 年以上にもわたって低迷がつづきました。株式市場が長期的にもマイナスのリターンとなる場合には、必ずしも株式を持ちつづけたほうがよいということにはなりません。将来、株式市場がいつどのように動くのかは予測することはできませんが、日本の株式市場への投資だけでなく、世界各国の株式市場への分散投資が必要であるということは十分認識しておく必要があるでしょう。

第5章

退職・受け取り

第1節 60歳より前に退職した場合

Q67 60歳より前に退職した場合、確定拠出年金はどうしたらよいですか？

A 原則、ほかの確定拠出年金制度に移換します。なお、脱退一時金として受け取ることができるケースもあります。

▶手続きは退職後の状況により異なる

退職しても、確定拠出年金は原則60歳まで受け取ることができませんので、これまで積み立ててきた年金資産は、ほかの確定拠出年金の制度に移換する必要があります。また、限定的ですが、脱退一時金として受け取ることができるケースもあります。

手続きは退職後の状況により異なります。図表1にまとめましたので、参考にしてください。

▶移換手続きは6ヵ月以内に行う

移換手続きは、確定拠出年金の加入者資格を喪失した日（退職日の翌日）が属する月の翌月から6ヵ月目の月末までに行う必要があります。また、資格喪失した月からつぎの確定拠出年金に移換するまでの期間は、確定拠出年金の加入期間（通算加入者等期間）に含まれませんので、早めに手続きを行うほうがよいでしょう。

図表1 退職後の年金資産の取り扱い

退職後の状況	手続き（参照Q）
・確定拠出年金のある会社に転職し、確定拠出年金の加入資格がある	Q 69
・確定拠出年金のない会社に転職した ・確定拠出年金のある会社に転職したが、確定拠出年金の加入資格がない	Q 70
・自営業者になった ・農業従事者になった ・無職になった ・専業主婦・主夫になった ・公務員になった ・海外居住者となった	Q 71
・脱退一時金を受け取り、確定拠出年金を脱退する	Q 68

（出所）みずほ銀行作成

Q68 脱退一時金とは何ですか？

A 60歳前に確定拠出年金を脱退して受け取る一時金のことです。所定の要件を満たせば、脱退一時金を受け取ることができます。

▶ 脱退一時金の請求要件

今後、確定拠出年金制度に加入していても十分に資産をふやしていくことが難しいと思われる人は、以下の要件を満たせば60歳前でも確定拠出年金制度を脱退し、**脱退一時金**として年金資産を受け取ることができます[i]。脱退一時金を受け取れるかどうか自分で判断できない場合は、運営管理機関のコールセンターに相談してください。

①年金資産が1.5万円以下の場合

年金資産が1.5万円以下で図表1の請求要件にすべてあてはまる人は、脱退一時金を請求できます。

図表1 年金資産が1.5万円以下の人の請求要件

	内容
請求要件	・企業型年金の加入者または運用指図者でない ・個人型年金の加入者または運用指図者でない ・個人別管理資産の額が1.5万円以下 ・最後に企業型年金加入者の資格を喪失した日が属する月の翌月から起算して6ヵ月を経過していない
請求先	・加入していた企業型年金の運営管理機関
留意点	・受け取りの際、給付手数料が差し引かれる場合あり

(出所）みずほ銀行作成

---

i 脱退一時金は一時所得として課税対象となります。一時所得は50万円までは非課税です。

②年金資産が1.5万円超の場合

年金資産が1.5万円超で図表2の請求要件にすべてあてはまる人は、脱退一時金を請求できます。

図表2　年金資産が1.5万円超の人の請求要件

	内容
請求要件	・60歳未満 ・企業型年金の加入者でない ・個人型年金の加入者になれない ・障害給付金の受給者でない ・通算拠出期間が1ヵ月以上3年以下であるまたは請求日の個人別管理資産額が50万円以下である ・最後に企業型年金加入者または個人型年金加入者の資格を喪失してから2年を経過していない ・①の脱退一時金の支給を受けていない
請求先	・個人型年金の受付金融機関
留意点	・受け取りの際、裁定手数料が差し引かれる場合あり ・脱退一時金の額が50万円を超過している場合には一時所得として課税対象（総合課税）

(出所) みずほ銀行作成

③継続個人型年金運用指図者の場合

2014年1月1日の法改正により**継続個人型年金運用指図者**も所定の要件を満たせば、脱退一時金の請求ができるようになりました。

継続個人型年金運用指図者とは、企業型年金の加入者資格を喪失後、企業型年金の運用指図者または個人型年金の加入者となることなく個人型年金の運用指図者となり、個人型年金運用指図者の資格取得から2年を経過した人のことです。

継続個人型年金運用指図者のうち、図表3の請求要件にすべてあてはまる人は、脱退一時金を請求できます。

また、脱退一時金請求時の必要書類と提出先は図表4のとおりです。

図表3　継続個人型年金運用指図者の請求要件

	内容
請求要件	・個人型年金運用指図者となる申し出をしたときから継続して、個人型年金の加入資格がある ・障害給付金の受給権者でない ・通算拠出期間が1ヵ月以上3年以下、または請求した日における個人別管理資産の額が25万円以下である ・継続個人型年金運用指図者となった日から2年を経過していない ・企業型年金の資格喪失時に脱退一時金を受け取っていない
請求先	・個人型年金の受付金融機関
留意点	・年金資産をいったん個人型年金へ移換する必要あり ・受け取りの際、給付手数料が差し引かれる場合あり ・2014年1月1日前に個人型年金運用指図者となる申し出をし、すでに個人型年金運用指図者になっている人は、2014年1月1日以降でその申し出から2年経過したときに対象 ・2014年1月1日前に継続個人型年金運用指図者となった人は、2014年1月1日より2年間は脱退一時金を請求可

(出所) みずほ銀行作成

▶ **いったん脱退した後も、再度確定拠出年金を始められる**

　脱退一時金を受け取ると、受け取った月の前月までの確定拠出年金の加入者等期間はなかったことになります。

　ただし、脱退一時金を受け取った後も、再度企業型年金や個人型年金の加入資格を得られれば、確定拠出年金に加入することができます。確定拠出年金に再加入した場合は、加入者等期間は改めて1ヵ月から通算していくことになります。

figure 4　脱退一時金請求時の必要書類と提出先

区分	必要書類	提出先
年金資産 1.5万円以下	・脱退一時金裁定請求書 ・運転免許証写しなどの本人確認資料	企業型年金の運営管理機関
年金資産 1.5万円超	・脱退一時金裁定請求書兼個人別管理資産移換依頼書 ・住民票、印鑑証明書など生年月日を確認できる資料 ・国民年金保険料免除申請承認通知書など国民年金保険料の納付免除などを確認できる資料（第1号被保険者で該当する場合） ・脱退一時金の支給の請求に係る証明書（第2号被保険者の場合） ・被扶養者である配偶者の健康保険証写しなど第3号被保険者であることを確認できる書類（第3号被保険者の場合） ・住民票の除票など（海外居住者の場合）	個人型年金の受付金融機関
継続個人型年金運用指図者	・脱退一時金裁定請求書 ・印鑑登録証明書 ・脱退一時金個人型加入者資格に関する申出書	個人型年金の運営管理機関

（出所）みずほ銀行作成

Q69 転職先に確定拠出年金があり、加入資格があります。手続きはどうしたらよいですか？

A 転職先の確定拠出年金制度に加入する必要がありますので、会社の確定拠出年金担当部署に年金資産の移換を申し出てください。

▶ 資産の移換には約2ヵ月から3ヵ月程度必要

　転職先の会社が確定拠出年金を実施しており、加入者となれる場合、前の会社の確定拠出年金制度で運用してきた年金資産を転職先の制度に移換する必要がありますので、転職先の会社の担当部署に「前の会社で確定拠出年金に加入していた」旨を申し出てください。

　転職先の会社が、前の会社で運用していた年金資産を移換するための手続書類を手配しますので、必要な事項を記入し、担当部署へ提出します。転職先の会社が書類を運営管理機関へ提出し、移換手続が進みます。

　転職前の年金資産は、預金や保険、投資信託などで運用されていますが、移換時に年金資産はいったん売却され、現金化されたうえで、転職先の会社の確定拠出年金の口座に非課税で移換されます。これら一連の手続きが完了するまでには、約2ヵ月から3ヵ月を要します。

図表 1　手続きの流れ

①転職先の会社へ企業型年金に加入していた旨を申し出る

②転職先の会社の企業型年金への加入手続き

③転職先の会社から移換に関する書類を受領し、記入のうえ、提出

④転職前の会社の年金資産が移換される

（出所）みずほ銀行作成

Q70 転職先の会社に確定拠出年金がなく、脱退一時金の受け取れる要件に該当しません。どうしたらよいですか？

A 個人型の確定拠出年金制度に移換します。また、転職先に企業年金制度がない場合は、自分で掛金を拠出することができます。

▶ 個人型年金の運営管理機関を決める

　個人型の確定拠出年金制度に移換する場合には、まず運営管理機関を決定することから始めます。

　たとえば、転職前の会社で加入していた企業型年金の運営管理機関に申し込む場合や、その他の運営管理機関を自分で探すなどの方法があります。**個人型年金**を実施している運営管理機関の一覧は、**国民年金基金連合会**[i]のホームページ（http://www.npfa.or.jp/401K/operations/）に掲載されています。

　個人型年金の運営管理機関ごとに運用商品・手数料・サービス内容は異なります。運営管理機関である金融機関のホームページやコールセンターなどで運用商品の内容や手数料の水準などを比較検討してから、運営管理機関を決めます。

▶ 移換手続完了まで約2ヵ月から3ヵ月必要

　加入を希望する個人型年金の運営管理機関のコールセンターなどに連絡し、移換書類を取り寄せ申し込みを行ってください。

　書類を提出した後は、転職前の確定拠出年金の年金資産が個人型年金に

---

[i] 国民年金基金連合会は、国民年金基金の中途脱退者などへの年金・遺族一時金の支給を共同して行うほか、個人型年金の実施主体にもなっています。

移換されます。通常は移換手続完了まで約2ヵ月から3ヵ月必要です。
　また、転職先に企業年金制度がない場合は、自分で掛金の拠出をするかしないかを選択できます[図表1]。

図表1　個人型年金における掛金拠出の選択

```
          転職先に確定拠出年金がないまたは転職先の確定拠出年金の加入資格がない
                    ↓                                              ↓
    ┌─────────────────────────┐        ┌─────────────────────────┐
    │ 60歳未満の厚生年金保険被保険者 │        │ 転職先に企業年金(厚生年金基金・  │
    │                         │        │ 確定給付企業年金)・共済年金など  │
    │                         │        │ があり、加入資格がある          │
    └─────────────────────────┘        └─────────────────────────┘
                かつ                                 または
    ┌─────────────────────────┐        ┌─────────────────────────┐
    │ 転職先に企業年金(厚生年金基金・  │        │ 加入者となることができるが、    │
    │ 確定給付企業年金)・共済年金など  │        │ 運用指図者となることを選択する  │
    │ があるが加入資格がない         │        │                         │
    └─────────────────────────┘        └─────────────────────────┘
                    ↓                                              ↓
    ┌─────────────────────────┐        ┌─────────────────────────┐
    │     掛金の拠出をする         │        │   掛金の拠出をしない・できない   │
    │     (加入者になる)          │        │    (運用指図者になる)         │
    └─────────────────────────┘        └─────────────────────────┘
```

（出所）みずほ銀行作成

> **Q 71**　60歳前に退職した後、会社勤めはしません。この場合、確定拠出年金はどうしたらよいですか？

> **A**　個人型年金に移換します。なお、その後の状況により、希望すれば、掛金を拠出することができます。

▶自営業者などになった場合

　自営業者など、国民年金の「第1号被保険者」になった場合、転職前の企業型年金の年金資産を個人型年金に移換します。なお、任意に自分で掛金を拠出することも可能です。

　個人型年金の運営管理機関の選択、加入者・運用指図者の選択、移換手続きなどの点に関しては、第5章Q70のケースと同様です。

▶専業主婦・主夫や公務員になった場合

　専業主婦など、国民年金の「第3号被保険者」（会社員や公務員などの「第2号被保険者」に扶養される配偶者）や公務員になった場合、転職前の企業型年金の年金資産を個人型年金に移換します。ただし、個人型年金への加入はできますが、掛金の拠出はできず運用指図者として継続します。また、脱退一時金の請求を希望する場合、運営管理機関のコールセンターに確認します。個人型年金の運営管理機関の選択、移換手続きなどの点に関しては、第5章Q70のケースと同様です。

▶ **海外居住者になった場合**

　会社を辞めて第1号被保険者となった後、海外に居住し日本国内に住所がなくなると、個人型年金の運用指図者となりますⅰ。この場合の確定拠出年金の年金資産の取り扱いについては専業主婦・主夫や公務員になった場合と同じです。

図表1　個人型年金への資産移換手続きの流れ

```
┌─────────────────────────────────────────────┐
│ ①どの運営管理機関が行う個人型年金に加入するか選択する │
└─────────────────────────────────────────────┘
                       ▼
┌─────────────────────────────────────────────┐
│ ②確定拠出年金の運営管理機関のコールセンターに電話し、移換書類送付を依頼 │
└─────────────────────────────────────────────┘
                       ▼
┌─────────────────────────────────────────────┐
│ ③移換書類を作成し、選択した運営管理機関に送付する │
└─────────────────────────────────────────────┘
                       ▼
┌─────────────────────────────────────────────┐
│ ④国民年金基金連合会より「移換手続完了のお知らせ」・ │
│ 「個人型年金運用指図確認通知書／個人型年金移換完了通知書」が送付されてくる │
└─────────────────────────────────────────────┘
                       ▼
┌─────────────────────────────────────────────┐
│ ⑤運営管理機関より利用に必要な書類（口座開設のお知らせ・ │
│ 　パスワード設定のお知らせなど）が送付されてくる │
└─────────────────────────────────────────────┘
                       ▼
┌─────────────────────────────────────────────┐
│ ⑥個人型年金での運用開始 │
└─────────────────────────────────────────────┘
```

（出所）みずほ銀行作成

ⅰ 海外居住しても第2号被保険者であれば、個人型年金加入者となることができる場合があります。

Q72 60歳より前に退職した場合、厚生年金基金や確定給付企業年金の資産は確定拠出年金に移換できますか？

A 一定の条件を満たした場合、希望すれば、「脱退一時金相当額」を確定拠出年金に移換することができます。

▶「脱退一時金相当額」は確定拠出年金に移換可能

厚生年金基金や確定給付企業年金のある会社の社員が60歳前に退職した際、加入期間が一定の年数未満で年齢・勤続年数などの条件を満たした場合、「脱退一時金」を受け取ることができます。

この脱退一時金の受け取りにあたっては、その時点で受け取ったり、脱退一時金と同額の金額（「脱退一時金相当額」といいます）を企業年金連合会[i]へ移換する[ii]などの選択肢があります。また、希望すれば脱退一時金相当額を確定拠出年金に移換することもできます。

▶移換すれば加入期間を通算できる

脱退一時金を確定拠出年金に移換した場合のメリットは、転職前の会社の厚生年金基金や確定給付企業年金に加入していた期間が確定拠出年金の通算加入者等期間に算入されることです。

たとえば、転職前の会社の確定給付企業年金の脱退一時金相当額を確定拠出年金に移換した場合、転職後の会社の確定拠出年金に加入していた期間が3年間であっても、転職前の会社の確定給付企業年金に7年間加入していれば（移換前の制度から交付された脱退一時金相当額の算定の基礎

---

[i] 企業年金連合会とは、厚生年金基金の連合体として1967年に設立された機関で、現在は、厚生年金基金を短期間（通常10年未満）で脱退した人（中途脱退者）などに対する年金給付を一元的に行ったり、厚生年金基金・確定給付企業年金・確定拠出年金といった企業年金間の年金通算事業などを行っています。
[ii] 企業年金連合会へ脱退一時金相当額を移換すると、65歳以降に脱退一時金相当額を年金として受け取ることができます。

となった期間が7年あれば)、確定拠出年金の通算加入者等期間は10年となり、60歳から確定拠出年金の資産の受け取りを開始[iii]できるようになります。

▶ 移換手続きは書類を取り寄せて提出

　退職の際、転職前の会社や厚生年金基金または確定給付企業年金の担当者から、脱退一時金の額や受け取りの時期、確定拠出年金などほかの企業年金制度への移換について説明があります[iv]ので、まずはその内容をよく確認します。

　転職先の会社の企業型年金へ年金資産の移換を希望する場合には、転職先の会社に申し出、また個人型年金への加入者資格があり、年金資産の移換を希望する場合には、受付金融機関[v]に申し出ると、移換手続きの書類を案内してもらえます。その書類に記入し、転職前の会社または基金で移換決定の証明を受けたうえで、転職先の企業型年金や個人型年金の運営管理機関に提出してください。

　なお、すでに企業年金連合会へ移換した脱退一時金相当額があり、確定拠出年金への移換を希望される場合、企業年金連合会へ連絡し、確定拠出年金に再度移換できるか確認してください。

　以上の要件をまとめると図表1のとおりです。

---

iii 第5章 Q76 参照
iv 厚生年金基金や確定給付企業年金を導入している会社は脱退一時金について退職者に説明するよう、法律で義務づけられています。
v 第5章 Q73 参照

図表1　脱退一時金相当額の確定拠出年金への移換の条件

		厚生年金基金の脱退一時金相当額の移換	確定給付企業年金の脱退一時金相当額の移換	企業年金連合会へいったん移換した脱退一時金相当額の移換
申し出期限		厚生年金基金を脱退後1年以内	確定拠出年金の加入者資格を得てから3ヵ月以内かつ確定給付企業年金を脱退後1年以内	確定拠出年金の加入者資格を得てから3ヵ月以内
手続き書類		移換申出書	移換申出書	移換申出書
手続き書類の入手先	企業型	転職先の会社	転職先の会社	企業年金連合会
	個人型	個人型年金の受付金融機関	個人型年金の受付金融機関	個人型年金の受付金融機関
手続き書類の提出先	企業型	転職前の会社の厚生年金基金・確定給付企業年金の移換決定の証明を受けたうえで、転職先の会社へ提出	転職前の会社の厚生年金基金・確定給付企業年金の移換決定の証明を受けたうえで、転職先の会社へ提出	企業年金連合会へ提出
	個人型	転職前の会社の厚生年金基金・確定給付企業年金の移換決定の証明を受けたうえで、個人型年金の受付金融機関へ提出	転職前の会社の厚生年金基金・確定給付企業年金の移換決定の証明を受けたうえで、個人型年金の受付金融機関へ提出	企業年金連合会へ提出

(出所)みずほ銀行作成

▶ **脱退一時金を確定拠出年金に移換する場合は非課税**

　脱退一時金を退職時点で受け取ると、退職所得として課税対象になりますが、転職前の会社の確定給付企業年金に加入していた年数(移換前の制度において、交付された脱退一時金相当額の算定の基礎となった年数)に応じて、退職所得控除を利用することができます。ただし、今後、退職金

を受け取るごとに利用した退職所得控除額は通算していく必要があるため、いつ・いくら退職所得控除を利用したかの源泉徴収票を保管しておきましょう。

なお、脱退一時金相当額を確定拠出年金へ移換する場合は非課税です。

▶ 確定拠出年金からの再移換はできない

いったん確定拠出年金に移換した脱退一時金相当額は、その後、厚生年金基金・確定給付企業年金や企業年金連合会へ再度移換することはできません。各年金制度の内容や支給時期などをよく確認のうえ、確定拠出年金への移換を検討してください。

Q73 個人型年金のしくみを教えてください。

A 個人型年金とは、実施主体である国民年金基金連合会より委託を受けた各金融機関が運営する個人向けの制度です。

▶個人型年金のしくみ

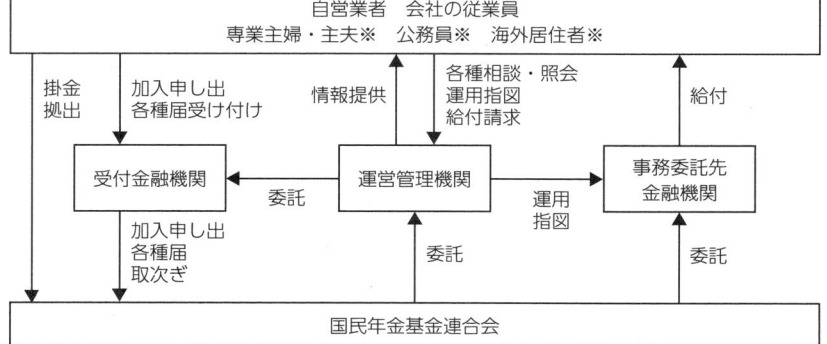

　個人型年金は、自営業者などが個人で加入する確定拠出年金制度です。2014年3月末現在、「加入者」は約18万人、「運用指図者」は約37万人います。

　個人型年金は、実施主体である国民年金基金連合会が定める個人型年金規約に基づいて制度運営されています。国民年金基金連合会は金融機関などの運営管理機関に業務を委託しています。制度の内容については、企業型年金とほぼ同じです。

図表1　個人型年金のしくみ

```
                    自営業者　会社の従業員
              専業主婦・主夫※　公務員※　海外居住者※

  掛金    加入申し出        情報提供   各種相談・照会    給付
  拠出    各種届受け付け              運用指図
                                      給付請求
    ↓         ↓              ↓          ↓              ↑
  ┌──────────────┐      ┌──────────┐      ┌──────────────┐
  │ 受付金融機関 │ ←委託─ │運営管理機関│ ─運用→ │事務委託先   │
  │              │        │          │  指図  │ 金融機関    │
  └──────────────┘      └──────────┘      └──────────────┘
         ↑   加入申し出           ↑                   ↑
             各種届                委託                委託
             取次ぎ
    ↓                              ↓                   ↓
  ┌─────────────────────────────────────────────────────┐
  │              国民年金基金連合会                      │
  └─────────────────────────────────────────────────────┘
```

※掛金の拠出はできません

（出所）みずほ銀行作成

▶個人型年金の加入対象

　個人型年金に加入できるのは、60歳未満の自営業者（第1号被保険者）や企業年金（企業型年金や確定給付企業年金、厚生年金基金など）のない会社員（第2号被保険者）です。また、専業主婦・主夫（第3号被保険者）など、すでに確定拠出年金の残高があり企業型年金に加入できない人も対象です。

▶個人型年金の掛金

　原則、第1号被保険者および第2号被保険者は、掛金を自分で拠出できます。掛金額は月5,000円以上1,000円単位で自由に選択できますが、以下のように上限が定められています。

図表2　個人型年金の掛金上限

被保険者区分	上限	説明
第1号被保険者 （個人型年金の第1号加入者）	月6.8万円	・個人型年金掛金・国民年金付加保険料・国民年金基金掛金を合算して月6.8万円まで拠出可 ・国民年金保険料が納付されていない月は拠出不可 ・国民年金保険料の免除者※、農業者年金の被保険者は拠出不可
第2号被保険者 （個人型年金の第2号加入者）	月2.3万円	・勤務先に企業型年金がある人、厚生年金基金・確定給付企業年金などほかの企業年金の対象者、公務員は拠出不可
第3号被保険者	―	・拠出不可

※　免除を受けていても国民年金法第89条第1項第1号ならびに第3号に該当する場合は拠出可能です。
（出所）みずほ銀行作成

　掛金額は、毎年4月から翌年3月までの間に1度、見直すことができます。なお、掛金の拠出を停止して、資産の運用のみを行う運用指図者になることや、拠出をいったん中断した後の拠出は随時可能です。

Q74 個人型年金の運用や受け取りはどうなっていますか？また、税制上のメリットはどのようなものですか？

A 個人型年金の運用や受け取りは、企業型年金同様の取り扱いです。また、拠出時から運用時、受け取り時まで、各種の税制優遇が受けられるしくみになっています。

▶ **個人型年金の運用商品**

年金資産の運用は、個人型年金の運営管理機関がラインアップする預金・保険・投資信託などの運用商品の中から、自分で商品を選択して行います。運用商品は運営管理機関ごとに異なります。

▶ **個人型年金の受け取り**

企業型年金と同じように、通算加入者等期間に応じ、原則60歳から受け取ることができます。給付には老齢給付金・障害給付金・死亡一時金の3種類があり、老齢給付金や障害給付金は、受け取り回数を選択したり、年金と一時金を組み合わせて受け取ることもできます。死亡一時金は遺族が一括で受け取ることになります。

▶ **企業型年金同様の税制優遇がある**

個人型年金についても企業型年金と同じく各種の税制優遇の適用対象となっています［図表1］。

なお、毎年秋にその年の掛金総額を証明する書類（小規模企業共済等掛

金払込証明書）が国民年金基金連合会から郵送されます。

　第1号被保険者はこの書類を基に確定申告を行います。第2号被保険者はこの書類を会社に提出すると年末調整に反映されます[i]。

図表1　個人型年金の税制優遇

区分		税制内容
掛金		・小規模企業共済等掛金控除の対象
運用時の収益		・非課税
受け取り時	老齢給付金	・年金として受け取るときは、公的年金等控除の対象 ・一時金として受け取るときは、退職所得控除の対象
	障害給付金	・非課税
	死亡一時金	・相続税の課税対象

（出所）みずほ銀行作成

---

[i] 第2号被保険者で事業主払込の場合は、社会保険料と小規模企業共済等掛金の額との合計額を控除した残額に相当する金額の給与などの支払があったものとして、源泉徴収額が算出されます。

Q75 60歳前に退職した後に何も手続きをとらないとどうなりますか？

A 退職日の翌日が属する月の翌月から6ヵ月目の月末を経過すると、年金資産は自動的に現金に換金され、国民年金基金連合会へ移換されます。

▶ 手続きを取らないと、年金資産は現金化されて移換

会社を退職して何の手続きもせず、確定拠出年金の加入者資格を喪失した日（退職日の翌日）が属する月の翌月から6ヵ月目の月末を経過すると、年金資産は自動的に現金に換金され、国民年金基金連合会へ移換されます。移換された資産は、国民年金基金連合会が委託する特定運営管理機関[i]で管理されます。この一連の手続きを**自動移換**といいます。

▶ 自動移換のデメリット

自動移換には以下のようなデメリットがあります。

①自動移換された資産は、運用されず、何の収益も得られません。

②掛金の拠出ができません。

③自動移換される際に移換手数料がかかり、年金資産から差し引かれます。また、自動移換後4ヵ月目からは、毎月一定額が管理手数料として、資産から差し引かれます（運用収益を得られないうえに、手数料は差し引かれていくので、年金資産は減っていきます）。

④自動移換されてしまった年金資産については、給付の請求を行うことはできません。請求する前に、企業型年金か個人型年金に再度移換する必要があります。移換時には書類の提出などの事務負担や手数料が

---

i 自動移換者の記録を一時的に管理するために国民年金基金連合会が指定した機関。

発生します。
⑤自動移換されていた期間は、確定拠出年金の通算加入者等期間に算入されません。

▶自動移換された資産を取り戻す方法

　自動移換された資産を取り戻すには、図表1の方法があります。なお、資産を取り戻す際に移換手数料が発生します。

　なお、所定の要件にあてはまれば、脱退一時金として受け取ることもできます[ii]。

図表1　自動移換された資産を取り戻す方法

方法	具体的な手続きなど
企業型年金に移換	Q69と同じ
個人型年金に移換	Q70と同じ
脱退一時金として受け取り	Q68 ②と同じ

（出所）みずほ銀行作成

---

ii 第5章 Q68参照

コラム2　自動移換者の実態

2001年の確定拠出年金制度開始以来、**自動移換**の数は年々増加しています。2014年3月末現在、自動移換者の数は累計約44万人に達します。

自動移換者の特徴として以下のような点があげられます。

▶ 【特徴①】 若年層が多い

若年層は、受け取り開始可能年齢の60歳まで相当の年月を要することから、「老後資金の準備」といわれても実感がわかないため、確定拠出年金に興味を持てないまま資産を放置している人が多いと推測されます。

▶ 【特徴②】 年金資産が少額な人が多い

企業型年金の資産残高は、勤続年数が短く年齢が若い人は少額であることが多く、「運用資産が少額であるため、運用に興味を持てない」、あるいは「上手に運用しても運用収益で手数料をまかないきれないため、そのま

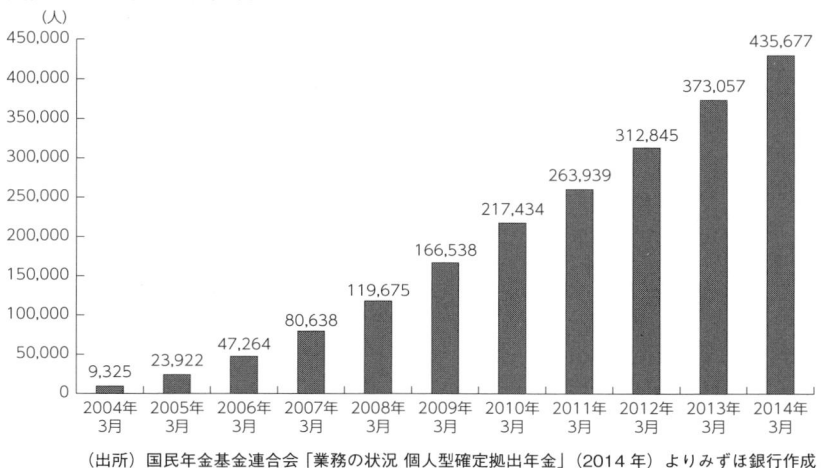

図表1　現存自動移換者の推移

年月	人数（人）
2004年3月	9,325
2005年3月	23,922
2006年3月	47,264
2007年3月	80,638
2008年3月	119,675
2009年3月	166,538
2010年3月	217,434
2011年3月	263,939
2012年3月	312,845
2013年3月	373,057
2014年3月	435,677

（出所）国民年金基金連合会「業務の状況 個人型確定拠出年金」（2014年）よりみずほ銀行作成

まにしておく」という状況になりやすいと考えられます。

　このような自動移換を削減するため、企業ではさまざまな取り組みが行われていますが、確定拠出年金を導入している企業が自社の退職者に対し法令上求められている事項は図表2のとおりです。

図表2　確定拠出年金を導入している企業が法令上求められる事項

以下の事項について十分説明する ・ほかの企業型年金又は国民年金基金連合会へ個人別管理資産を移換する申し出は、資格喪失した日の属する月の翌月から起算して6ヵ月以内に行うこと ・当該申し出を行わない場合は、個人別管理資産は国民年金基金連合会に自動的に移換され、本人による移換の申し出が行われるまでの間、運用されないまま、管理手数料が引落とされることとなること
資格喪失後一定期間を経過した後においても移換の申請を行っていない者に対し、個人別管理資産が移換されるまでの間、当該申し出をすみやかに行うよう適時に促すべく努める

（出所）確定拠出年金法並びにこれに基づく政令及び省令について（法令解釈）第7よりみずほ銀行作成

　また、企業型年金に加入していた者が退職後に移換手続きをとらず年金資産をそのまま放っておくと、加入していた企業型年金の運営管理機関から移換手続きを促す内容の案内が届くようになっていることもあります。

　自動移換は「運用できないうえに手数料が差し引かれ、年金資産が減っていく」「確定拠出年金の通算加入者等期間に算入されない」など加入者にとって多くのデメリットがあります。年々増加する自動移換の削減に向け、国や企業、運営管理機関が協力して取り組んでいくことが望まれます。

第2節 60歳以降の退職

Q76 老齢給付金の受け取りに条件はあるのでしょうか？

A 確定拠出年金の通算加入者等期間が10年以上ある場合など、条件を満たせば、受け取りの手続きが行えます。

▶規約により異なる受給開始可能時期

通算加入者等期間が60歳から受け取れる年数を満たしている場合でも、加入している規約に定められている資格喪失年齢により、60歳からすぐに受け取れるかどうか異なります。

まず、資格喪失年齢が60歳の規約の場合、60歳到達時点の通算加入者等期間が10年以上あれば60歳から受け取ることができます。

フローをまとめると、図表1のとおりとなります。

図表1　老齢給付金の受給の判定（規約の資格喪失年齢が60歳の場合）

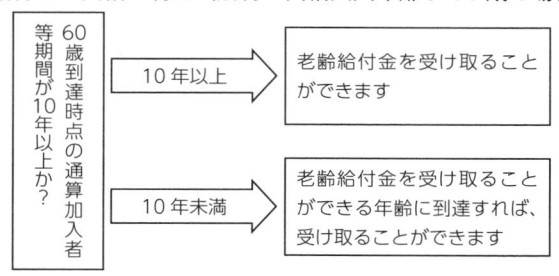

60歳到達時点の通算加入者等期間が10年以上か？		
	10年以上 →	老齢給付金を受け取ることができます
	10年未満 →	老齢給付金を受け取ることができる年齢に到達すれば、受け取ることができます

（出所）みずほ銀行作成

つぎに、規約に定める資格喪失年齢が61歳以上65歳以下の場合は、まずは規約に定める年齢に達しているかどうかを確認します。到達していれば、通算加入者等期間が受給可能な年数を満たした時点で、受け取り手続きを始めることができます。また、規約に定める資格喪失年齢に到達する前でも、60歳以降で退職した場合は、通算加入者等期間が受給可能な年数を満たしていれば、受け取り手続きを始めることができます。

図表2　老齢給付金の受給の判定（規約の資格喪失年齢が61歳以上65歳以下の場合）

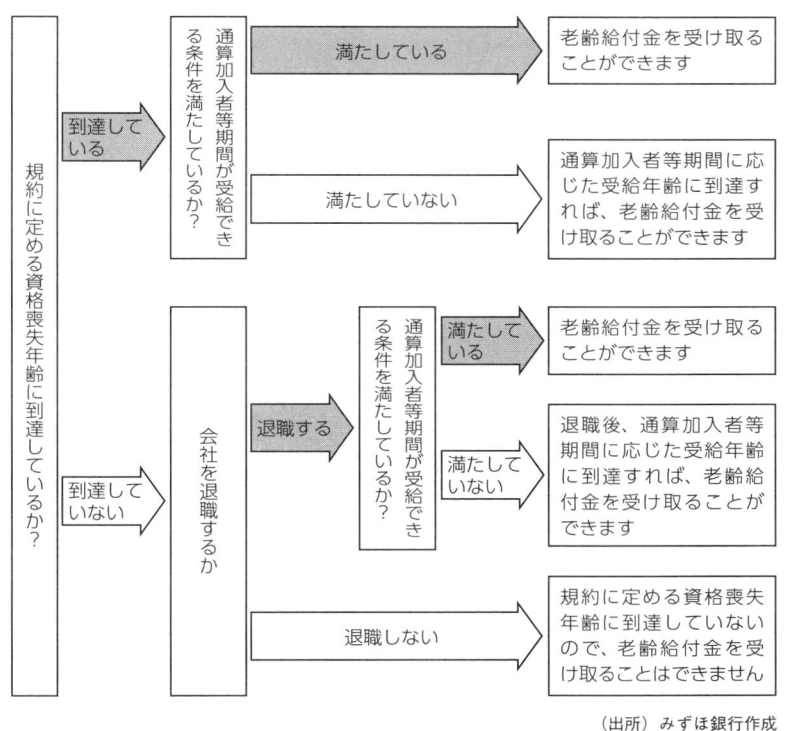

規約に定める資格喪失年齢に到達しているか？
- 到達している → 通算加入者等期間が受給できる条件を満たしているか？
  - 満たしている → 老齢給付金を受け取ることができます
  - 満たしていない → 通算加入者等期間に応じた受給年齢に到達すれば、老齢給付金を受け取ることができます
- 到達していない → 会社を退職するか
  - 退職する → 通算加入者等期間が受給できる条件を満たしているか？
    - 満たしている → 老齢給付金を受け取ることができます
    - 満たしていない → 退職後、通算加入者等期間に応じた受給年齢に到達すれば、老齢給付金を受け取ることができます
  - 退職しない → 規約に定める資格喪失年齢に到達していないので、老齢給付金を受け取ることはできません

（出所）みずほ銀行作成

▶ 60歳から受け取るために必要な通算加入者等期間

通算加入者等期間により、60歳からすぐに受け取ることができる場合と、できない場合がありますが、具体的には以下のとおりです。

たとえば、確定拠出年金に加入していた期間が10年以上あれば60歳から受け取ることができます。また、通算加入者等期間が5年であれば63歳以降に受け取りを開始することができます[図表3]。

図表3　老齢給付金を受け取ることができる年齢

通算加入者等期間	受給開始可能年齢
10年以上	60歳以降
8年以上10年未満	61歳以降
6年以上8年未満	62歳以降
4年以上6年未満	63歳以降
2年以上4年未満	64歳以降
1月以上2年未満	65歳以降

（出所）みずほ銀行作成

この**通算加入者等期間**は、現在の勤務先で確定拠出年金に加入していた期間以外に、個人型年金や前の会社の企業型年金に加入していた期間や、確定給付企業年金や退職金制度の資産を確定拠出年金に移換した場合は、その計算のベースになった期間も通算することができます[図表4]。

図表4　通算加入者等期間に加えられる期間

企業型年金の加入者期間および運用指図者期間
個人型年金の加入者期間および運用指図者期間
退職金制度や確定給付企業年金などから、確定拠出年金に移行した場合、計算の基礎となった期間
厚生年金基金、確定給付企業年金、企業年金連合会から、脱退一時金相当額等を移換した場合、その加入期間

（注）いずれも、60歳未満の期間に限ります。

（出所）みずほ銀行作成

また、通算加入者等期間が何年かわからないという人は、運営管理機関のコールセンターに電話をすれば、確認することができます。

▶70歳に到達する前に受給を開始することが必要

　確定拠出年金は、遅くとも70歳に到達する前に受給を開始する必要があります。一方、それまでは受給をせず、運用のみ継続することもできます。たとえば、60歳到達時点では運用環境が悪いが、当面は会社に継続雇用されるので生活には困らないような場合、運用状況が回復するまで、確定拠出年金の資産には手をつけないこともできます。受け取りも各人のライフプランに応じて可能です。

Q77 老齢給付金を受け取るために何をすればよいのですか？

A 受け取りの手続きは、運営管理機関に連絡することから始まります。必要書類が送られてきますので、記入のうえ、運営管理機関に返送してください。

▶老齢給付金を受け取るには手続きが必要

　老齢給付金は一定年齢になったからといって自動的に受け取れるものではありません。公的年金の場合でも、自ら受け取り手続き行わないと、年金は受け取れないのと同様です。公的年金であれば、年金事務所に行って受け取りの手続きを開始しますが、確定拠出年金の場合、運営管理機関に連絡することから始まります。

▶コールセンターやインターネットから請求

　運営管理機関と連絡をとるには、コールセンター、インターネットを利用する方法があります。コールセンターでは、確定拠出年金の資産を受け取りたい旨を伝えてください。その際、年金で受け取るのか、一時金で受け取るのか、あるいは一部を一時金でのこりを年金で受け取るのかを事前に決めておくと、その後の手続きがスムーズになります。加入している規約により、受け取り方法に定めがありますが、コールセンターで確認することができます。

　その後、運営管理機関から受け取りに必要な書類が送られてきますので、申請書やその他の書類に必要事項を記入し、運営管理機関に返送します。記入相違や記入漏れなどがなければ、受け取りを開始するための手続きは

図表1　老齢給付金の受け取り手続きイメージ（コールセンターの場合）

①確定拠出年金の運営管理機関のコールセンターに電話する

↓

②確定拠出年金の運営管理機関から、受け取り手続きに必要な書類が送られてくる

↓

③必要な書類を確定拠出年金の運営管理機関に返送する

↓

④必要な書類に不備がなければ、期日に③で指定した口座にお金が振り込まれる

（出所）みずほ銀行作成

完了となります。なお、一時金で受け取る場合はコールセンターに連絡してから約3ヵ月後に本人が指定した金融機関の口座に振り込まれます[i]。

---

i 第5章 Q79 参照

> **Q78** 老齢給付金は一時金で受け取れますか？また、年金は何年で受け取れますか？

> **A** 確定拠出年金の規約を確認してください。一時金で受け取れるかどうか、年金を何年で受け取れるか定められています。

▶「規約」で確認

　確定拠出年金は年金制度なので、一時金としてまとめて受け取ることができないのではないかと思われている人もいると思います。

　確定拠出年金法では、「年金で支給する」と定められていますが、確定拠出年金の規約に定めがあれば、一時金で受け取ることができます。まずは加入している規約にどのように定められているかを確認しましょう。

　一般的には年金や一時金の併用も認められている規約が多く、たとえば「一時金を50％で受け取り、のこりの50％を年金で受け取る」といった選択も、規約に定めがあれば可能です。

▶ 受け取り期間も規約の定めに従い自分で選択

　確定拠出年金法で年金として受け取ることができる期間は、5年から20年の範囲で規約に定めることとなっていますので、規約を確認してください。その選択肢の中から期間を選択します。規約に定めがあれば、終身年金を選択することも可能です。

　また、年金を選択した場合には、1年間に何回の分割で何月に受け取るかも規約に定められており、自分の判断で選択します。

図表 1　受け取り方法の選択について

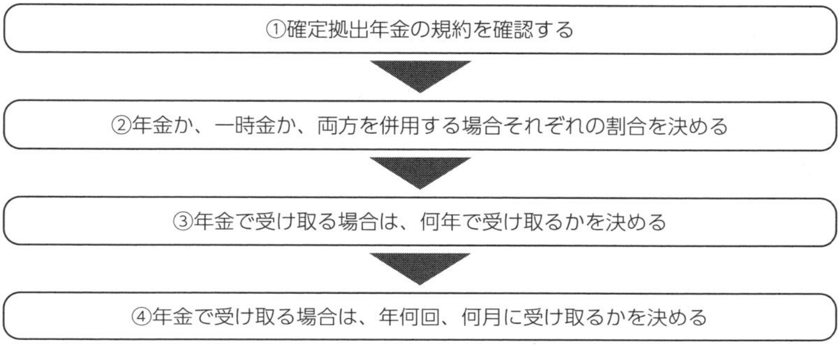

①確定拠出年金の規約を確認する

▼

②年金か、一時金か、両方を併用する場合それぞれの割合を決める

▼

③年金で受け取る場合は、何年で受け取るかを決める

▼

④年金で受け取る場合は、年何回、何月に受け取るかを決める

(出所) みずほ銀行作成

Q79 老齢給付金を一時金で受け取る場合、実際に振り込まれるまでに、どれくらい時間がかかりますか？

A 通常、運営管理機関のコールセンターに連絡してから、約3ヵ月かかります。

▶書類の確認や商品の売却などに時間がかかる

　確定拠出年金は老後の重要な資産ですが、その使いみちはいろいろでしょう。たとえば、住宅ローンの繰り上げ返済資金として充当する場合もあると思います。しかし、退職金などのように、早ければ退職後数週間で入金されるものとは異なり、確定拠出年金の受け取りにはもう少し時間がかかります。

　はじめにコールセンターへ電話し、手続きに必要な書類を取り寄せます。その書類に必要事項を記入するとともに、印鑑証明書などの公的な証明書類を役所にとりに行きます。

　それらの書類を確定拠出年金の運営管理機関に返送し、書類に不備がないかの確認が行われます。

　最終的に書類が整ったところで、運営管理機関で現在運用中の確定拠出年金の運用商品を売却のうえ現金化し、税金などを控除した後、本人が指定した口座にお金が振り込まれるという流れとなっています。

　この間、書類の不備などがなく順調に手続きが進めば、コールセンターに電話してから約3ヵ月で受け取ることができます。

　そのため、冒頭の住宅ローンの返済のように多額の資金が必要な場合、入金される日程を早めに確認し、運営管理機関に前もって必要書類を請求するなど準備が必要でしょう。

図表1　一時金で受け取る場合のタイムスケジュール（イメージ）

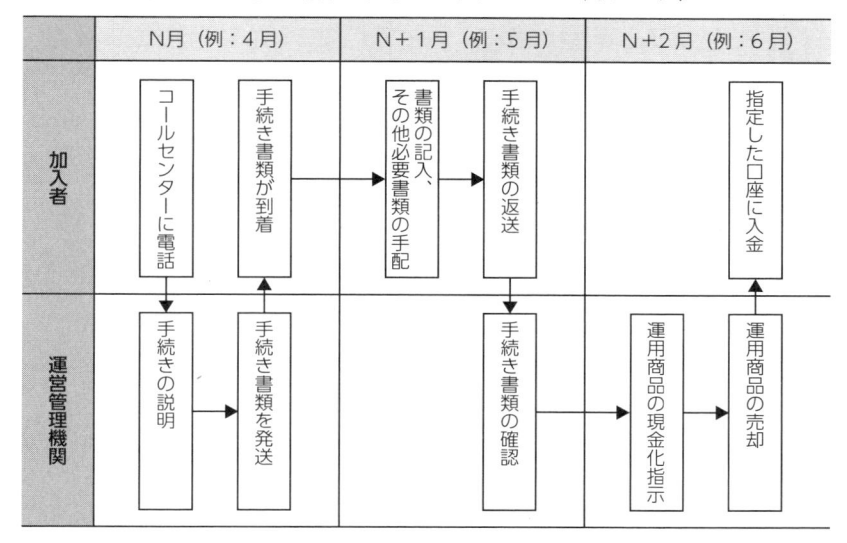

	N月（例：4月）	N+1月（例：5月）	N+2月（例：6月）
加入者	コールセンターに電話 → 手続き書類が到着	書類の記入、その他必要書類の手配 → 手続き書類の返送	指定した口座に入金
運営管理機関	手続きの説明 → 手続き書類を発送	手続き書類の確認	運用商品の現金化指示 → 運用商品の売却

（出所）みずほ銀行作成

Q80 受け取る年金の額は「一定」ですか？それとも「変動」しますか？

A 生命保険商品があれば「一定」となるように受け取ることができますが、それ以外の商品では運用環境により通常は「変動」します。

▶年金額を「一定」とするには生命保険商品を活用

公的年金では、支払われる年金額は改定などがなければ原則、毎回「一定」額を受け取れます。

確定拠出年金においても、運用商品ラインアップに生命保険会社の保険商品があり、年金受け取り開始時に**確定年金**を選択すれば、その時点の残高を原資として、毎回、一定額を受け取ることができます。なお、一定期間経過後に金利の見直しが行われ将来的な年金額が変動する可能性はありますが、少なくとも一定期間（たとえば10年）は変動がない商品が多いです。

図表1　確定年金で年金を受け取る場合

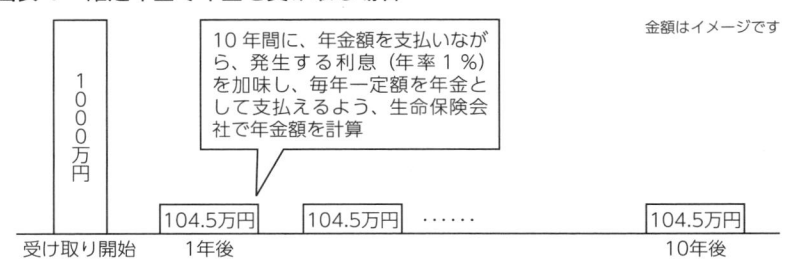

金額はイメージです

1000万円 → 104.5万円（1年後）　104.5万円　……　104.5万円（10年後）

10年間に、年金額を支払いながら、発生する利息（年率1％）を加味し、毎年一定額を年金として支払えるよう、生命保険会社で年金額を計算

（出所）みずほ銀行作成

▶残高を取り崩す場合、年金額が通常は「変動」

一方、定期預金、投資信託、損害保険会社の保険商品、生命保険会社の保険商品のうち分割取崩年金で運用しながら受け取る場合、毎回決まった金額を受け取る確定年金タイプではありません。

これらの商品を年金で受け取る場合、年金資産を分割で取り崩していくというイメージです。年金資産は、運用が継続されますので資産価値は変動していきます。たとえば、投資信託であれば、日々、時価は変化し、定期預金や保険商品でも、満期がくると新しい金利で自動継続されるなど、年金資産は増減します。

年金額の算出式には年金支給時期の直前の残高をのこりの期間で按分する方法など複数の方法があり、規約に定められています。なお、年金額を指定して受け取る方法もあります。この場合、途中までは予定どおりの年金額が受け取れますが、運用の状況により最後の受け取り額がふえたり、減ったりする可能性があり、場合によって年金の受け取り期間の途中で残高がなくなってしまう可能性もありますので注意が必要です。

図表2　分割取崩しで年金を受け取る場合

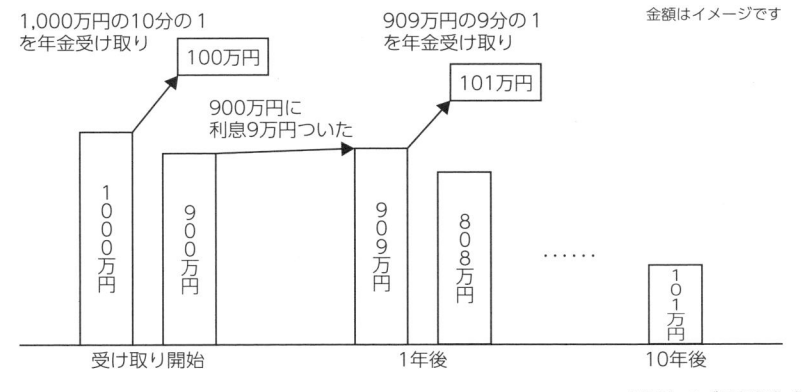

（出所）みずほ銀行作成

Q81 終身年金は「得」ですか？「損」ですか？

A 目安として平均寿命よりも長く生きた場合は「得」となり、短い場合「損」となる傾向があります。

▶ 終身年金は生きている間は受け取ることができる年金

確定拠出年金の規約に定めがあれば、終身年金で受け取ることができます。**終身年金**とは、生きている間はずっと受け取れる年金です。死亡した場合、その時点で年金はストップしてしまいます。また、確定拠出年金の終身年金は、**保証期間付終身年金**というタイプですが、この商品は、途中で死亡した場合にも、一定の保証期間分は残額が支給されるものです。以下の事例を見ながら、どの程度の金額が受け取れるのか、みてみましょう。

▶ 長生きをすれば得をする

確定拠出年金の残高が1,000万円ある60歳になったAさんが、年金受給開始時に、全額を「○○生命10年保証期間付終身年金」から受け取ることにしました。このとき、毎月受け取る金額は、3万8,608円となりました。

元気なAさんでしたが、75歳のときに亡くなられました。10年保証期間付終身年金の場合、保証は10年間なので、Aさんのように15年受け取られた場合は、保証期間を超過しており、その後の残額はありません。

ちなみに、Aさんの年金の受け取り総額はいくらだったでしょうか。3万8,608円×12ヵ月×15年＝694万9,440円です。

「当初の年金残高は1,000万円だったのに、それより少ない！」と思われるかもしれません。

では、Aさんは、何年まで生きていれば年金の受け取り総額で1,000万円を超えたのでしょうか。

　1,000万円÷3万8,608円＝約259ヵ月（21年と7ヵ月）
と約22年必要であり、82歳まで生きていれば受け取り総額が当初の年金残高を超えることになりました。

▶早く亡くなると「損」

　確定拠出年金の残高が1,000万円ある60歳のBさんも、Aさん同様、年金受給開始時に、全額を「〇〇生命10年保証期間付終身年金」で受け取ることにしました。Bさんも元気でしたが、残念なことに63歳で、亡くなってしまいました。

　10年保証期間付終身年金の場合、10年間は保証があるので、Bさんの遺族は、保証期間の残存7年分を受け取ることができます。残存7年分を合計するといくらになるでしょうか。

　ここでは計算をわかりやすくするため金利分を割り引かずに将来で受け取る金額を前倒しで一括して受け取る金額を計算します。

【すでに受け取った分】

3万8,608円×12ヵ月×3年＝138万9,888円

【残存分】

3万8,608円×12ヵ月×7年＝324万3,072円

　合計すると463万2,960円と、当初の年金残高である1,000万円の半分以下となります。このように生きている限り受け取ることができる終身年金は魅力的ですが、長生きしなかった場合の受け取り総額は、受け取り前の年金総額に達しない可能性もあります。

| **Q 82** | 確定拠出年金を一時金で受け取る場合の税金はどうなりますか？また、会社から別途退職金を受け取りましたが、その時の税金はどうなりますか？ |

| **A** | 一時金で受け取る場合、退職所得となり、ほかの退職所得と合算で税金が計算されます。 |

▶ 確定拠出年金の一時金は退職所得

確定拠出年金を一時金で受け取る場合、退職所得として課税されます。退職所得の場合、勤続年数に応じて一定額が所得から控除され、その2分の1の金額が所得として課税されます[i]。

▶ 会社から支払われる他の退職金をもらった場合は合算して計算

勤続期間38年のCさんが、確定拠出年金から一時金として1,000万円、会社から退職金1,000万円を受け取りました。

退職所得控除額は、
20年×40万円＋18年×70万円＝2,060万円
退職所得は、
確定拠出年金1,000万円＋他の退職所得1,000万円＝2,000万円
課税される所得額は、
2,000万円－2,060万円＝▲60万円

となり、全額非課税で受け取ることができます。

---

i 第2章 Q17参照

図表 1　退職所得控除額表

勤続年数	控除額
2 年以下	80 万円
2 年超　20 年以下	40 万円×勤続年数
20 年超	70 万円×(勤続年数－ 20 年)＋ 800 万円

(出所) 国税庁ホームページ (2014 年 3 月現在) よりみずほ銀行作成

▶ 源泉徴収票は大切に保管

　会社から退職金を受け取り、確定拠出年金では一時金を受け取る場合、両方の退職所得が合算され、**退職所得控除**の計算がなされます。

　複数から退職所得を受け取る際、受け取った金額に対する源泉徴収票が必要になります。

　たとえば、会社の退職金を先に受け取った場合、まず会社で退職所得の計算を行い、つぎに確定拠出年金を一時金で受け取る際には、先に会社から受け取った源泉徴収票を運営管理機関に提出する必要があります。

　なお、税金は分離課税であり、通常は支払者（会社や資産管理機関[ii]）が計算し納税することとなりますので確定申告は不要です。

---

ii 第 2 章 Q 7 参照

Q83 確定拠出年金を年金で受け取る場合の税金はどうなりますか？また、年金受給中に残額をまとめて受け取れますか？

A 年金で受け取る場合は雑所得扱いになります。また、規約に定めがあれば残金を一括で受け取ることができる場合があります。

▶ **年金で受け取る場合は「雑所得」**

老齢給付金を年金で受け取る場合、公的年金やほかの企業年金と同様に**雑所得**になります。これらの金額を合算し、年齢や所得額に応じた**公的年金等控除**などの所得控除額を差し引いたのこりの金額が所得として課税されます［図表1］。

▶ **規約に定めがあれば受給開始から5年経過後に受け取り可能**

「年金を受け取っているけれど、急にまとまったお金が必要になったので、年金の残額をまとめて受け取りたい」ということもあるでしょう。このような場合、確定拠出年金の規約に定めがあれば残額を受け取ることが可能です。具体的には、受け取りを開始して5年経過後であれば、1回に限り残額を一時金で受け取ることができます。

ただし、規約に定めがあった場合でも、一部の生命保険商品の終身年金では、一括で受け取ることができない場合がありますので注意が必要です。また、生命保険商品の確定年金で受け取っている場合、通常は、残額を一括して受け取ることはできますが、解約控除が適用されることがあります。

▶ 年金受給中に死亡したら残額を遺族が一時金で受け取り

年金を受け取っている途中に亡くなった場合、遺族に受け取り時の時価残高相当額が一括（一時金）で支払われます。

▶ 手数料負担にも留意が必要

確定拠出年金の資産とほかの貯蓄とどちらを先につかっていくのが得なのか悩む場合もあると思います。たとえば、確定拠出年金において定期預金を300万円、通常の銀行預金にも300万円あり、300万円の自動車を購入しようとする場合、どちらのお金を取り崩すのがよいのでしょうか。

どちらの定期預金の金利も同じである場合、確定拠出年金は運用益が非課税ですので、税制面を考慮すると、通常の銀行預金を先につかい、非課税の確定拠出年金を後から取り崩すのがよいかもしれません。

しかし、得られるべき運用益の非課税分のプラス要素に対して、確定拠出年金の場合は手数料負担額のマイナス要素もあるため、総合的に判断する必要があるでしょう。

図表1　公的年金等控除額表

	公的年金等の収入金額（A）	公的年金等控除額
65歳未満	130万円以下	70万円（収入金額が限度）
	130万円超　410万円以下	(A) ×25％＋37.5万円
	410万円超　770万円以下	(A) ×15％＋78.5万円
	770万円超	(A) ×5％＋155.5万円
65歳以上	330万円以下	120万円（収入金額が限度）
	330万円超　410万円以下	(A) ×25％＋37.5万円
	410万円超　770万円以下	(A) ×15％＋78.5万円
	770万円超	(A) ×5％＋155.5万円

（出所）国税庁ホームページ（2014年3月現在）よりみずほ銀行作成

Q84 受け取り時に税制優遇を活用するにはどうしたらよいですか？

A 退職所得控除額に加え、公的年金等控除額の非課税枠も活用しましょう。

▶ 受け取り額が退職所得控除額を上回る場合

【前提1】Aさんの状況と会社の制度

定年退職までの勤続期間（加入者期間）	30年
定年退職年齢	60歳
定年退職時の退職金の水準	1,800万円
退職金の構成	退職一時金50%＋確定拠出年金50%

【前提2】Aさんの確定拠出年金のプラン内容

受け取り期間	5年、10年、15年、20年
一括での受け取り割合	100%、75%、50%、25%、0%

　まず、退職所得控除額を計算すると、勤続30年で、1,500万円（70万円×10年＋800万円[i]）となります。

　Aさんの退職金の水準は、退職一時金と確定拠出年金の合計で1,800万円ですので、確定拠出年金を一括で受け取る場合は、退職金合計（1,800万円）と退職所得控除額（1,500万円）との差額300万円の2分の1が課税対象となります［図表1①］。

　そこで、確定拠出年金の一部を年金受け取りとし、公的年金等控除額の活用を検討してみましょう。

　60歳時点の年金資産900万円のうち75%の675万円を一括で受け取るとします。退職一時金の900万円と合計すると1,575万円ですので、退職所得控除額と同水準となっています。

---

i 第2章 Q17 参照

また、のこり25％の225万円を60歳から5年間の年金受け取りとします。

　年間の受け取り額が45万円[ii]となりますので、65歳未満の公的年金等控除額の年間最低70万円の範囲内に収まっていますので、非課税の枠を活用したことになります［図表1②］。

図表1　Aさんの非課税枠の活用イメージ（2014年4月の国内法令に基づき作成）

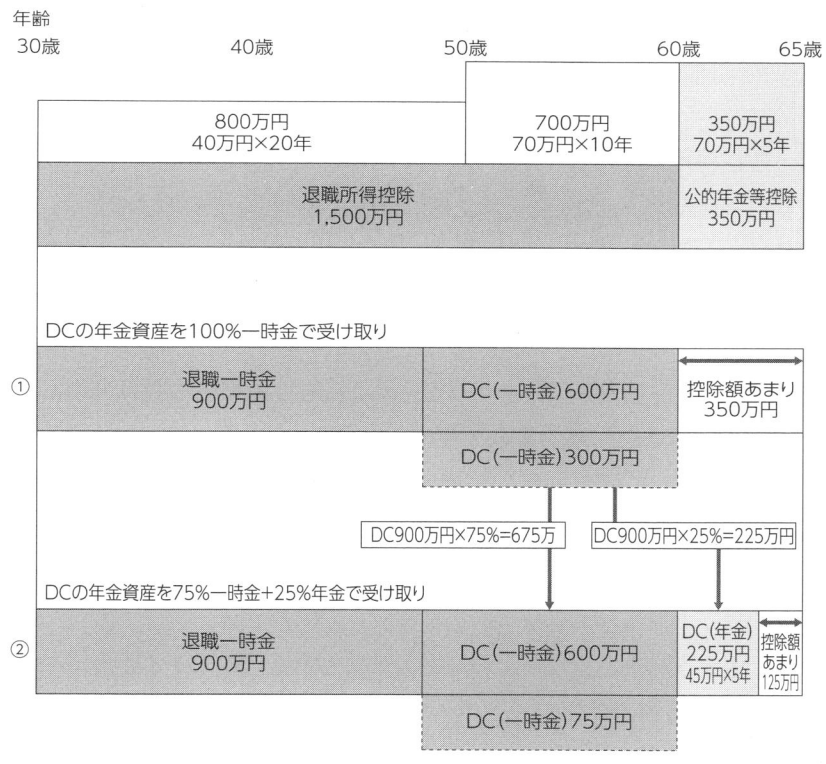

年齢
30歳　　　　40歳　　　　　　　50歳　　　　　　60歳　　　65歳

	800万円 40万円×20年	700万円 70万円×10年	350万円 70万円×5年
	退職所得控除 1,500万円		公的年金等控除 350万円

DCの年金資産を100％一時金で受け取り

① 退職一時金 900万円 ／ DC（一時金）600万円 ／ 控除額あまり 350万円

　　DC（一時金）300万円

DC900万円×75％＝675万　　DC900万円×25％＝225万円

DCの年金資産を75％一時金＋25％年金で受け取り

② 退職一時金 900万円 ／ DC（一時金）600万円 ／ DC（年金）225万円 45万円×5年／控除額あまり125万円

　　DC（一時金）75万円

（注）本表は税額のみで試算しており、運営管理料などの個人負担額もあわせて考慮する必要があります。

（出所）みずほ銀行作成

第5章　退職・受け取り

---

ii 運用利息などは見込んでおりません。

▶受け取り額が退職所得控除額を下回る場合

【前提3】Bさんの状況と会社の制度

定年退職までの勤続期間（加入者期間）	40年
定年退職年齢	60歳
公的年金の支給開始年齢	65歳
定年退職時の退職金の水準	2,000万円
退職金の構成	退職一時金50％＋確定拠出年金50％

【前提4】Bさんの確定拠出年金のプラン内容

事業主掛金の額	定額（毎月13,672円）
想定利回り	2.00％
従業員拠出(マッチング拠出)	あり
受取期間	5年、10年、15年、20年
一括での受け取り割合	100％、75％、50％、25％

まず、退職所得控除額を計算すると、勤続40年で2,200万円となります（70万円×20年＋800万円[iii]）。Bさんの退職金の水準は、退職一時金と確定拠出年金の合計で2,000万円ですので、確定拠出年金を一括で受け取る場合は、退職金合計の全額が退職所得控除額の範囲に収まり、充分にメリットがあったといえます。しかし、退職所得控除額2,200万円と退職金2,000万円との差額の200万円が非課税枠としてのこっています。

つぎに、公的年金等控除額についてもみてみましょう。Bさんの公的年金の支給は65歳からです。65歳以降の公的年金等控除額は年間最低120万円です。厚生労働省のモデル年金額[iv]では、厚生年金保険合計で196万円となっていますので、公的年金等控除額の枠がのこっていません。一方で、65歳未満の公的年金等控除額は年間最低70万円あります。60歳から65歳までの5年間、公的年金等控除額の範囲で確定拠出年金を年金として受け取るとすると、その必要な年金資産は350万円程度[v]になります。したがって、退職所得控除額ののこした200万円と公的年金等控除額の350万円の合計550万円の非課税の枠をのこしていることがわかります［図表2①］。

そこで、検討したいのが、加入者掛金の活用です。前提では、毎月1万3,672円の事業主掛金を40年間積み立て、想定利回り2.0％の運用をすると、確定拠出年金の年金資産は1,000万円となります。これに、加入

---

iii 第2章Q17参照
iv 厚生労働省「平成25年10月分からの年金額の改定について」（夫婦2人モデル）
v 受け取り時の運用実績は見込んでおりません。

者掛金を上乗せして、事業主掛金のおおむね半分程度（約6,800円）の加入者掛金を上乗せすると、60歳時点の確定拠出年金の年金資産が合計で約1,500万円となります［図表2②］。

60歳時点の年金資産1,500万円のうち、75%の1,125万円を一括で受け取ります。退職一時金の1,000万円と合計すると2,125万円ですので、退職所得控除額の範囲に収まっています。のこりの25%の375万円を5年間の年金受け取りとします。年間受け取り額は75万円[vi]となりますので、こちらも公的年金等控除額の枠をほぼ活用することができ、合計で2,550万円の非課税の枠を活用したことになります。

図表2　Bさんの非課税枠の活用イメージ（2014年4月の国内法令に基づき作成）

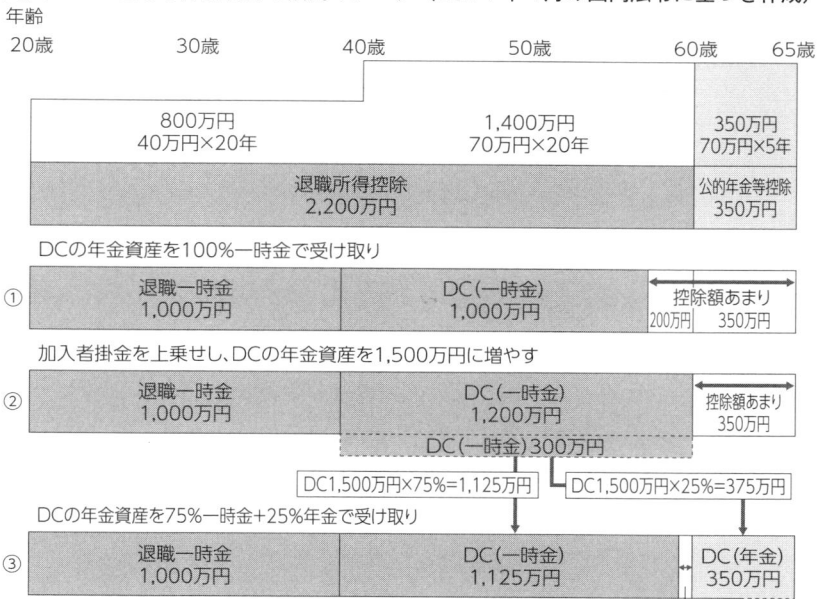

（注）本表は税額のみで試算しており、年金受取時の運営管理手数料などの個人負担額もあわせて考慮する必要があります。

（出所）みずほ銀行作成

---

vi 運用利息などは見込んでおりません。

第3節 その他の受け取り

Q85 どのような場合に障害給付金を受け取れますか？また、年齢に関係なく受け取れますか？

A 一定の障害状態に該当し70歳到達前であれば、受け取れます。

▶一定の障害状態にあれば受け取り可能

確定拠出年金の**障害給付金**を受け取ることができる等級は、以下のとおりとなっており、この状態の場合、受け取りが可能です。

図表1　障害給付の受給が可能となる「障害状態」

(a)	障害基礎年金の受給者（1級および2級の者に限る）
(b)	身体障害者手帳（1級から3級までの者に限る）の交付を受けた人
(c)	療育手帳（重度の者に限る）の交付を受けた人
(d)	精神障害者保健福祉手帳（1級および2級の者に限る）の交付を受けた人
(e)	その他、病気やケガが重なり、国民年金法に定める障害等級に該当する状態に至った人

(出所）みずほ銀行作成

▶障害給付金の請求期間は70歳到達前まで

確定拠出年金の加入者、または加入者であった人が、病気になったりケガをして、つぎの状態となっている場合が障害給付金の受け取りに該当し

ます。
(a) 病気やケガなどになり、はじめて医師や歯科医師の診療を受けた「初診日」から起算して1年6ヵ月を経過した日、またはその期間内にその病気やケガが治癒した場合でその治癒した日から、70歳の誕生日の前々日まで
(b) 病気やケガになり障害に認定され、その後それらの病気やケガ以外により、障害給付金を受け取ることができる障害の状態になった日から、70歳の誕生日の前々日まで

の各期間内に受け取りを開始できます。障害給付金は、ある一定の障害等級に該当した場合、60歳より前でも受け取ることが可能です。

▶ 障害給付金の受給方法

　障害給付金を受け取る場合は、確定拠出年金の運営管理機関に連絡し、受け取りに必要な書類を取り寄せます。それら書類に必要事項を記入のうえ、障害者手帳のコピーなどを添付し、運営管理機関に返送します。

　また、一時金で受け取れるのか、年金の受け取り期間は何年かなどは、確定拠出年金の規約に定められていますので確認してください。通常は、老齢給付金と同じ条件になっているケースが多くみられます。

　なお、障害給付金は70歳より前であれば、年齢に関する受給制限はありません。たとえば、加入しながら、在職中でも一時金や年金を受け取れます。また、障害給付金については所得税などはかからず、全額非課税となっています。

Q86 確定拠出年金加入者が死亡したときに遺族は何をすればよいですか?

A 運営管理機関に連絡をとって、死亡一時金の受け取り手続きを進めます。

▶ **受け取り手続きは遺族が実施**

確定拠出年金の年金資産を持っている人が亡くなった場合、遺族が死亡一時金の手続きを行う必要があります。

手続きは、老齢給付金、障害給付金と同様、まずは運営管理機関に連絡し、必要書類を取り寄せます。その後、書類に記入して必要書類と一緒に提出し、受け取りの手続きを進めます。

図表1　死亡一時金を受け取る場合のタイムスケジュール(イメージ)

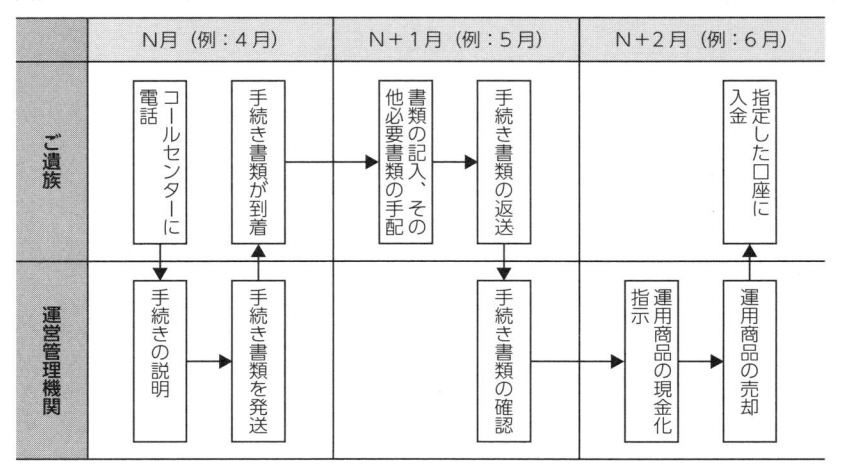

	N月(例:4月)	N+1月(例:5月)	N+2月(例:6月)
ご遺族	コールセンターに電話 → 手続き書類が到着	書類の記入、その他必要書類の手配 → 手続き書類の返送	指定した口座に入金
運営管理機関	手続きの説明 → 手続き書類を発送	手続き書類の確認	指示 → 運用商品の現金化 → 運用商品の売却

(出所)みずほ銀行作成

なお、企業型年金の場合、通常は会社から遺族に「確定拠出年金に加入していた」ことが通知されます。しかし、個人型年金に加入していた人が死亡した場合、死亡したとしても本人以外だれも確定拠出年金の残高があるかわからないこともあります。

個人型年金の場合、少なくとも年1回は、確定拠出年金の残高のお知らせが届くので、そこではじめて遺族が気づくことも考えられます。残高が少額であれば大きな問題にはなりませんが、残高が多額の場合、相続手続を再度行う必要があるかもしれません。

確定拠出年金に限らず、自分がどの生命保険や年金に入っているかを、家族に伝えておくことが必要でしょう。

▶死亡一時金の受け取り順位は決められている

死亡一時金は、確定拠出年金加入者であった人の遺族が受け取ることができます。

「遺族であれば、だれでもよい」というわけではなく、受け取り順序が、以下のように確定拠出年金法で定められており、死亡した人の収入により生計を維持している人が優先されます。

(a) 配偶者（死亡した人の死亡の当時、事実上婚姻関係と同様の事情にあった人を含みます）
(b) 子、父母、孫、祖父母および兄弟姉妹であって死亡した人の死亡の当時、主としてその収入により生計を維持していた人
(c) (b)の人のほか、死亡した人の死亡の当時、主にその死亡した人の収入により生計を維持されていた親族
(d) 子、父母、孫、祖父母および兄弟姉妹の人で、(b)に該当しない人

| Q 87 | 死亡した時の受け取り人を指定することはできますか？ |

| A | 運営管理機関に事前に届け出ることにより、受け取り人を指定することができます。 |

▶ 子どもより、弟が優先される場合もある

　確定拠出年金では、死亡した人の子ども（すでに独立して別の所で生活していた人）よりも、弟（死亡した人の弟で、死亡した人と一緒に暮らしており、死亡した人の収入で生活していた人）が死亡一時金の受け取り順位が優先される場合があります。相続の優先順位とは異なる事例ですが、確定拠出年金法では、死亡した人によって生計を維持されていた人に優先的に支払われます。

図表1　死亡一時金の受け取り順位（例）

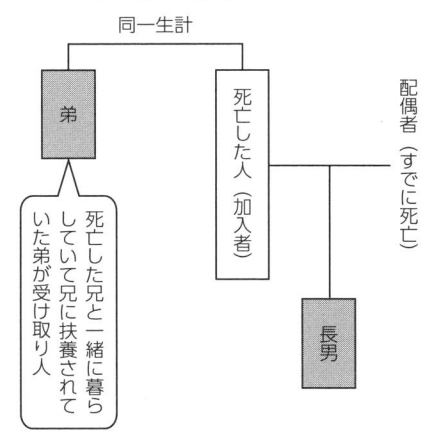

　　　　　同一生計
┌─────────┴─────────┐
弟　　　　　　　死亡した人（加入者）──配偶者（すでに死亡）
｜　　　　　　　　　｜
死亡した兄と一緒に暮　　　長男
らしていて兄に扶養さ
れていた弟が受け取り人

（出所）みずほ銀行作成

そのため、親族と同居などされており、その人の収入で生活している場合などは、事前に関係者で話し合いをしておいたほうがよいでしょう。

　確定拠出年金の加入者や運用指図者が、配偶者（婚姻の届け出をしていないが事実上婚姻関係にあった人も含む）、子、父母、孫、祖父母または兄弟姉妹のうちから死亡一時金を受ける人を指定して、その旨を確定拠出年金の運営管理機関に対して届け出ていたときは、その届け出に記載されていた人が受け取ることができます。

　また、死亡一時金を受けることができる遺族に同順位の人が2人以上いるときは、死亡一時金は、その人数により等分して支給することとなっています。

　なお、死亡一時金を受けることができる遺族がいないときは、死亡した人の年金資産は、死亡した人の相続財産とみなされ、最終的には供託[i]されることとなります。

---

i 供託とは金銭、有価証券などを国家機関である供託所に提出して、その管理を委ね、最終的には供託所がその財産をある人に取得させることによって、一定の法律上の目的を達成しようとするために設けられている制度です（法務省ホームページより）。

> **Q 88** 死亡一時金の受け取り手続きに期限はありますか？
> また、税金はどうなっていますか？

> **A** 遅くとも死亡後5年以内に手続きを行う必要があります。また、死亡一時金はみなし相続財産として、相続税の課税対象です。

▶死亡一時金は遅くとも5年以内に請求

　死亡一時金を受けることができる人による請求が、死亡後5年間ない場合は、死亡一時金を受けることができる遺族はないものとみなされるため、それまでに手続きを行う必要があります。

　また、相続税は死亡後10ヵ月以内に申告する必要がありますので、早めに資産残高などは認識しておくべきでしょう。

▶死亡一時金は「みなし相続財産」

　厳密には死亡日と支給が確定した日の関係から、適用される税法が異なりますが、一般的に死亡の数ヵ月後に受け取る場合、死亡一時金は、**みなし相続財産**となります。ほかの死亡退職金の他の資産とあわせて、法定相続人1名×500万円が非課税限度額となります（2014年10月現在）。

▶死亡した人の年齢は関係なし

　確定拠出年金は60歳以降でないと原則受け取ることができないため、50歳の加入者が死亡した場合でも、その人が仮に生きていれば60歳になる10年後にならないと受け取ることができないと思われる人もいます。

　しかし、死亡一時金には年齢は関係なく、その人が60歳未満で亡くなっ

た場合でもその時点で遺族は一時金で受け取ることができます。

▶ **死亡一時金は年金で受け取れない**

　確定拠出年金の場合、公的年金のように遺族年金はありませんので、全額一時金で受け取ることになります。

コラム3 年金で受け取らない確定拠出年金？

確定拠出年金は2001年10月から始まった制度ですので、60歳を迎えた人の割合はまだそれほど多くありませんが、給付件数の推移は、2010年3月末からの3年間で約2.5万件から約4万件にふえ、年々増加傾向にあります。内訳を見ると、年間の給付件数のうち95％が一時金での給付で、新規に年金給付を選択した件数はわずか5％になっています。確定拠出年金は年金制度ですが、なぜ、年金として受け取らないのでしょうか。

▶ **公的年金の支給**

年金で受け取らない理由の一つとして、2013年3月までに60歳を迎えた会社員は、60歳から公的年金の一部（厚生年金保険の報酬比例部分）を年金として受け取ることができるため、確定拠出年金部分は一括での受け取りを希望していると考えられます。しかし、2013年4月からは公的年金の支給は全額が61歳からとなり、段階的に65歳からの支給へと開始年齢が引き上がっていきます[i]ので、公的年金が受け取れない空白期間

図表1　給付件数

		2010年3月末	2011年3月末	2012年3月末	2013年3月末
①	年金給付件数 （新規発生分） （全体に占める割合）	1,536 6.2%	1,355 5.2%	1,392 4.3%	2,131 5.0%
②	一時金給付件数 （全体に占める割合）	23,041 93.8%	24,607 94.8%	31,223 95.7%	40,631 95.0%
①＋②	給付件数合計	24,577	25,962	32,615	42,762

（出所）運営管理機関連絡協議会「確定拠出年金統計資料（2002年3月末～2013年3月末）」
よりみずほ銀行作成

---

i 第1章Q4参照

がでてくると確定拠出年金の年金での受け取りのニーズも高まっていくでしょう。

▶ プラン運営管理費用の負担

年金で受け取らないもう一つの理由として手数料の問題が挙げられます。会社に在職中は、加入者が運営管理費用を負担しているプランは2.5%とほとんどありませんが、退職し、運用指図者になると、運営管理費用を運用指図者本人が負担するプランが41.4%となります。この費用負担を回避するため確定拠出年金では一括受け取りを選択し、それ以降の費用負担が発生しないようにしているケースが多いと考えられます［図表2］。

▶ 手続きの簡素化

受け取り時の手続きが煩雑なことが、一括受け取りが多い要因であると指摘されることもあります。加入者一人ひとりの老後のライフスタイルに応じて、一括受け取りも年金受け取りも柔軟に選択できるよう、手続きの簡素化などの改善に努めていく必要があります。

図表2　費用負担の状況

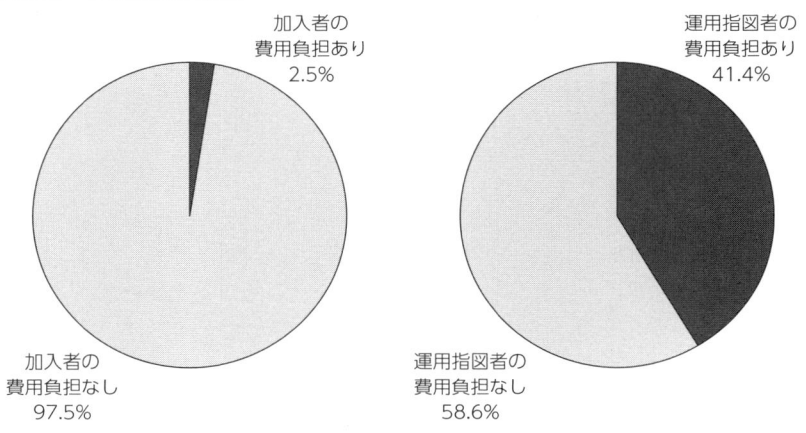

加入者の費用負担あり　2.5%
加入者の費用負担なし　97.5%

運用指図者の費用負担あり　41.4%
運用指図者の費用負担なし　58.6%

（出所）企業年金連合会「第4回確定拠出年金制度に関する実態調査 調査結果」2013年12月

第6章 各国の確定拠出年金制度

第1節 米国の401(k)制度

Q89 米国の確定拠出年金はどのような制度ですか?

A 日本のしくみと似ていますが、個人が掛金を拠出することが前提となった制度で、企業も掛金を追加拠出することができます。

▶ 米国の401(k)制度

米国の企業年金の主流は401(k)と呼ばれている確定拠出年金制度です。**401(k)** とは1978年に米国の税制を規定する「内国歳入法(Internal Revenue Code)」に401条k項が追加され、1981年から具体的な実施規則に適合した税制適格な制度としてスタートしたことに由来します。

日本の確定拠出年金制度としくみは似ていますが、位置づけは大きく異なり、企業ではなく従業員個人が所得控除のメリットを得ながら掛金を拠出することが前提となっています。またマッチングといわれる追加の掛金は個人ではなく企業が任意で拠出することができます。税制上のメリットに加え、企業からの補助金ともいえるマッチング拠出があるため、効率的に老後に向けての準備ができる制度として活用されています。なお、後述しますが1974年にはERISA法(Employee Retirement Income Security Act)が制定され、自営業者や小規模企業の従業員を対象とした確定拠出年金タイプの個人退職勘定(IRA:Individual Retirement Account)がスタートしています[i]。

---

i 第6章 Q92参照

▶拠出限度額

401（k）の個人の年間拠出限度額は 17,500 ドルとなっており、さらに 50 歳以上についてはその限度額にキャッチアップ拠出といわれる年間 5,500 ドルが上乗せされます。企業の拠出限度額はほかの DC 制度とあわせて年間 52,000 ドルとなります（2014 年現在）。このように日本の確定拠出年金と比較すると拠出限度額の水準が大きく異なります。従業員個人の拠出部分については限度額の範囲内で自由に拠出金額を設定でき、変更することも可能です。

▶企業の拠出

マッチングとして企業も掛金を拠出することができ、企業からの補助金あるいは奨励金のような位置づけになっています。ただし、高額の給与所得者だけを優遇することにならないように、給与水準に応じて上限金額が定められています。企業からの掛金額の設定方法は、たとえば従業員拠出額の 3％相当を拠出すると定めたり、企業業績へのインセンティブとなるように事業利益の 0.0005％をマッチングとして加入者に拠出するというように定めたりすることも可能です。

▶受給開始年齢

受給開始年齢は原則 59.5 歳からとなっており、年金のみならず一時金での受給も可能となっています。また、59.5 歳より以前でも所得税に加え、10％のペナルティタックスを負担すれば引き出すことができる制度となっています。

▶ローン

401（k）では、規約に定められていれば、ローンの借り入れを受けることができます。自分自身の年金資産の 50％まで、かつ 50,000 ドルを

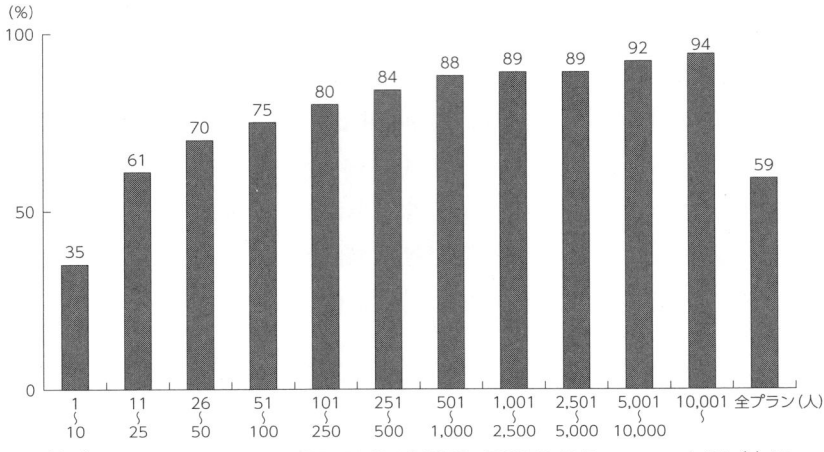

図表 1　ローンの提供状況（プランの規模別）

(%)
- 1〜10：35
- 11〜25：61
- 26〜50：70
- 51〜100：75
- 101〜250：80
- 251〜500：84
- 501〜1,000：88
- 1,001〜2,500：89
- 2,501〜5,000：89
- 5,001〜10,000：92
- 10,001〜：94
- 全プラン(人)：59

（出所）ICI RESEARCH PERSPECTIVE,VOL.19,NO12　FIGURE 43 Percentage of 401（k）Plans Offering Loans by Plan Size,2012

上限として、借り入れができる使途自由のローンは期間5年まで、住宅取得目的のローンは期間15年まで、などと定められています。自分の年金資産を取り崩して借り入れを受けるしくみとなり、返済は課税後の給与所得から利息も含めて自分自身の401（k）口座に返済することになります。ローン金利は市中銀行のローン利率を参考にプランごとに決められています。ローンの返済中は個人拠出することはできなくなり、それにより企業からのマッチング拠出も受けられなくなります。59.5歳前にローン残高を返済せずに転職した場合は、その残高に対し通常の所得税に加えてペナルティとして10％の税金が課税されます（ペナルティタックス）。またローンに対しての手数料負担もあります。

　実際には全体の59％のプランにおいてローン制度を提供しています。加入者数が大規模なプランになればなるほどローンを認めている比率が高くなっており、加入者が10,000人を超えるプランでは94％、10人未満のプランでは35％がローンを提供しています。

▶ 中途引き出し

中途引き出しには、その理由により以下の2つの方法があります。

① 経済的な困窮による引き出し（米国では hardship と呼びます）

医療費の支払い、保険でカバーできない天災被害による支出、離婚などによる法的な支払い、など経済的困窮にともない資産を引き出す方法です。従業員拠出額ならびにそれによる収益部分について引き出しができるもので、59.5歳未満の場合は所得税に加え、ペナルティタックスとして10％が課税されます。また、キャッチアップ拠出を含む個人拠出が6ヵ月間できなくなり、それにともない企業からのマッチング拠出も停止されます。この方式は、6ヵ月の間隔をあければ何度でも引き出すことができます。

② 年齢による引き出し

59.5歳以降であれば在職中であっても特別な理由なく引き出すことができるもので、対象資産は受給権が発生した年金資産すべてとなります。その際に20％の連邦税が課税されます。

ローンには借入利息がかかりますが、その利息も含めて自分の口座に返済すること、また、ローンには税金がかからないことなどのメリットがありますので、中途引き出しよりもローンの借り入れがすすめられています。

Q90 米国401（k）制度の加入者にはどのような特徴がありますか？

A 2006年の制度改革もあり、加入率は増加していますが、加入者間で年金資産の格差がひろがっているようです。

▶ 2006年の主な制度改革内容

米国では勤務する企業が401（k）プランを導入していても、加入は原則従業員各人の任意となります。2006年に年金保護法（Pension Protection Act of 2006）が成立し、①制度への自動加入（automatic enrollment、非加入を表明しない限り自動的に制度に加入させられるしくみ（オプトアウト方式））、②掛金の拠出率の自動引き上げ（Annual Increase Program、勤続1年目は給与の3％、2年目は4％、3年目は5％などのように、毎年拠出額を自動的に引き上げるしくみ）、③ライフサイクルファンドをデフォルト商品としてラインアップする、といったことが可能となりました。従来は本人の意思を確認したうえで制度に加入させなければならなかったため（オプトイン方式）、加入率が伸びなかったのですが、2006年以降は自動的に加入者数が増加し、またその掛金はデフォルト商品であるライフサイクルファンドに自動的に投資されることになりDCの資産も大きく伸びています（2012年12月末現在、4兆886億ドル、日本のDCの資産残高は2013年3月現在、6兆7,961億円）。その結果、2012年にはDCとIRAの資産の比率が米国の全年金資産の過半を超える規模となっています[i]［図表1］。

---

i 出所：ICI America's Commitment to Retirement Security Investor Attitudes and Actions, 2013「U.S. Retirement Assets」

図表1　資産残高の伸び

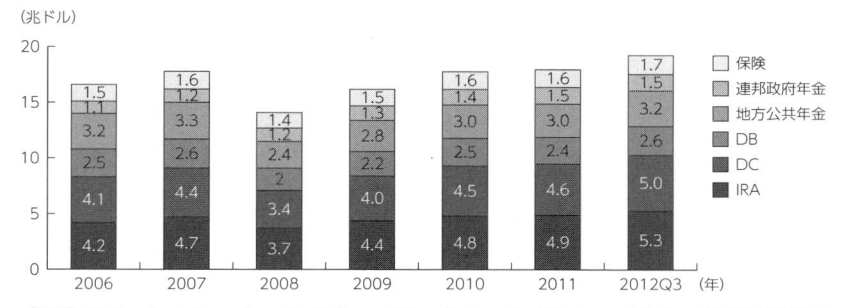

(兆ドル)

年	保険	連邦政府年金	地方公共年金	DB	DC	IRA
2006	1.5	1.1	3.2	2.5	4.1	4.2
2007	1.6	1.2	3.3	2.6	4.4	4.7
2008	1.4	1.2	2.4	2	3.4	3.7
2009	1.5	1.3	2.8	2.2	4.0	4.4
2010	1.6	1.4	3.0	2.5	4.5	4.8
2011	1.6	1.5	3.0	2.4	4.6	4.9
2012Q3	1.7	1.5	3.2	2.6	5.0	5.3

（出所）ICI America's Commitment to Retirement Security Investor Attitudes and Actions,2013 FIGURE 1 U.S. Retirement Assets

▶ **加入者の状況**

　401（k）加入者の51％を30歳代と40歳代が占め、20歳代は12％となっています。加入者の中間年齢は45歳です［図表2］。また、資産残高の60％を50歳代と60歳代の資産が占めており、20歳代と30歳代の資産の割合は13％となっています[ii]。

　加入者の就業期間はさまざまですが、5年未満の加入者が37％、30年以上の就業期間の加入者は5％となっています［図表3］。なお、加入者

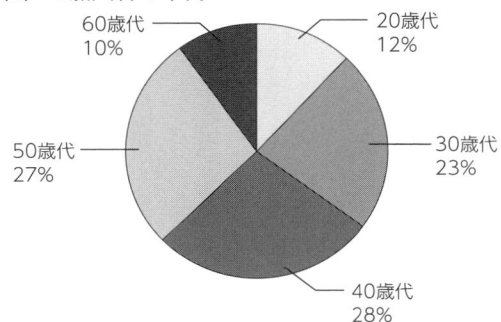

図表2　401（k）の加入者の年代

- 20歳代 12%
- 30歳代 23%
- 40歳代 28%
- 50歳代 27%
- 60歳代 10%

（出所）ICI RESEARCH PERSPECTIVE,VOL.19,NO12 FIGURE 5 Percentage of active 401（k）Plan assets by participant age,2012

---

ii 出所：ICI RESEARCH PERSPECTIVE,VOL.19,NO12「401(k) Participants Represent a Range of Ages」

の就業期間の中間値は8年とあまり長くありません[iii]。

　加入者の平均資産残高はリーマンショック時には大きく下落したものの、その後は回復し2012年には63,929ドルとなっています［図表4］。

図表3　401（k）の加入者の割合（勤続年数別）

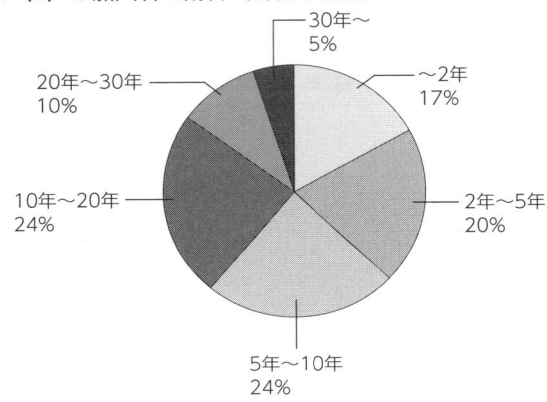

- 30年〜　5%
- 〜2年　17%
- 2年〜5年　20%
- 5年〜10年　24%
- 10年〜20年　24%
- 20年〜30年　10%

（出所）ICI RESEARCH PERSPECTIVE,VOL.19,NO12 FIGURE 6 Percentage of active 401(k) plan participants by years of tenure,2012

図表4　401（k）の加入者の資産残高の平均値と中間値の推移

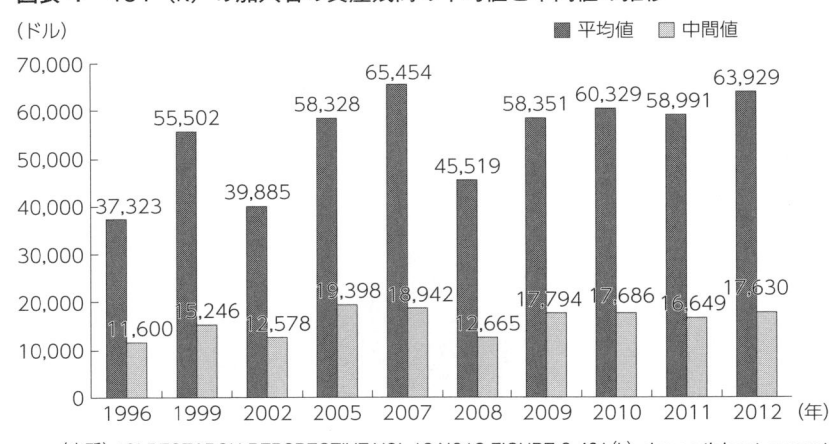

（ドル）　■平均値　□中間値

年	平均値	中間値
1996	37,323	11,600
1999	55,502	15,246
2002	39,885	12,578
2005	58,328	19,398
2007	65,454	18,942
2008	45,519	12,665
2009	58,351	17,794
2010	60,329	17,686
2011	58,991	16,649
2012	63,929	17,630

（出所）ICI RESEARCH PERSPECTIVE,VOL.19,NO12 FIGURE 9 401(k) plan participant account balances, selected years

---

iii 出所：ICI RESEARCH PERSPECTIVE,VOL.19,NO12「401(k) Participants Represent a Range of Job Tenures」

また、資産残高の平均値と中間値の推移はどの年も中間値が平均値の約30％となっており、加入者間の格差が大きいことがわかります。

　図表5は加入者の資産残高の分布状況を示したものです。1万ドル以下の加入者が39.6％を占め、10万ドル以上の加入者は10.2％となっています。また、20万ドル以上の資産残高を保有する加入者も8.5％います。

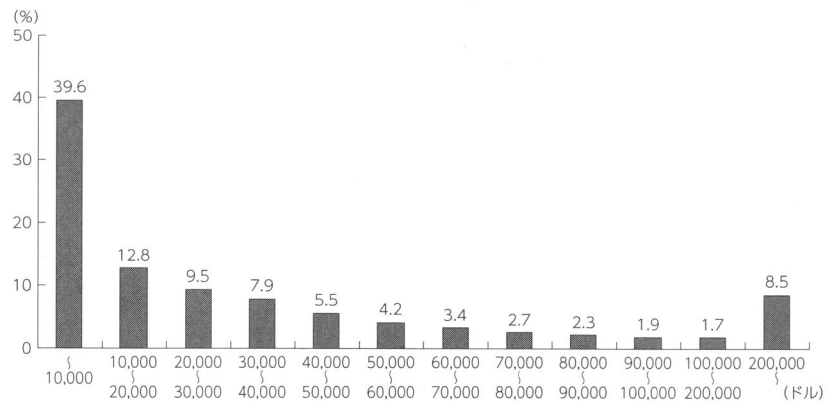

図表5　401（k）の加入者の資産残高の分布

資産残高（ドル）	割合（％）
～10,000	39.6
10,000～20,000	12.8
20,000～30,000	9.5
30,000～40,000	7.9
40,000～50,000	5.5
50,000～60,000	4.2
60,000～70,000	3.4
70,000～80,000	2.7
80,000～90,000	2.3
90,000～100,000	1.9
100,000～200,000	1.7
200,000～	8.5

（出所）ICI RESEARCH PERSPECTIVE,VOL.19,NO12 FIGURE 10 Percentage of participants with account balances in specified range,2012

▶ ローン利用状況

　加入者の21％がローンを利用しており、また保有する401（k）の資産額に対するローン残高の割合は13％となっています（2012年）[図表6]。ローンを利用する年代は40歳代が多く、ついで30歳代、50歳代となっています[iv]。

　2012年末のローン残高の平均額は7,153ドルで中間値は3,858ドルとなっています。ローン残高は、年齢の高い加入者、401（k）の加入期間が長い加入者、資産残高が多い加入者、給与の高い加入者は低い傾向にあります[v]。

---

iv 出所：ICI RESEARCH PERSPECTIVE,VOL.19,NO12「401（k）Loan Activity Varied Across 401（k）Plan Participants」
v 出所：ICI RESEARCH PERSPECTIVE,VOL.19,NO12「Average Loan Balances」

図表6　ローンの残高推移

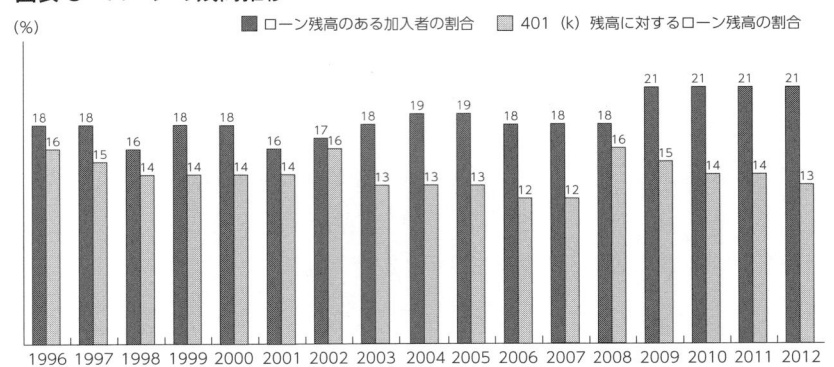

(出所) ICI RESEARCH PERSPECTIVE,VOL.19,NO12 FIGURE 46 Few 401（k）participants Had Outstanding 401（k）Loans; Loans Tended to Be Small, 1996-2012

▶ **そのほかの加入者の行動**

　2012年で年金資産残高の配分を変更した加入者は9.0％、毎月の掛金の配分を変更した加入者の割合は6.5％となっており、投資行動はさほど活発ではないといえるでしょう［図表7］。また、加入者が拠出を停止してしまう比率は2.1％で、何らかの理由で資産を引き出してしまう加入者は4.2％（うち1.4％は経済的困窮＝hardshipによる）となっています。

図表 7　加入者の行動

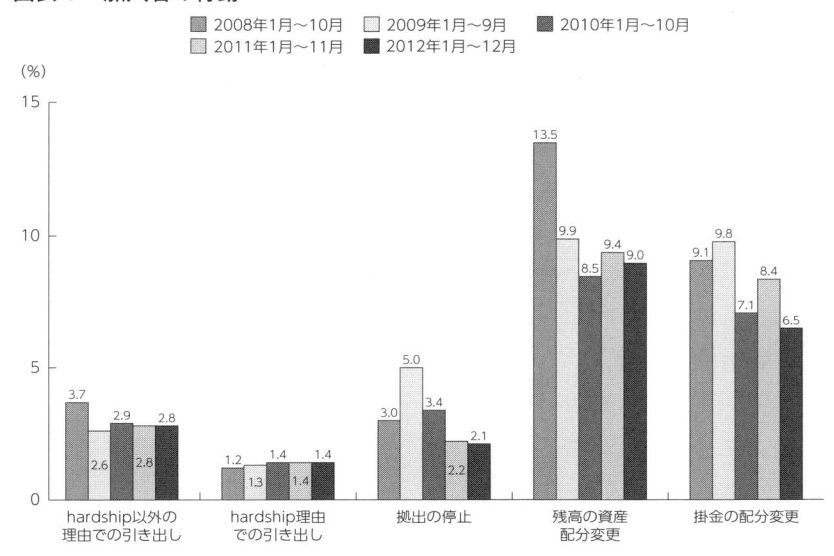

凡例: 2008年1月～10月　2009年1月～9月　2010年1月～10月　2011年1月～11月　2012年1月～12月

項目	2008年1月～10月	2009年1月～9月	2010年1月～10月	2011年1月～11月	2012年1月～12月
hardship以外の理由での引き出し	3.7	2.6	2.9	2.8	2.8
hardship理由での引き出し	1.2	1.3	1.4	1.4	1.4
拠出の停止	3.0	5.0	3.4	2.2	2.1
残高の資産配分変更	13.5	9.9	8.5	9.4	9.0
掛金の配分変更	9.1	9.8	7.1	8.4	6.5

（出所）ICI America's Commitment to Retirement Security Investor Attitudes and Actions, 2013 FIGURE 13 Defined Contribution Plan Participant Activities

| Q 91 | 米国401(k)制度の加入者はどのような資産運用を行っていますか？ |

| A | 自社株への投資が減少し、バランスファンドへの投資が増加しています。 |

▶ 資産運用の状況

資産運用状況は株式ファンドが39％を占め、ついでバランスファンドが22％となっています。最近のトレンドでは、株式ファンドや自社株ファンドの割合が減少し、その分バランスファンドが増加しています[i]［図表1］。

図表1　資産配分状況の推移

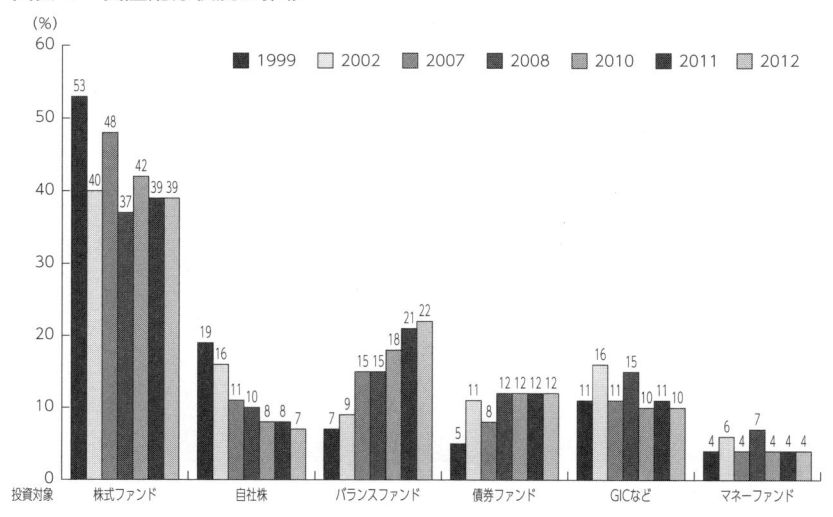

(%)

凡例：1999　2002　2007　2008　2010　2011　2012

投資対象	株式ファンド	自社株	バランスファンド	債券ファンド	GICなど	マネーファンド
1999	53	19	7	5	11	4
2002	40	16	9	11	16	6
2007	48	11	15	8	11	4
2008	37	10	15	12	15	7
2010	42	8	18	12	10	4
2011	39	8	21	12	11	4
2012	39	7	22	12	10	4

（出所）ICI RESEARCH PERSPECTIVE,VOL.19,NO12 FIGURE 20 401(k) plan average asset allocation, percentage of total assets, selected years

---

i 出所：ICI RESEARCH PERSPECTIVE,VOL.19,NO12「Year-End 2012 Snapshot of 401(k) Participants' Asset Allocation」

図表2は加入者の年代別資産配分状況を示したものですが、若年層は株式ファンドやバランスファンド、特にターゲットデートファンドに投資する傾向が強く、20歳代では約45％がターゲットデートファンドとバランスファンドへの投資資産となっています。これは、デフォルト商品にターゲットデートファンドが採用され始めたことが理由といえるでしょう。60歳代はその比率が約20％となっていますが、株式ファンドへの投資比率だけで比較すると20歳代も60歳代も約30％となります。年配層は債券ファンドのような確定利付きタイプやGIC、マネーファンドなどへの投資比率が高まります。全体の加入者でみると資産の約15％がターゲットデートファンドへの投資となっています[ii]。

図表2　年代別資産配分状況

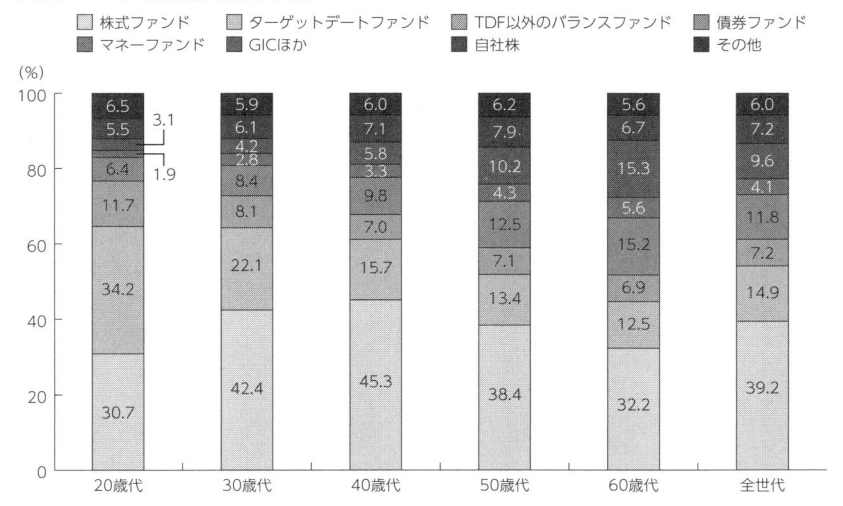

	20歳代	30歳代	40歳代	50歳代	60歳代	全世代
株式ファンド	30.7	42.4	45.3	38.4	32.2	39.2
ターゲットデートファンド	34.2	22.1	15.7	13.4	12.5	14.9
TDF以外のバランスファンド	11.7	8.1	7.0	7.1	6.9	7.2
債券ファンド	6.4	8.4	9.8	12.5	15.2	11.8
マネーファンド	1.9	2.8	3.3	4.3	5.6	4.1
GICほか	5.5	4.2	5.8	10.2	15.3	9.6
自社株	3.1	6.1	7.1	7.9	6.7	7.2
その他	6.5	5.9	6.0	6.2	5.6	6.0

（出所）ICI RESEARCH PERSPECTIVE,VOL.19,NO12 FIGURE 21 Average Asset Allocation of 401（k）Account by Participant Age よりみずほ銀行作成

---

ii　出所：ICI RESEARCH PERSPECTIVE,VOL.19,NO12「Average Asset Allocation of 401（k）Accounts by Participant Age」

▶ 自社株

従来は自社株ファンドをラインアップするプランが多くありましたが、最近では事業主が加入者に過度なリスクが集中するのをおそれ、自社株に対する投資制限を行うプランもあります。あるプランの例では、DCのメニューから自社株を除外したり、自社株へ新しく投資したりすることを禁止しています。もっとも一般的な自社株への抑制方法はその保有割合の最大上限を設定するものです。なお、入社後数年の加入者は従来、自社株への投資比率が特に高い傾向があったのですが、近年では自社株への投資割合は減少傾向にあります[iii]［図表３］。

図表３　自社株への投資する加入者の推移

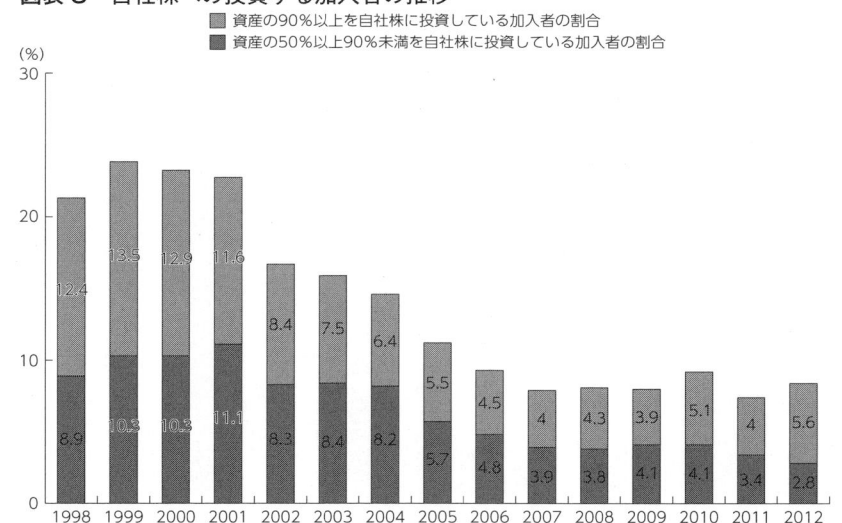

■ 資産の90％以上を自社株に投資している加入者の割合
■ 資産の50％以上90％未満を自社株に投資している加入者の割合

年	50%以上90%未満	90%以上
1998	8.9	12.4
1999	10.3	13.5
2000	10.3	12.9
2001	11.1	11.6
2002	8.3	8.4
2003	8.4	7.5
2004	8.2	6.4
2005	5.7	5.5
2006	4.8	4.5
2007	3.9	4
2008	3.8	4.3
2009	4.1	3.9
2010	4.1	5.1
2011	3.4	4
2012	2.8	5.6

（出所）ICI RESEARCH PERSPECTIVE,VOL.19,NO12 FIGURE 41 Percentage of recently hired participants offered company stock holding the percentage of their account balance indicated in company stock, 1998-2013

---

iii 出所：ICI RESEARCH PERSPECTIVE,VOL.19,NO12「New 401(k) Participants Tend Not Hold High Concentration in Company Stock」

▶ ターゲットデートファンド Target Date Fund（TDF）

　TDF[iv]は1994年にはじめて組成され、加入者の年齢が上がるにつれ株式比率が減少するアセットアロケーションの変更プロセスが定着しました。また、2006年には年金保護法がTDFをデフォルトファンドとして適格認定したことから残高が拡大しました。現在では、多くのTDFが組成され、中には一部資産への比重が高くなりすぎた運用が行われているという事象も発生し、短期的な収益をねらった商品組成が一部において行われているという指摘もあります。リーマン・ショック後の2008年から2009年には、たとえば、あと数年で退職という年度を満期とするTDFの中にはパフォーマンスが大きく低下し、元本が大きく割れたファンドも存在したようです。最近ではTDFの自動的なアセットアロケーションの変動を個々の加入者のニーズにあわせるよう、商品の改善も進められています。

---

iv 第4章 Q51 参照

Q92 米国のIRA制度にはどのような特徴がありますか？

A 加入対象者によって複数のIRA制度があり、加入率は40％程度となっています。

▶ 制度概要

　米国では企業年金制度の加入者を保護するために1974年にERISA法が施行されました。これにより、企業年金でカバーされていない小規模企業の従業員、自営業者などに対し税制優遇のある退職貯蓄口座を提供するとともに、DC加入者が転職などでプランを脱退する際の資産の受け皿としての制度が整いました。IRAには拠出時非課税・運用時非課税・給付時課税の「Traditional IRA」（1974年）、そして拠出時課税・運用時非課税・給付時非課税の「Roth IRA」（1998年）の2つのタイプがあります。このほかに1978年に「内国歳入法（Internal Revenue Code）」の408条k項の創設により新設された自営業者と小規模企業の従業員を対象とし、事業主でなければ拠出できない「SEP（Simplified Employee Pension）IRA」、1996年の中小企業保護法により設立された自営業者と従業員100人未満の企業の従業員を対象とし、事業主、従業員の双方が拠出できる「SIMPLE（Saving Incentive Match Plan for Employees IRA）」など企業型のIRAがあります。

図表1　タイプ別IRAの資産残高の割合

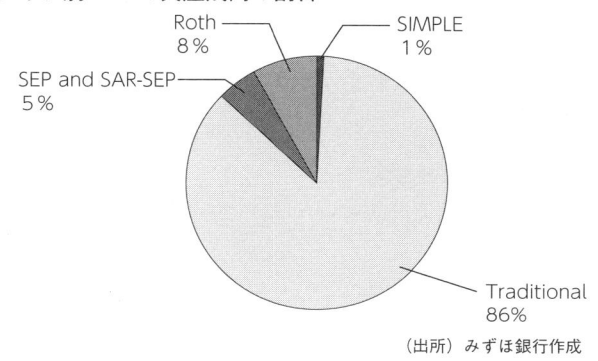

- Roth 8%
- SIMPLE 1%
- SEP and SAR-SEP 5%
- Traditional 86%

（出所）みずほ銀行作成

▶ 加入者の状況

1981年の制度改革では企業年金の加入者、公務員を含むすべての勤労者がIRAの加入対象となりました。しかし、対象者のうちIRA勘定を保有している人の割合はわずか38%となっており、また掛金を拠出してい

図表2　IRAへの口座保有状況

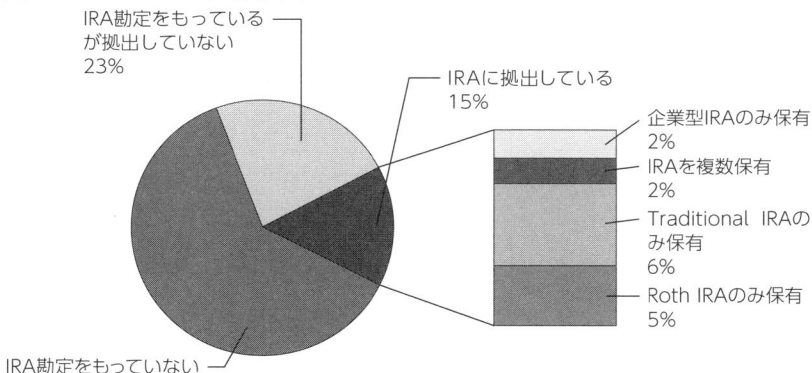

- IRA勘定をもっているが拠出していない 23%
- IRAに拠出している 15%
- IRA勘定をもっていない 62%

内訳：
- 企業型IRAのみ保有 2%
- IRAを複数保有 2%
- Traditional IRAのみ保有 6%
- Roth IRAのみ保有 5%

（出所）ICI RESEARCH PERSPECTIVE,VOL.19,NO11 FIGURE 17 Percentage of all U.S. households that contributed to IRAs in the previous tax year,2007-2013 よりみずほ銀行作成

る人の割合は15％にとどまっているのが実態です[i]。なお、IRAは年間拠出限度額5,500ドル、50歳以上についてはキャッチアップ拠出限度額として1,000ドルが上乗せされます。

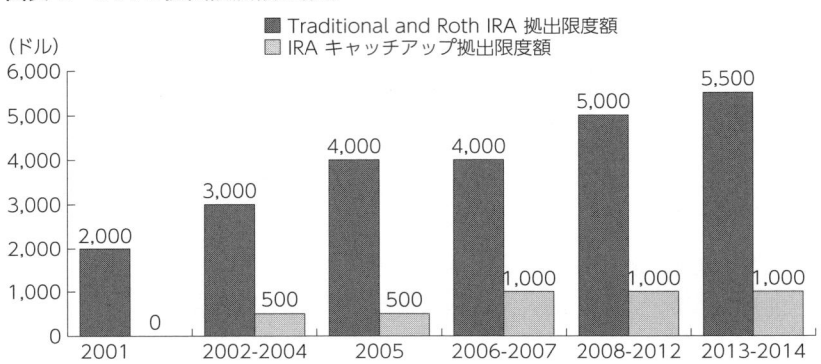

図表3　IRAの拠出限度額の推移

凡例：
- Traditional and Roth IRA 拠出限度額
- IRA キャッチアップ拠出限度額

年	Traditional and Roth IRA 拠出限度額	IRA キャッチアップ拠出限度額
2001	2,000	0
2002-2004	3,000	500
2005	4,000	500
2006-2007	4,000	1,000
2008-2012	5,000	1,000
2013-2014	5,500	1,000

（出所）ICI RESEARCH PERSPECTIVE,VOL.19,NO11 FIGURE 20 Traditional and Roth IRA Contribution Limits Set by the Internal Revenue Code,2001-2014

　米国国民の16％が何らかのIRA制度に加入し、IRA加入者の39％が制度への掛金拠出を行っており、その拠出額の中間値は年間で5,000ドルとなっています。IRAの給付開始年齢は401（k）と同様に、原則59.5歳から70.5歳となっていますが、それ以前でも所得税＋10％のペナルティタックスを負担すれば引き出すことができる制度となっています。図表4のとおり21％のIRA加入者が引き出しを行っていますが、その内訳は16％が退職にともなったもので、5％が退職前に引き出しを行っています。

　引き出し額の平均は17,300ドルで、中間値が6,500ドルとなっています。またその引き出しの理由は、38％が生活費に充当し、31％がほかの資産勘定への移し換え、16％が自宅の購入・リフォーム代金の支払い、12％が医療費関連の支出となっています[ii]。

---

[i] 出所：ICI RESEARCH PERSPECTIVE,VOL.19,NO11「The Role of IRAs in U.S. Households' Saving for Retirement,2013」

[ii] 出所：ICI America's Commitment to Retirement Security Investor Attitudes and Actions,2013「Traditional IRA Withdrawal Activities Is Limited and Usually Retirement Related」

図表4　Traditional IRA加入者の引出率とその理由

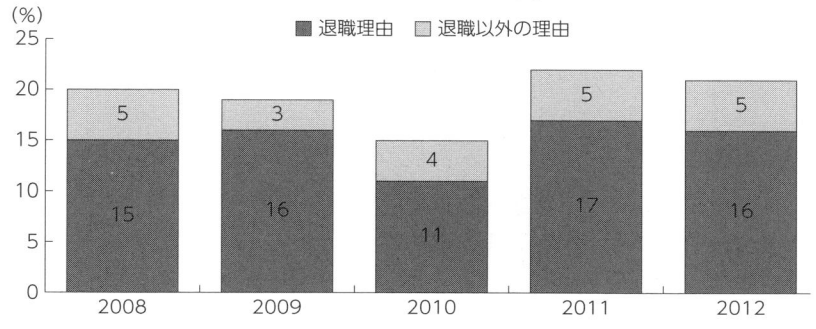

年	退職理由	退職以外の理由
2008	15	5
2009	16	3
2010	11	4
2011	17	5
2012	16	5

（出所）ICI America's Commitment to Retirement Security Investor Attitudes and Actions, 2013

　IRAの制度別の拠出状況は企業型IRAが46％と一番高く、ついでRoth IRAsが38％となっており、Traditional IRAでは26％の加入者のみが拠出しているという状況です[iii]。

図表5　IRAへの拠出状況

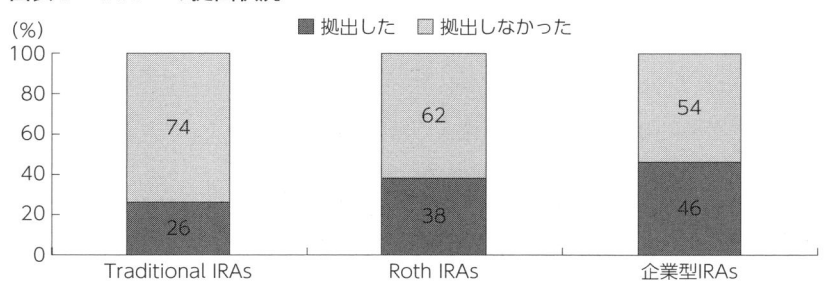

	拠出した	拠出しなかった
Traditional IRAs	26	74
Roth IRAs	38	62
企業型IRAs	46	54

（出所）ICI RESEARCH PERSPECTIVE, VOL.19, NO11 FIGURE 18 Percentage of U.S. households owning each type of IRA in 2013 by contribution status in tax year 2012

　IRAに拠出しない理由について、退職前の加入者を対象にした調査では、45％が拠出する余裕がないため、37％が職場で同様の制度があるため、などと回答し、退職後の人々を対象とした調査では、61％が退職し運用期間が短いため、26％が拠出する余裕がないため、などと回答しています[iv]　［図表6］。

---

iii 出所：ICI RESEARCH PERSPECTIVE, VOL.19, NO11「The Role of IRAs in U.S. Households' Saving for Retirement, 2013」
iv 出所：ICI RESEARCH PERSPECTIVE, VOL.19, NO11「The Role of IRAs in U.S. Households' Saving for Retirement, 2013」

図表6　IRAへの拠出しない理由

回答内容	退職後	退職前
勤務先に同様の制度があるため	12%	37%
拠出する余裕がないため	26%	45%
拠出額を税控除できないため	20%	14%
IRAに拠出資格がないため	23%	9%
退職し今後の運用期間が短いため	61%	1%
相続したIRAがあるから	4%	3%
その他	5%	10%

（出所）ICI RESEARCH PERSPECTIVE,VOL.19,NO11 FIGURE 19 Percentage of traditional IRA-owing households that did not make contributions in tax year 2012 よりみずほ銀行作成

　IRAの口座保有者の73％が引退後の収入や資産運用に対する方針を持っていると回答しています。またその方針をたてるにあたっては、63％がフィナンシャルアドバイザーから情報を得ており、ついで、友人や家族からが30％、本や雑誌・新聞の記事からが24％となっています。

図表7　老後に向けた資産運用に関する情報入手先

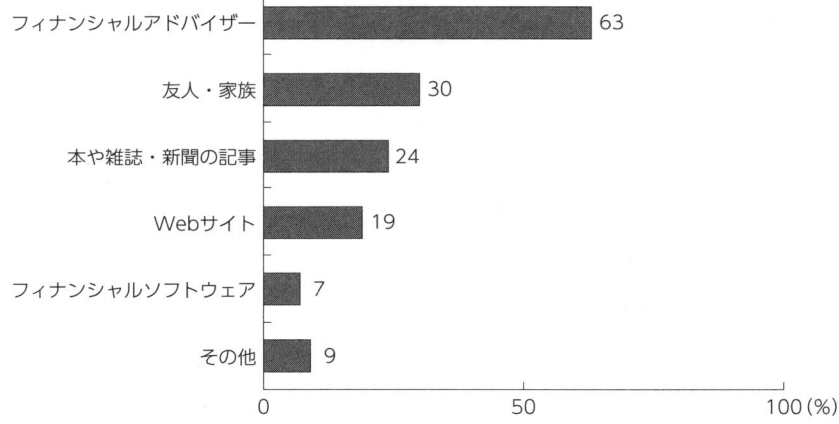

情報源	%
フィナンシャルアドバイザー	63
友人・家族	30
本や雑誌・新聞の記事	24
Webサイト	19
フィナンシャルソフトウェア	7
その他	9

（出所）ICI RESEARCH PERSPECTIVE,VOL.19,NO11 FIGURE 31 Percentage of traditional IRA-owing households that indicated they have a strategy for managing income and assets in retirement, 2013

第6章 各国の確定拠出年金制度

第2節 韓国の確定拠出年金制度

Q93 韓国の確定拠出年金はどのような制度ですか？

A 拠出額や拠出周期などで自由度が高く、日本より柔軟性がある制度となっています。

▶ **韓国の確定拠出年金制度**

　韓国では 2005 年 12 月に「勤労者退職給与保障法」が施行され確定拠出年金が導入されました。日本と同様に会社が掛金を拠出することが前提となった制度ですが、先行して導入されている米国や日本などの制度をよく研究し、改善を加えて導入されたといわれています。

▶ **掛金の拠出**

　韓国の確定拠出年金制度では法律上の掛金の上限額の制限はなく、一方で下限額が年間賃金総額の 12 分の 1（約 8.3％）以上と定められています。これは従来からの退職一時金制度が勤続 1 年あたり給与の 30 日分にあたる退職金を支給しなければならないということに由来します。また、事業主は毎年 1 回以上定期的に掛金を拠出しなければならないと定められているのみなので、日本のように毎月掛金を拠出するという形態に限らず、年 1 回あるいは、半年ごと、四半期ごと、など多様な拠出周期から企業が自由に選択することができます。掛金の決定方法は一定期間の従業員給与額に比例して掛金を算出する定率法（たとえば月の給与の 8.4％を毎月掛金として拠出するなど）と、給与額に関係なく定期的に定額を拠出して年末

に掛金総額を精算して残額を拠出する定額法があり、この2つの方法を混合した掛金の決定方法も利用されることがあります。

▶ 従業員の拠出

日本では確定拠出年金が導入され10年以上経た2012年1月から従業員の掛金拠出が認められました。それには企業と従業員の掛金の合計額が拠出限度額以内で、かつ従業員からの掛金は企業の掛金を超えてはならないという条件があります。

一方、韓国では制度が導入された当初から従業員拠出が認められていました。また、日本のように企業からの掛金を超えてはならないといった制限はなく、従業員の掛金の変更に関する制限もありません。従業員の掛金に対する所得控除額の限度が個人年金などと合算して年400万ウォンまでと規定されているのみであり掛金自体に対する制限はありません。

▶ 資格喪失年齢

日本では2014年1月から確定拠出年金の資格喪失年齢が現行の60歳から65歳まで引き上げられ、最長65歳までの拠出が可能となりました。

韓国では企業が掛金を拠出できる期限は、年齢上の制限はなく企業の任意で何歳まででも拠出できます。また、年金の受給可能年齢は55歳からであり、日本のように加入期間に応じて受給開始年齢が引き上がるということもありません。なお、日本と異なり退職時には「IRP」という個人の年金勘定に移換したうえで、そこから年金を受け取ることとなっており、55歳未満で退職した場合には一度IRPに移換し、現金で受け取ることも可能となっています。

▶ 投資教育

確定拠出年金制度は、資産運用の実績に応じて将来の年金受給額が変動するため資産運用の知識を身につけてもらうことが重要となりますので、日韓とも投資教育が義務化されています。

日本では「年金確保支援法」により継続的に提供する努力義務も明文化され、投資教育に関しては事業主の責務として位置づけられています。

韓国では確定拠出年金制度のみならず確定給付年金制度でも年1回以上の教育が「労働者退職給与保障法」で義務づけられています。確定拠出年金では、企業からの掛金の納付状況や資産運用状況、リスクとリターンといった商品性や老後設計の重要性などが教育されています。

▶ 運用商品の選定

日韓ともにリスク・リターン特性の異なる3種類以上の運用商品を提示しなければならず、元本確保型の商品は必ずラインアップされなければならないと規定されています。

韓国では確定給付年金制度、確定拠出年金制度とも事業主・従業員の双方が資産運用の経験があまりないということから、相対的にリスクが高い商品に対して投資制限を行っています［図表1］。

特に確定拠出年金制度では、年金資産は従業員の責任と権限のもとで運用されるという点で、株式の直接投資が禁止されるなど確定給付年金よりもリスク資産に対する投資規制が強化されています。株式への直接投資が禁止されているのは日本と同様ですが、投資信託についても株式の組み入れ比率を40％以内に抑えるという制限があります。なお、確定給付年金も過度の積極的な投資を制限して財政健全性を確保すべきとされており、その結果として確定拠出年金よりも保守的な運用となっています［図表2］。

図表1　資産運用の規制

商品例	投資限度
国債／地方債 投資適格等級以上の特殊債／社債 投資適格等級以上の住宅抵当証券と教育ローン証券 投資適格等級以上の企業の発行する手形 為替ヘッジのある OECD 加盟国（A 格以上）の国債　など	100%
OECD 加盟国の発行する投資適格等級債券 外国債券に 50％以上投資するファンド　など	30％以内
上場株式／有価証券預託証書／転換債券 損失範囲が 10％以上の派生証券 投資非適格等級債券に 30％以上投資するファンド 不動産ファンド（除く賃貸型）　など	投資不可
株式型（株式比率 60％超）や株式混合型（株式比率 40〜60％）のファンド	40％以内
不動産ファンド（賃貸型）	40％以内

（出所）韓国産業銀行資料よりみずほ銀行作成

図表2　制度別資産運用状況

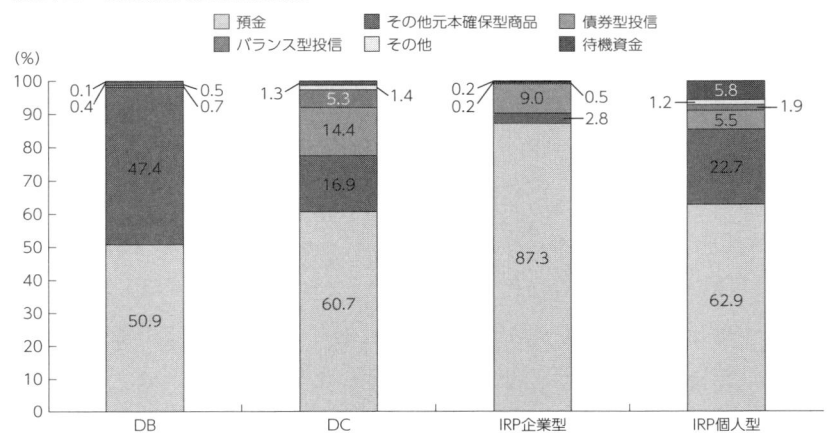

凡例：預金／その他元本確保型商品／債券型投信／バランス型投信／その他／待機資金

区分	DB	DC	IRP企業型	IRP個人型
預金	50.9	60.7	87.3	62.9
その他元本確保型商品	47.4	16.9	2.8	22.7
債券型投信	0.7	14.4	9.0	5.5
バランス型投信	0.4	1.3	0.2	1.2
その他	0.1	5.3	0.2	5.8
待機資金	0.5	1.4	0.5	1.9

（出所）韓国雇用労働部「退職年金導入現況 2013.9」よりみずほ銀行作成

▶ 脱退一時金の受給

　日本では、企業が確定拠出年金を導入する際に一番につかい勝手の悪さを指摘されるのが、定年前の中途退職時に引き出しが原則できないことです[i]。

　大部分の企業では、既存の退職給付制度からその全部あるいは一部を確定拠出年金制度へ移行するケースが多く、退職金は退職時（中途退職時も含め）に現金で支給されるものという概念から、60歳以降から支給されるものというように、制度そもそもの位置づけを変えなければなりません。そこで、既存の退職給付制度の100％を確定拠出年金制度に移行できずに、退職金制度や確定給付企業年金制度など何らかの形で中途退職時に現金を支給できる制度と組み合わせて導入することになります。

　一方、韓国では従来から退職金制度において従業員の要請があれば、退職前であっても事業主は勤続期間に応じて、理由を問わず退職金をあらかじめ支払うという、「中間清算」のしくみがありました。従業員にとってはつかい勝手はいいものの、退職金制度が老後の生活費の準備という役目を果たしていないという指摘もありました。そのため、退職金を中間清算する場合の条件を明確に定め、老後の生活費のための資産として確保することを目的として「勤労者退職給与保障法」が改定されました。

　従来は企業を退職した場合は、確定拠出年金制度の資産を現金で一時金として受け取るか、IRPに移換することになっていましたが、「勤労者退職給与保障法」の改定により、55歳以前に退職した場合は、原則としてIRPに移換することが義務化されました。なお、55歳以降に退職した場合は一時金として現金で受け取ることも可能となります。また韓国の確定拠出年金制度では、①無住宅者の住宅購入、②加入者あるいは、その扶養家族の6ヵ月以上の長期療養、③天変地異、などの特別な理由がある場合は年金受給権を担保に資産額の50％を限度としてローンの借り入れが可能となっています。ただし、実際には金融機関が年金資産を担保として徴

---
i 第5章 Q68参照

求し融資を実行した場合、仮に返済の延滞などがあった場合でも、融資額と年金資金との相殺がすぐには実行できないため、実態としてはほとんどの金融機関で担保の提供を受けずに融資を取り扱っているところが多いようです。

　日本のように脱退一時金を受け取りにくくすれば、つかい勝手は悪くなりますが老後の生活費を確保しやすくなります。一方、従来の韓国の中間清算制度のように脱退一時金の受け取り要件を緩和すると、安易な受け取りが増加し、老後の生活費確保が困難となってしまいます。

▶ **税制上の特徴**

　韓国でも日本と同様に、拠出段階、運用段階では非課税扱いとなり、年金の受給時に課税されるしくみとなっています。事業主の掛金は全額損金算入され、従業員からの掛金については個人年金と合算して年間400万ウォンまで所得控除が受けられます。受け取り時に一時金を選択した場合には退職所得として、年金を選択した場合には年金所得として源泉徴収されます。なお、従業員の退職年金受給方法とは関係なく、源泉徴収義務者は確定拠出年金制度の事業主となります。

Q94 韓国の確定拠出年金制度の加入者にはどのような特徴がありますか？

A 公的年金制度の歴史が浅く給付水準が低いため、より自助努力での資産形成が求められているようです。

▶ 低い所得代替率

　日韓の公的年金の支給水準（日本のモデル世帯の所得代替率は 2009 年財政検証では、2009 年度で 62.3％、2025 年度予測で 55.2％、韓国は 2028 年まで段階的に 40％まで引き下げ中）の違いもあり、また所得税の負担水準も異なりますので、単純な比較はできません。韓国の公的年金制度は日本の制度を参考に設定されたといわれていますが、歴史が浅いこともあって、その水準は十分とはいえないようです。OECD によると、高齢者世帯の年平均所得は全世帯の 66.7％相当であり、日本の同数値の 86.6％と比較しても低いという調査結果があります。

　また高齢者の所得における主な収入源に関する調査においても、日本の場合、主な収入源を公的年金とする高齢者の割合が 66.3％、仕事による収入が 24.3％となるのに対し、韓国では公的年金からの収入とする高齢者の割合は 10.6％、仕事による収入が 37.5％、子どもからの援助が 30.1％となり、日米では公的年金とする高齢者の割合が一番高いのに対し、韓国では仕事による収入とする高齢者の割合がもっとも高くなっています。

図表 1　主な収入源の日米韓比較

凡例：□ 仕事による収入　□ 公的年金　□ 私的年金　■ 預貯金引き出し　■ 財産収入
　　　■ 子どもの援助　■ 生活保護　■ その他　■ 無回答

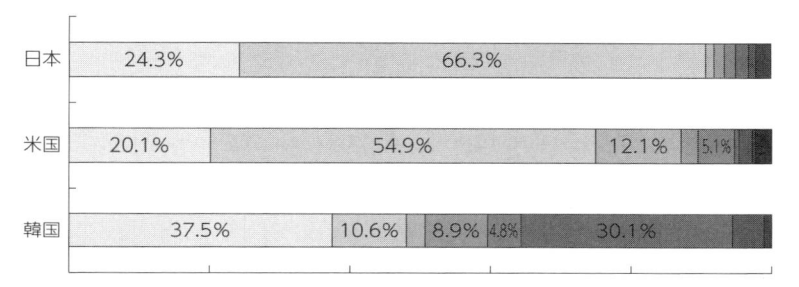

国	仕事による収入	公的年金	私的年金	預貯金引き出し	財産収入	その他
日本	24.3%	66.3%				
米国	20.1%	54.9%		12.1%	5.1%	
韓国	37.5%	10.6%	8.9%	4.8%		30.1%

（出所）内閣府平成 22 年度「第 7 回高齢者の生活と意識に関する国際比較調査結果　第 8 章高齢期の経済生活」よりみずほ銀行作成

▶ 早い定年

　日本においては 60 歳定年が一般的であり、加えて 65 歳までの再雇用制度も定着しつつあるようですが、韓国では 55 歳や 50 歳台後半を定年とする企業が多く、なかには実質 45 歳定年などといわれているところもあります。そのため年金の支給開始年齢まで企業で働くことは極めて少ないのが現実です。そのため収入を得る手段として、自分自身で事業を始めることが多く、45 歳以降の労働人口における個人事業主の比率は 40％を超えるといった統計もあります。65 歳を超えて、なお働きつづける理由としては、公的年金制度自体への国民の期待感の低さが影響しているようです。男性には約 2 年間の兵役義務もあるため、社会人としてのキャリアの開始は一般に 25 歳以降であり、企業での通算勤続年数は 30 年未満となることから、勤続 40 年を前提とした年金給付水準の目標を大きく下回ることも予想されます。

Q95 韓国の確定拠出年金の加入者はどのような資産運用を行っていますか？

A 預金金利の水準も高いこともあり、日本の加入者より保守的な投資傾向がみられます。

▶ **運用状況**

　日韓の確定拠出年金制度の比較にあたって、重要な外部要因として金利環境の違いがあります。日本の定期預金の金利（1年）が0.025％前後であるのに対して、韓国の金利は3.00％前後という水準です（2014年2月末現在）。また、韓国の確定拠出年金制度には想定利率という概念はなく、1年定期預金の金利が3.00％前後ということであれば、リスクをとって運用するという発想そのものがなくなるようです。事実、韓国の確定拠出年金制度の資産の77.6％は元本確保型商品となっており、リスク性商品への投資が21.1％です。

図表1　韓国の確定拠出年金制度の資産状況

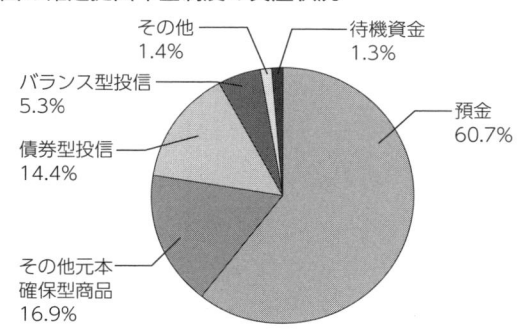

- その他 1.4%
- 待機資金 1.3%
- バランス型投信 5.3%
- 債券型投信 14.4%
- その他元本確保型商品 16.9%
- 預金 60.7%

（出所）韓国雇用労働部「退職年金導入現況2013.9」よりみずほ銀行作成

一方、確定給付年金制度の資産の98.3％が元本確保型商品での運用となっています[i]。この理由は、確定給付年金は事業主に運用責任があるため、より保守的な運用となっており、逆に確定拠出年金は従業員が自分の意思で運用商品を選択できるということで、よりリスクをとった運用となっていると解釈されています。

　日本の確定拠出年金の資産配分状況は、2013年3月末の運営管理機関連絡協議会の資料によると、元本確保型商品での運用が全体の58.9％を占めています。過去の配分状況を確認しても、2010年3月末が62.2％、2011年3月末が62.5％、2012年3月末が63.2％、となっており、約60％が元本確保型商品での資産運用となっています［図表2］。

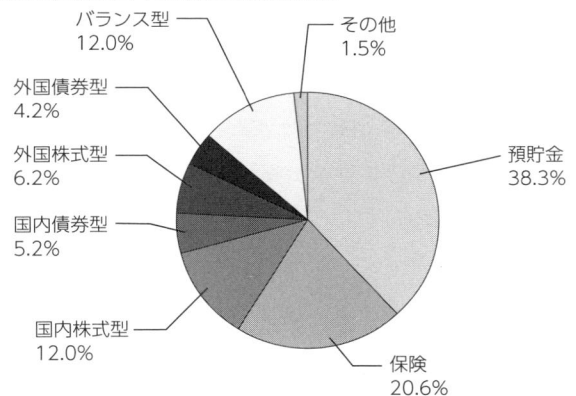

図表2　日本の確定拠出年金制度の資産状況

- バランス型 12.0％
- その他 1.5％
- 外国債券型 4.2％
- 外国株式型 6.2％
- 国内債券型 5.2％
- 国内株式型 12.0％
- 預貯金 38.3％
- 保険 20.6％

（出所）運営管理機関連絡協議会「確定拠出年金統計資料2013末」よりみずほ銀行作成

---

i　第6章Q93参照

Q96 韓国のIRP（Individual Retirement Pension 旧IRA）制度にはどのような特徴がありますか？

A 日本の個人型確定拠出年金制度より柔軟性がある制度となっています。

▶ **制度の概要**

　個人を加入対象とした確定拠出年金制度として個人退職年金（IRP）があります。自営業者や退職者など個人のみが加入できる個人型と従業員10名未満の企業が導入する企業型の2つの制度があります。個人型IRPは従業員が企業を退職した際に受け取った退職一時金の移換金も受け入れることが可能です。数回の転職による退職金の受け入れも何回でも可能であり、前制度からの中間清算金も受け入れ可能としています。IRPの年間積み立て額は個人年金、DCの従業員拠出額部分と合わせて1,800万ウォンかつ、IRPだけで1,200万ウォンの限度額があります。なお、中途引き出し、解約も可能で、その際は繰り延べられていた退職所得税を支払わなければならないという制約があります。複数の退職金の受け皿としての機能のあるIRP制度により、転職するごとに退職金を受け取らずに税制優遇を受けつづけながら積み立てと運用を継続することができます。実質的な引退時点まで老後に向けた資産を効率的に積み立てることをサポートする制度となっています。

　IRPの資産規模は確定拠出年金制度の約40％となっており、日本の個人型確定拠出年金の資産が企業型の約10％となっているのとくらべると[i]韓国のIRPがより普及し、老後に向けての資産形成の役割を果たしているといえるでしょう。

---

i 出所：運営管理機関連絡協議会「確定拠出年金統計資料2013末」

図表1　年金資産の比率

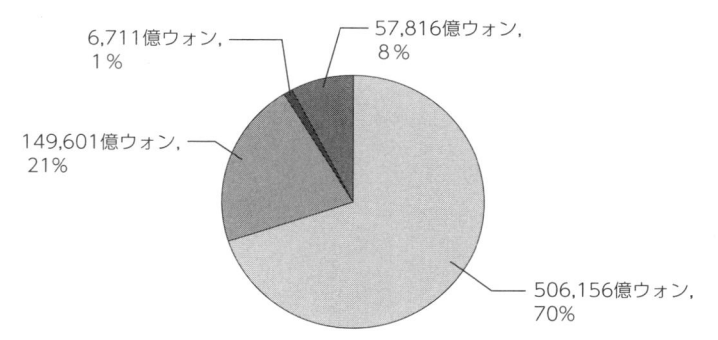

□DB　■DC　■企業型IRP　■個人型IRP

- 6,711億ウォン, 1%
- 57,816億ウォン, 8%
- 149,601億ウォン, 21%
- 506,156億ウォン, 70%

（出所）韓国雇用労働部「退職年金導入現況 2013.9」よりみずほ銀行作成

　企業で導入する IRP は従業員 10 人未満の事業所で労務管理が脆弱な零細な企業の負担を軽くするための確定拠出年金の 1 つです。年間賃金総額の 12 分の 1 以上を年 1 回以上定期的に拠出し、通常の確定拠出年金制度の場合と同様に従業員が事業主の掛金に追加して拠出することも可能となっています。個別の年金規約の作成などは免除され、小規模企業にとって管理負担の小さい制度となっています。

第7章 確定拠出年金の将来像

Q97 掛金の拠出限度額が引き上げられる予定はありますか？

A 2014年度10月から通算3度目の掛金の拠出限度額の引き上げが実現しました。

▶ 掛金の拠出限度額の状況

掛金の拠出限度額は、確定拠出年金法で定められており、確定拠出年金以外に企業年金がない場合は年間66万円、ほかに企業年金がある場合は33万円となっています（2014年10月現在）。

2004年と2010年の過去2回にわたり掛金の拠出限度額が引き上げられてきましたが、企業年金連合会が実施したアンケート（2013年）によると25.9％の企業が「限度額の到達者が存在」していると回答しています。また、拠出限度額に到達しないように制度設計されている潜在的なケースも考慮すると、今後も掛金の拠出限度額を引き上げに対するニーズは高いものと考えられます。

図表1　拠出限度額の到達状況

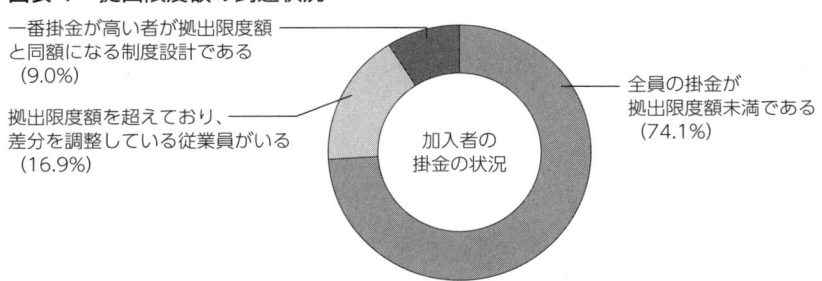

- 一番掛金が高い者が拠出限度額と同額になる制度設計である（9.0％）
- 拠出限度額を超えており、差分を調整している従業員がいる（16.9％）
- 全員の掛金が拠出限度額未満である（74.1％）

加入者の掛金の状況

（出所）企業年金連合会「第4回確定拠出年金制度に関する実態調査 調査結果」2013年12月

▶従業員拠出制度（マッチング拠出）の改善案①

掛金の拠出限度額の引き上げによる、加入者にとっての大きなメリットの１つは、**従業員拠出制度**をより活用しやすくなる点です。加入者掛金は、全額所得控除となり税制上のメリットが大きい制度ですが、現在の拠出限度額ではそのメリットを十分に受けられないケースがあります。

たとえば、事業主掛金の拠出限度額に達している場合は、「事業主掛金と加入者掛金の合計が限度額を超えてはならない」というルールがあるため、個人はそれ以上は拠出することができません。したがって、掛金の拠出限度額が引き上げられることにより、加入者掛金を拠出できる可能性が高まるでしょう［図表２］。

図表２　拠出限度額と従業員拠出制度（マッチング拠出）改善案①

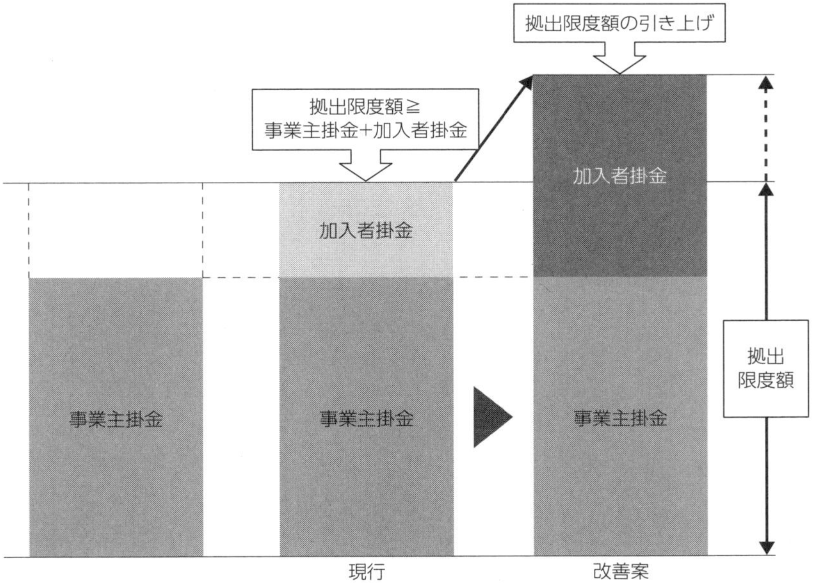

（出所）みずほ銀行作成

▶ 従業員拠出制度（マッチング拠出）の改善案②

　事業主掛金が少ない場合は、「加入者掛金が事業主掛金を超えてはならない」というルールがあるため、掛金の拠出限度額が余っている場合においても、事業主掛金を超えることができません。これを解決するためには、「加入者掛金が、掛金の限度額の範囲内であれば、事業主掛金に関係なく選択できる」ようになることが必要であると考えられます［図表3］。

　2013年に政府が設置した社会保障制度改革国民会議がとりまとめた報告書によれば、公的年金の支給開始年齢を現在の65歳からさらに引き上げることを「中長期的課題として考える必要がある」項目として位置付けられました。老後への備えにあたっては準備を始める時期が早いほどよく、従業員拠出制度は老後生活に向けた上乗せの資産形成を自ら行うことができる有効な制度といえ、よりつかい勝手のよい制度になるよう、改善の議論が進むことが期待されます。

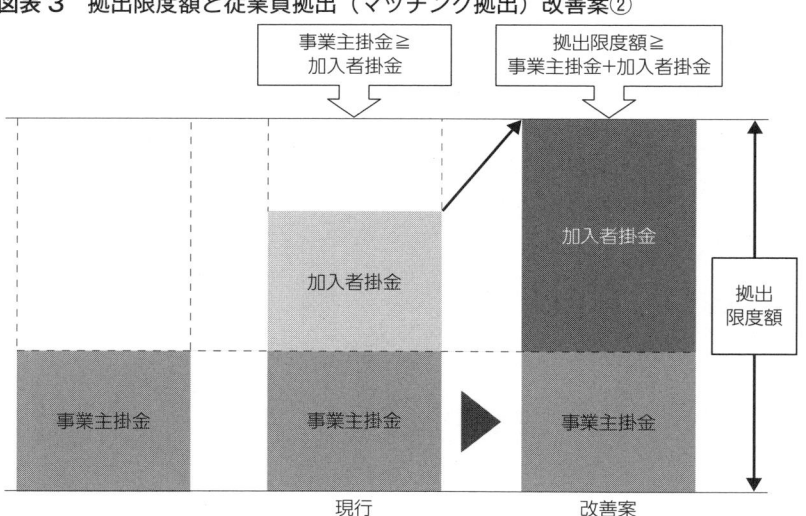

図表3　拠出限度額と従業員拠出（マッチング拠出）改善案②

（出所）みずほ銀行作成

第7章 確定拠出年金の将来像

Q98 なぜ自分の年金資産を自由に引き出すことができないのですか？

A 確定拠出年金は老後資金を積み上げることを目的とした制度で、税制優遇がされているためです。一方、米国では経済的に困窮している場合などに中途引き出しが可能となっており、日本においても要件緩和の議論が進むことが望まれます。

▶ 60歳前の中途引き出しは原則できない

　確定拠出年金は、企業に在職しているかいないかにかかわらず、原則60歳前に年金資産を引き出すことは認められていません。これは、確定拠出年金の税制優遇は老後の資産形成を後押しするために設けられており、ほかの目的で資産がつかわれることは好ましくないと考えられているからです。しかし、加入者にとっては、老後を迎える前にまとまった資金需要が一時的に生じること（たとえば本人または家族の急な医療費の支払いなど）もあり得ます。一方で、事業主掛金のみならず、加入者掛金で形成された年金資産まで引き出しが制限されてしまうことから、現状では、従業員拠出制度を積極的に利用したくても、なかなか踏み切れないという人もいると思われます。60歳前の中途引き出しを認めるかどうかは、確定拠出年金がさらに普及していくうえで、大きな課題の1つといえます。

▶ 求められる中途引き出し要件の緩和

　米国の401（k）では、経済的な困窮に陥った場合や一定年齢以上で退職した場合などに年金資産の中途引き出しが認められています。また、制

度の規約に定めがあれば、ローンの借り入れを受けることも可能です[i]。

　日本では、特例として 2011 年の東日本大震災の際に、被災者に一定の条件下で確定拠出年金資産の中途引き出しを認めるという対応がありました。今後は、年金資産額が少ない人だけが一定の条件下で認められている脱退一時金の要件緩和や、米国のように経済的な困窮時や一定の年齢の基準を設けて中途引き出しを認めるなどの柔軟な対応が求められるでしょう。

　米国は日本とくらべて公的年金の水準が異なり、単純な比較はできませんが、日本でも将来的に公的年金の給付水準の引き下げや受給開始年齢の引き上げが行われた場合は、いままで以上に老後資金を準備していく時代を迎える可能性があります。60 歳以前の中途引き出し要件の緩和をどこまで進めるかは、今後の課題となってきますが、これまでよりも柔軟に対応できるようになれば、加入者が積極的に活用しやすくなるでしょう。

　要件緩和の議論の中では、ペナルティとしての追加課税を前提として、年金資産額や加入期間に関係なく引き出しを容認することも選択肢の 1 つと考えられますが、老後の資産形成という本来の目的を果たせなくなるおそれもありますので安易な対応はできないでしょう。

---

[i] 第 6 章 Q89 参照

Q 99 ラインアップされている運用商品は変わらないのですか？

A 運用商品のラインアップは、見直されることがあります。ただし、運用商品をふやすことはできても、除外することは実務的に困難です。

▶ **運用商品ラインアップの傾向**

　確定拠出年金の導入当初は、運用の経験が少ない人にわかりやすい商品を中心に選定されていますが、制度導入後しばらくすると、加入者の運用状況やニーズに応じて、運用商品ラインアップの見直しを行うケースがあります。厚生労働省の調査では、1プランあたりの平均の運用商品本数は21本（2014年6月30日時点）となっており、徐々に商品数は拡大傾向にあります。

図表1　プラン単位の運用商品数

	300人未満	300人以上	全体
平均	18	23	21
最多	69	69	69
最少	3	3	3

（出所）厚生労働省ホームページ「企業型年金の運用実態について」2014年6月現在

　みずほ銀行が運営管理機関として確定拠出年金を受託している企業に商品ラインアップの追加に関する意向を調査したところ、新興国の株式や債券に投資する投資信託やREITなどの株式や債券以外の投資対象資産を組

図表2　商品ラインアップの追加に関する意向調査

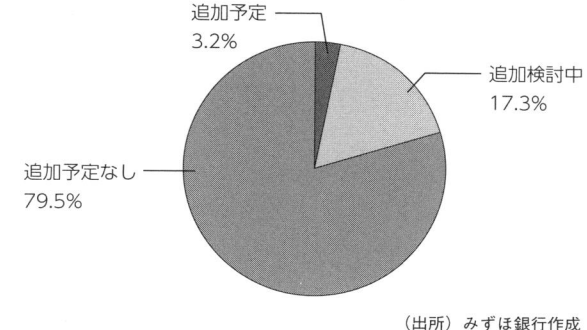

- 追加予定　3.2%
- 追加検討中　17.3%
- 追加予定なし　79.5%

（出所）みずほ銀行作成

み込んだ新しいバランス型投信などを含む商品の追加をしたいと回答した企業が全体の20.5％に達しました。今後も新しい商品の開発などにより、追加するニーズは継続的に見込まれます。

▶ 運用商品の除外は困難

　運用商品を追加するだけでは、商品数がふえつづけますので、運用の経験が少ない加入者にとっては、商品内容を混同してしまう、あるいは選択しづらくなるといった弊害も想定されます。しかし、現在の法令ではラインアップされている商品を除外するには、その商品に投資している加入者と運用指図者の全員から同意を得ることが必要[i]と定められており、現実的には除外は困難な状況です。2006年に厚生労働省は、加入者などの全員の同意がなくても、従業員の過半数で構成する労働組合との合意があれば商品を減らすことができるように要件緩和の検討を表明しており[ii]、今後の議論が進むことが望まれます。

---

i 出所：確定拠出年金法第26条
ii 出所：厚生労働省「適格退職年金の移行の現状及び取組」2006年

> **Q100** 転職後、公務員や専業主婦となった場合、掛金を拠出することはできませんが、将来の確定拠出年金制度のさまざまな要件は緩和される方向にあるのでしょうか？

> **A** 日本において米国のIRAをモデルとした私的年金制度（日本版IRA）を創設することが提唱されています。私的年金制度の検討にあたり、個人型確定拠出年金制度を拡充・活用することで、年金資産をより持ち運びしやすくなるなどの利便性向上を期待できます。

▶ポータビリティの現状

　確定拠出年金のメリットの1つは転職時の資産の持ち運び（ポータビリティ）ができることですが、引き続き掛金を拠出できる加入者となれる人は法律で限定されているため、そのメリットを十分に受けられないケースがあります。

　たとえば、転職した場合、つぎの勤務先で確定給付型の年金制度があって確定拠出年金がない場合や、公務員、専業主婦（主夫）などとなった場合は、掛金を拠出できず、資産も引き出せない状態になるケースがあります[i]。この場合、これまで積み上げてきた年金資産を個人型年金に移し換え、運用指図者（新たな掛金を拠出せず、運用のみを行う人）として、60歳以降になるまで運用のみを継続していくことになります。また、その間、管理手数料の負担が必要となりますが、年金資産の目減りを防ぐためには、企業型年金から移し換えた年金資産で、手数料相当額を上回る運用益を確保していかなければなりません。このような状態の運用指図者か

---
i 第5章 Q67 参照

らは、制度上の改善を望む声が寄せられています。

▶日本版 IRA 創設の機運

今後、制度改善のために、中途引き出しや脱退一時金の要件緩和[ii]をしていくことに加え、個人型年金の加入対象者を拡大し、単に年金資産を運用するだけではなく、個人が新たに掛金を拠出することを認めることが必

図表 1　米国の IRA と日本の確定拠出年金の比較

		米国の IRA (Traditional IRA)	日本の確定拠出年金	
			企業型年金	個人型年金
加入対象者	条件	所得のある個人	確定拠出年金のある企業の従業員など	自営業者または企業年金のない企業の従業員など
	年齢	70.5 歳未満	60 歳未満	
掛金の限度額		年間 5,500 ドルまたは年収の 100%の小さい金額（50 歳以上は年間 1,000 ドルの追加拠出ができる）	ほかの企業年金なし年間 66 万円ほかの企業年金あり年間 33 万円	第 1 号加入者年間 81.6 万円第 2 号加入者年間 27.6 万円
税制優遇	所得控除	ほかの企業年金なし年間 5,500 ドルほかの企業年金あり年収 59,000 ドル以上は段階的に縮小	全額	
	運用益	非課税	非課税	
	受け取り	なし	退職所得控除、公的年金等控除	
受け取り（中途引き出し）		原則、59.5 歳以降に受け取り（条件つきで中途引き出し可）	原則、60 歳以降に受け取り（中途引き出し不可）	

（出所）みずほ銀行作成

---

ii 第 7 章 Q98 参照

要だと考えられます。

米国や韓国では、転職時の受け皿として、**IRA**（Individual Retirement Account）[iii]、**IRP**（Individual Retirement Plan）と呼ばれる制度があります[iv]。日本の個人型年金と比較しますと、転職時の受け皿としてより柔軟な制度となっていますので、制度上の改善点のヒントを得ることができます。

米国のIRAや韓国のIRPと日本の確定拠出年金は、拠出時や運用時に税制優遇があること、拠出する金額や投資対象を自分自身で決定すること、一定の年齢に達するまでは原則として資産を引き出せないことなど、基本的な枠組みは同じです。一方、相違点として、IRAは公務員や専業主婦（主夫）、さらには401（k）の加入者（日本における企業型年金の加入者）も含めて、幅広い国民が利用できる制度となっており、日本の確定拠出年金のように勤務先などに応じた加入資格の制限がなく、転職時に公務員、専業主婦（主夫）などとなった場合に、掛金を拠出できない、あるいは資産を引き出せないといった状態にはなりません。さらに、転職時には401

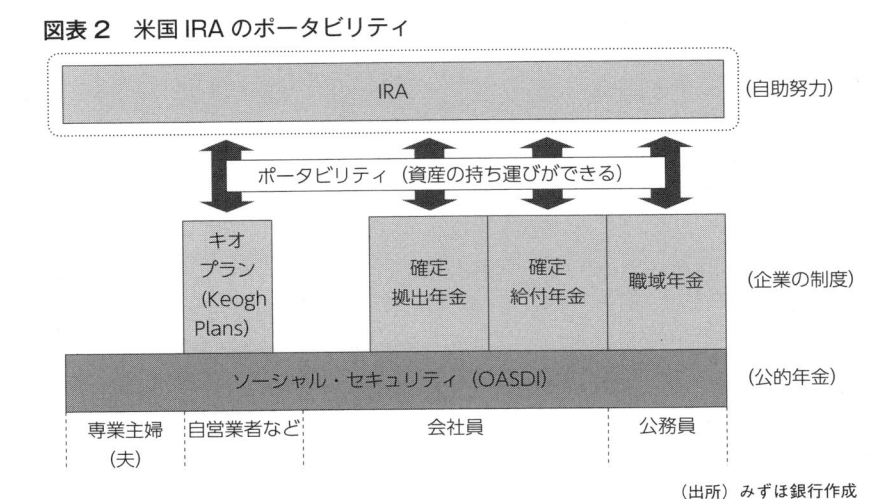

図表2　米国IRAのポータビリティ

IRA					（自助努力）
↕ ポータビリティ（資産の持ち運びができる） ↕					
	キオプラン (Keogh Plans)	確定拠出年金	確定給付年金	職域年金	（企業の制度）
ソーシャル・セキュリティ（OASDI）					（公的年金）
専業主婦（夫）	自営業者など	会社員		公務員	

（出所）みずほ銀行作成

---
iii 第6章Q92参照
iv 第6章Q96参照

図表3　確定拠出年金を活用した日本版IRAのイメージ

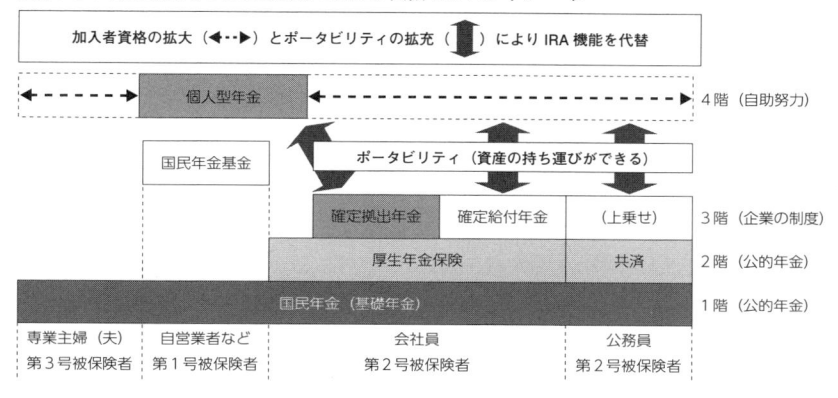

加入者資格の拡大（◀┈▶）とポータビリティの拡充（⬍）によりIRA機能を代替

	専業主婦（夫）第3号被保険者	自営業者など第1号被保険者	会社員第2号被保険者	公務員第2号被保険者
4階（自助努力）	個人型年金	個人型年金	個人型年金	
3階（企業の制度）		国民年金基金	確定拠出年金／確定給付年金	（上乗せ）
2階（公的年金）			厚生年金保険	共済
1階（公的年金）	国民年金（基礎年金）			

ポータビリティ（資産の持ち運びができる）

（出所）みずほ銀行作成

（k）の年金資産のみならず、確定給付年金などのほかの年金資産もIRAに移すことができますので、日本の確定拠出年金とくらべて、年金資産全体の受け皿としての利便性は格段に高いといえるでしょう。また、中途の引き出しもペナルティの課税を設けるなどの条件つきで許容されています。

日本においても、米国のIRAをモデルとした私的年金制度の創設（日本版IRA）が提唱されていますが[v]、この実現に向けてすでに17万人以上（2014年1月現在）の加入者数を有する個人型年金を受け皿として拡充、活用していくことが効果的と思われます。具体的には、確定拠出年金の加入対象者の拡大（専業主婦（夫）や公務員も加入できること）とポータビリティの拡充（確定拠出年金以外の年金資産も持ち運びができること）、掛金の拠出限度額の引き上げや、60歳前の中途引き出しなど、制度上の改善を実現することで、日本版IRAとしての機能を果たすことができると考えられます[図表3]。よりつかい勝手のよい制度になるよう、議論が進むことが期待されます。

---

v 出所：金融庁「第2回金融税制調査会　議事次第」2010年

おわりに

　最近よく感じることは、年金が老後の収入の大部分を占めるのになぜ、われわれにはその知識が少ないかということです。とりわけ企業年金制度は勤務する会社の福利厚生制度の１つであるにもかかわらず、ほとんどの従業員は年金としての受け取り方法、さらには受け取り金額の概算すら知らない人が多いというのが実態です。一方で、老後に対して不安をお持ちの人はたくさんいらっしゃいますので、お金を貯蓄され老後への準備をされている人も多く見受けられます。しかし、明確な目標金額がなく漠然と貯めていらっしゃるので、老後への資産を順調に準備できているのか、あるいはもっと頑張らなくてはいけない状況なのかが把握できていないという人が多いのも実態です。

　残念ながら日本では未だ金融教育は進んでおりませんし、お金の話をするのはまだまだ一種のタブーのような雰囲気があるのは事実です。それにしても老後の生活、年金といったことに関する知識がなさすぎるということは高齢化が進んでいる時代では大きな問題ではないでしょうか。

　実は、私もこの仕事に携わるまでは、まったく無頓着で漠然と積立預金をしているひとりでした。年金制度を理解するにつれて、日本の公的年金制度は非常に優れたものだと感じると同時に、この給付水準をいつまで維持しつづけられるのかという不安も感じています。そしてそのような不安について話せる人が周りには少ないということにも危機意識を持つようになりました。ぜひ、多くのみなさんに年金制度の内容を理解していただき、効率的な資産準備をおこない、少しでも豊かな老後生活を迎えていただきたいと思っております。

　いろいろな会社の企業年金制度の内容をお伺いする中で、それぞれに、きめ細かな工夫がされ、維持するために大きな負担を抱えている制度が多

いことにも気づきました。同時に私たち従業員の知識が足りなく、制度を使いこなせず、もったいない部分もあるとも感じております。

　十数年にわたる日本株式市場の低迷もあり、資産運用に対するイメージもあまりよいものではなく、特に20歳代といった若い世代は資産運用に対する関心が薄く、確定拠出年金においても保守的な運用を行う人が多いという現状があります。一方で定年に近い50歳代の中には積極的にリスクを取って資産運用されている人もいらっしゃいます。もちろんほかにも資産をお持ちの場合は問題ないのかもしれませんが、大部分の資産が大きなリスクにさらされているようであれば問題といえるでしょう。私どものセミナーでは分散投資、長期投資、そして資産全体でリスク量を認識しましょうと説明しております。一人ひとりがそれぞれの状況にあった資産運用方法を身につけていただきたいと思います。

　また、本書の冒頭にも触れましたが、公的年金制度の支給開始年齢が引き上げられている期間の途中にもかかわらず、さらなる引き上げについても議論されるようになりました。年金の支給開始年齢が引き上がると、高齢者の雇用状況にもよりますが、定年退職後に、無年金つまり無収入期間が数年間発生する可能性があります。この期間には私たち一人ひとりの自助努力が求められます。勤務する会社に企業年金制度があれば、その年金額も確認したうえで、どの程度生活費が不足するかなども想定しなければなりません。具体的な対応としては、これからの現役時代から貯蓄額をふやして資産をさらに準備するか、残念ながら老後の生活費の水準を下げるか、あるいは無年金期間になんとしてでも働き先を見つけて給与所得を得るなどして生活費を補填するといったことを考え、一人ひとりが自分の考えにあった方法を取らざるを得ません。

　本書の第3章にもありますように、老後の生活費を試算するためには、現在の生活費がどうなっているか、つまり現状把握が必要です。そのうえで、老後にはどの費用が減らせるのか、あるいは反対にふえてしまうのか

（医療費等）を想定します。老後の収入の柱である公的年金の受け取り見込み額については、ご自身の基礎年金番号を確認したうえで、日本年金機構のホームページ、あるいは「ねんきん定期便・年金ネット専用ダイヤル」で問い合わせることができます。このようなサービスがありますので自分の過去の記録を確認し、正確に年金を受け取れるようにして、積極的に活用し、ライフプランニングに役立てるべきでしょう。

　日本の年金制度は歴史を遡ると、明治時代の軍人の恩給制度がその始まりといわれています。恩給制度とは国家に尽くした人々に雇用主としての国家が年金として支給するものでした。今日の公的年金制度は現役世代が保険料を負担し、それが年金の原資となる「世代間扶養」のしくみとなっております。このような制度を創生し、維持してきた先人たちのご努力に感謝しつつ、多くのみなさんが恩恵を受けられますよう知識を身につけていただきたいと願っております。

　最後になりますが、本書の執筆に関して数多くの示唆に富んだヒントをいただいたお客さまと、執筆を担当したみずほ銀行年金営業部の仲間たちに感謝したいと思います。

執筆者代表　高橋　肇

索 引

あ

アクティブ運用	145
アセットアロケーション（資産配分）	120

い

遺族基礎年金	16
遺族給付	10,16
遺族共済年金	16
遺族厚生年金	16
インデックス	144
インフレ（インフレーション）	84

う

運営管理機関	30
運用利回り	66

え

エマージング諸国	143
円高・円安	98

か

格付け	104
確定年金	234
加入者	34
加入者掛金	42,56
株式	94
為替	98
元本確保型以外の商品	131
元本確保型商品	130

き

企業型年金	26
企業年金制度	22
企業年金保護法（Pension Protection Act）	168
基準価額	140
期待リターン	190
規約（確定拠出年金規約）	33
給与などの後払い型	48
共済年金	6,9
拠出限度額	38
近視眼的傾向	176
金利	102

く

グロース運用（成長株運用）	148

け

継続個人型年金運用指図者	204
現状維持傾向	178

こ

厚生年金保険	6,9
公的年金制度	4,5
公的年金等控除	52,240
行動ファイナンス	170
小型株運用	149
国民年金（基礎年金）	6,7
国民年金基金連合会	208
個人型年金	26,208
固定アロケーション型	156

さ

債券	96
雑所得	52,240

し

事業主掛金	36
事業主返還	40
資産管理機関	30
資産配分（アセットアロケーション）	120
資産複合型（バランス型）商品	142,152
私的年金制度	4
自動移換	220,222
死亡一時金	249
従業員拠出制度（マッチング拠出制度）	42,56,293
終身年金	236
障害基礎年金	16
障害給付	10,16
障害給付金	246
障害共済年金	16
障害厚生年金	16
少額投資非課税制度（NISA）	108
所得控除	56
所得税	51
新興国	143
信託財産留保額	151
信託商品	140
信託報酬	150

す

スイッチング	162

せ

生命保険商品	136

そ

想定利回り	46
損害保険商品	136

た

ターゲットイヤー型	156
退職金取り崩し型	44
退職所得控除	52,239
脱退一時金	202
単一資産型商品	142

ち

長期投資	114

つ

通算加入者等期間	226
積立傷害保険	136

て

定期預金	134
デフォルト商品	168
デフレ（デフレーション）	85

と

投資信託	**140**
東証株価指数（TOPIX）	**144**
特別支給の老齢厚生年金	**12**
ドルコスト平均法	**112**

に

日経平均株価（日経 225）	**144**

ね

ねんきん定期便	**68**
ねんきんネット	**74**

は

配分指定	**158**
配分変更	**160**
パッシブ運用	**144**
バランス型（資産複合型）商品	**142,152**
バリュー運用（割安株運用）	**148**

ひ

被保険者（第1号・第2号・第3号）	**7**

ふ

ファンド	**140**
複利効果	**66**
不動産投資信託（REIT）	**143**
プロスペクト理論	**172**
分散投資	**118**

へ

ベンチマーク	**144**

ほ

保証期間付終身年金	**236**

ま

マーケットタイミング戦略	**194**

み

みなし相続財産	**252**

ゆ

有期利率保証保険（GIC）	**136**

ら

ライフイベント	**60**
ライフサイクルファンド	**156**

り

リスク	**93**
リスク許容度	**192**
リターン	**93**
リバランス	**152, 192**

ろ

老齢基礎年金	**11**
老齢給付	**10**
老齢給付金	**228**
老齢厚生年金	**12**

A〜Z・数字

401(k)	**258**
GIC(有期利率保証保険)	**136**
IRA	**302**
IRP	**302**
NISA(少額投資非課税制度)	**108**
REIT(不動産投資信託)	**143**
TOPIX(東証株価指数)	**144**

編者・著者紹介

みずほ銀行

高橋　肇（たかはし　はじめ）
年金営業部　部長
監修、第6章担当

黒田　吉一（くろだ　よしかず）
年金営業部　業務サポートチーム　次長
監修、第4章担当

堀田　俊宏（ほった　としひろ）
年金営業部　運営管理チーム　次長
第5章担当

下村　和彦（しもむら　かずひこ）
年金営業部　業務サポートチーム　参事役
第1章、第2章担当

上田　真吾（うえだ　しんご）
年金営業部　運営管理チーム　参事役
第2章担当

日浦　忠（ひうら　ただし）
年金営業部　運営管理チーム　参事役
監修、第3章、第4章担当

越栄　尚史（こしえ　ひさし）
年金営業部　運営管理チーム　調査役
第4章担当

青木　大介（あおき　だいすけ）
年金営業部　運営管理チーム　調査役
第4章担当

早矢仕　有的（はやし　ゆうてき）
年金営業部　運営管理チーム　調査役
第3章、第4章担当

川原　徳市（かわはら　とくいち）
年金営業部　サービス開発チーム　調査役
第5章担当

高木　信弥（たかぎ　しんや）
年金営業部　サービス開発チーム　調査役
第4章担当

安齋　恭子（あんざい　きょうこ）
年金営業部　サービス開発チーム　調査役
監修担当

中川　大輔（なかがわ　だいすけ）
年金営業部　サービス開発チーム　調査役
第7章担当

吉田　由佳（よしだ　ゆか）
年金営業部　サービス開発チーム
第4章担当

石川　準（いしかわ　じゅん）
年金営業部　業務サポートチーム
監修、第4章担当

※所属は執筆当時のものです。

確定拠出年金ベストアンサー100

平成26年10月1日　第1刷発行

編　者　みずほ銀行
　　　　年金営業部
発行者　加　藤　一　浩
発行所　株式会社きんざい
　　　　〒160-8520　東京都新宿区南元町19
　　　　　　　　　電話　03-3358-0016（編集）
　　　　　　　　　　　　03-3358-2891（販売）
　　　　　　　　　URL　http://www.kinzai.jp/

デザイン・DTP　タクトシステム株式会社
印刷　三松堂株式会社　ISBN978-4-322-12611-2

・本書の全部または一部の複写、複製、転訳載および磁気または光記録媒体、コンピュータネットワーク上等への入力等は、特別の場合を除き、著作者、出版社の権利侵害となります。
・落丁、乱丁はお取換えします。定価はカバーに表示してあります。